W0190117

Zu diesem Buch

Das Glück scheint vollkommen, wenn ein Kind erwartet wird, ein Wunschkind. Die Vorfreude läßt Mann und Frau die Zeit der Schwangerschaft ganz besonders genießen, auch ihre Liebe zueinander.

Dann ist er da, der neue kleine Mensch und macht aus der Zweierbeziehung eine Familie, macht aus dem Liebespaar ein Elternpaar. Er braucht Kraft, Zeit und Zuneigung und greift beharrlich ein in den sensiblen Raum der Zweisamkeit, der bisher nur Mann und Frau gehörte.

«Alles kam ganz anders, als wir gedacht hatten»; fast alle Paare geraten in eine Krise, wenn ihr Kind beginnt, ihr Leben zu bestimmen.

HERMANN BULLINGER, Autor von «Wenn Männer Väter werden» (rororo 7751), beschreibt einfühlsam und kenntnisreich die Ursachen für diese Paar-Krisen und Möglichkeiten zu ihrer Überwindung.

Hermann Bullinger

Wenn Paare
Eltern werden

Die Beziehung zwischen Frau und Mann
nach der Geburt ihres Kindes

Rowohlt

33.–35. Tausend September 1993

Originalausgabe
Veröffentlicht im Rowohlt Taschenbuch Verlag GmbH,
Reinbek bei Hamburg, September 1986
Copyright © 1986 by Rowohlt Taschenbuch Verlag GmbH,
Reinbek bei Hamburg
Redaktion Beate Laura Menzel
Umschlaggestaltung Büro Hamburg –
Peter Wippermann / Jürgen Kaffer
(Foto: Delimage / Bildagentur / MAGINE)
Alle Rechte vorbehalten
Gesetzt aus der Trump Mediaeval (Linotron 202)
Gesamtherstellung Clausen & Bosse, Leck
Printed in Germany
1290-ISBN 3 499 18096 0

Inhalt

Vorwort

Als werdender Vater besuchte ich zusammen mit meiner Frau *
Marianne einen Geburtsvorbereitungskurs für Paare. Die Heb-
amme, die diesen Kurs leitete, kam auch darauf zu sprechen, daß
sich viel nach der Geburt verändern wird. Dabei sagte sie sinnge-
mäß, daß eine Partnerschaft nach der Geburt des Kindes in ihre
größte Bewährungsprobe gerate und daß wir uns jetzt noch gar
nicht vorstellen könnten, was da wirklich auf uns zukäme.

Ich habe diese Äußerung deshalb im Gedächtnis behalten, weil
sie für mich sehr bedrohlich klang und im Widerspruch zu dem
stand, was ich bisher aus Büchern, die wir während der Schwangerschaft lasen, über die Situation nach der Geburt erfahren hatte.

Später, als wir selbst in den Strudel der Konflikte nach der Geburt gerieten, habe ich mich noch oft an ihre Äußerung erinnert:
das also hatte sie gemeint! Tatsächlich hatte sie in keiner Weise
übertrieben.

Ohne daß sie dies beabsichtigt hatte, hatte unsere Geburtsvor-
bereiterin den ersten Anstoß zu diesem Buch gegeben. Hinzu
kam, daß diese Problematik bei Gesprächen mit anderen Vätern
und in meinen Vätergesprächskreisen auch ständig wieder auftauchte.

Zu Beginn der eigentlichen Recherchen für dieses Buch führte
ich zahlreiche Gespräche mit Männern und mit Frauen über die
Veränderungen in ihrer Paarbeziehung nach der Geburt. Ich arbeitete englischsprachige Fachliteratur (die ich allerdings hier
bewußt nicht zitiert habe!) und Erfahrungsberichte und Fachliteratur aus Deutschland durch, um meine Aussagen zu überprüfen.
Alles zusammen stellt das Material dar, auf dem dieses Buch aufbaut.

Im Gegensatz zu meinem Buch über Väter (‹Wenn Männer Väter werden›, rororo 7751) beschäftige ich mich diesmal mit dem

---

* Obwohl wir nicht verheiratet sind, habe ich mir diesen Wortgebrauch an-
gewöhnt. Auch sonst in diesem Buch bezeichne ich mit «Frau» all diejenigen,
die in einer stabilen Partnerschaft leben, ob sie verheiratet sind oder nicht.

Erleben von Männern und Frauen. Denn Hintergründe und Ursachen von Beziehungsproblemen werden nur dann deutlich, wenn das Verhalten von Mann und Frau in seinem Aufeinander-Bezogensein und in seiner wechselseitigen Bedingtheit betrachtet wird.

Dies forderte von mir, mich sehr weitgehend in die Sichtweise von Frauen hineinzuversetzen. Das fiel mir verständlicherweise nicht besonders leicht. Eigentlich hätte ich dieses Buch lieber mit einer Frau zusammen geschrieben, hatte aber nicht die Möglichkeit. Mittlerweile denke ich, daß die Konfrontation mit meiner sich zwischen den Zeilen immer wieder einschleichenden Männersicht für Frauen unter Umständen sogar in besonderer Weise produktiv und aufschlußreich sein kann.

Mir liegt daran, daß Männer und Frauen sowohl das Gemeinsame als auch das Trennende in ihrem Erleben und Verhalten besser erkennen können und bei der Emanzipation von alten Rollenzwängen und auf dem Weg zu gleichberechtigter Partnerschaft weiter vorankommen. Auch als Mann habe ich ein Interesse an der Emanzipation, weil wirkliche Begegnung nur unter Gleichgestellten möglich ist.

Meine Absicht ist nicht, dem/r Leser/in allgemeingültige Erkenntnisse über die Krise der Paarbeziehung nach der Geburt zu vermitteln. Mein Anspruch ist vielmehr, Realität so zu beschreiben, wie ich sie vorgefunden und wahrgenommen habe. Vielleicht kann der/die Leser/in dadurch die Hintergründe seines/ihres eigenen Verhaltens besser verstehen und über sich selbst neue Einsichten gewinnen.

Ich hätte dieses Buch nicht schreiben können, wenn nicht so viele Frauen und Männer bereit gewesen wären, mir über sich und ihre Gefühle sehr offen zu erzählen. Ich habe mich bemüht, durch Abändern von Namen und Fakten, an denen sie erkennbar wären, ihre Anonymität zu gewährleisten. Hinter den Analysen steckt nicht die Absicht, bloßzustellen, sondern die Konflikte nach der Geburt zu verdeutlichen und dem Leser tiefere Einsichten in sein eigenes Verhalten zu ermöglichen. Für mich waren alle Gespräche Begegnungen, aus denen ich auch viel für mich selbst gelernt habe.

Bei allen, die mittelbar und unmittelbar an diesem Buch beteiligt waren, möchte ich mich für die Mitarbeit bedanken. Ein besonderer Dank gilt auch meiner Wohngemeinschaft, wo jeder einen nicht unwesentlichen Beitrag zum Gelingen dieses Buchprojekts geleistet hat, und Petra, die einen Teil der Schreibarbeiten übernommen hat.

Mein Sohn Paolo möge mir verzeihen, daß ich so oft so wenig Zeit für ihn hatte und manchmal so mürrisch reagierte, wenn er energiegeladen in mein Zimmer gestürzt kam oder unbedingt etwas mit mir unternehmen wollte, während ich mich am Schreibtisch festgebissen habe.

Meinen Anspruch nach gleichberechtigter Arbeitsaufteilung konnte ich über eine lange Phase nicht aufrechterhalten, sonst wäre dieses Buch nie fertig geworden. Zwar habe ich meinen Anteil an der Hausarbeit geleistet, für meinen Sohn war ich aber über weite Strecken zuwenig verfügbar und so etwas Ähnliches wie ein Feierabendvater. Marianne hat das mit Großzügigkeit toleriert und die Mehrarbeit bereitwillig übernommen. Jetzt wird es aber mit Sicherheit höchste Zeit, wieder zu unserer alten Regelung zurückzukehren.

I. Ein ungebrochenes Tabu: Die Krise der Zweierbeziehung nach der Geburt eines Kindes

Als ich die vorhandene Literatur zur Vorbereitung auf die Geburt durchsah, fiel mir eine Gemeinsamkeit sofort ins Auge: Fast alle Bücher sind auf die eine oder andere Art euphorisch. Die Autorinnen und Autoren werden nicht müde, dem Leser zu vermitteln, was für ein schönes, einmaliges und lustbringendes Erlebnis das Kinderkriegen ist. Manche Bücher stilisieren gar das Kind zum Erlöser aus der Seichtheit und Sinnlosigkeit des bisherigen Daseins hoch.

In der vorhandenen Geburtsvorbereitungsliteratur wird also ein ganz bestimmtes Bild von Wirklichkeit vermittelt, das wichtige Dimensionen ausklammert, verleugnet oder gar schönfärberisch umzeichnet.

So kann Geburt auch Leid, Trauer oder Tod bedeuten, und Kinderkriegen und Kinderhaben kann auch Erschöpfung, Stress, Überforderung und psychische Dauerbelastung mit sich bringen.

Geburtsvorbereitungsliteratur stellt jedoch meist nicht nur die Gefühlswelt allzu eindimensional dar, sondern konzentriert sich häufig ganz auf Mutter und Kind. Daß sich das Kinderkriegen in der Regel innerhalb einer Paarbeziehung abspielt und auch tiefgreifende Auswirkungen auf diese hat, wird zwar mitunter angedeutet, aber fast nirgendwo entsprechend seiner wirklichen Bedeutung dargestellt.

Ich meine, daß fast alle Paare in den ersten eineinhalb Jahren nach der Geburt des ersten Kindes in eine Beziehungskrise geraten. Und daß diese Krise in der Regel gerade bei den Paaren am stärksten ausgeprägt ist, die die traditionellen Beziehungsformen und Mann-Frau-Rollen am konsequentesten in Frage stellen. Diese Beziehungskrise trifft die meisten Paare unerwartet und damit unvorbereitet, denn von ihr war in den Medien bisher nur selten die Rede. Viele Paare sind mit der Verarbeitung und Bewältigung einer solchen Krise überfordert, denn die in den Beziehungen üblichen Bewältigungsmechanismen versagen hier. Die zunehmende Zahl von Paaren, die sich zwischen dem ersten und dem dritten Jahr nach der Geburt ihres Kindes trennen, ist ein Indiz dafür. Und wenn es nicht zur Trennung kommt, die Ursachen für die Auseinandersetzungen jedoch nicht untersucht, sondern nur «unter den Teppich gekehrt» werden, wird aus dem früheren Miteinander nicht selten ein schweigsames Nebeneinander, das nur noch wegen des Kindes aufrechterhalten wird. Dies alles wird bisher nur wenig öffentlich diskutiert, denn die Krise der Paarbeziehung will weder zu den idealisierten Vorstellungen von der Selbstverwirklichung durch Mutterschaft noch zu der vom lebenslangen Eheglück passen. Würden durch die eher belastenden Aspekte des Kinderkriegens und Mit-Kindern-Lebens das vorherrschende positive Bild getrübt, würde dies sicherlich nicht ohne Auswirkungen auf die sowieso schon abnehmende Gebärfreudigkeit bleiben.

Die Schwangerschafts- und Geburtsvorbereitungsliteratur trägt mit ihrer Euphorie – ohne dies zu reflektieren oder bewußt zu beabsichtigen – also durchaus dazu bei, den Zustand der Unwissenheit aufrechtzuerhalten.

Damit wird den Eltern allerdings ein schlechter Dienst erwiesen. Unvorbereitet, wie sie sind, treffen sie diese Schwierigkeiten unerwartet. Da das einzelne Paar meist nicht weiß, daß diese Probleme normal sind und von fast allen Eltern ähnlich erlebt werden, neigt es dazu, individuelles Versagen dafür verantwortlich zu machen. Dies bewirkt, daß die Probleme vorwiegend innerhalb der Beziehung ausgetragen werden und nach außen hin das vorgeschriebene Bild des strahlenden Elternpaars vorgespiegelt wird.

Hier schließt sich der Kreis. Da die Betroffenen mit ihren Problemen in dem Bewußtsein individuellen Versagens nicht an die

Öffentlichkeit gehen, bleiben ihre Probleme weiterhin verborgen. Und jedes Paar wird diese Krise erneut als individuell erleben.

Die meisten Paare haben eine idealisierte Vorstellung von der ersten gemeinsamen Zeit mit dem Neugeborenen. Von der Situation zu dritt erhoffen sie sich hauptsächlich eine Bereicherung und Erweiterung der Situation zu zweit. Und daran hat wiederum die Geburtsvorbereitungsliteratur, aber auch die propagierte Familienideologie, einen entscheidenden Anteil. Ein Vater sagt über diese Zeit im nachhinein:

«Ich glaube, daß es typisch war, eine Vorstellung von Idylle vor Augen zu haben. Wir halten an diesem Bild fest. Wir merken, daß es uns unter den Fingern zerrinnt, aber wir können es nicht loslassen.»[1]

In der Folge wird deshalb zwangsläufig die Schuld für die Krise bei sich selber oder beim Partner gesucht. Dies mindert nicht nur das Selbstwertgefühl, weil man sich als unfähig im Vergleich zu anderen erlebt, sondern es kann dazu führen, daß sich beide Partner gegenseitig Vorwürfe machen. Beide sind mit der Art und Weise, in der der/die andere seine/ihre Rolle ausfüllt, unzufrieden. Beide halten um so hartnäckiger an dem idealisierten Bild der glücklichen Eltern fest – und kommen darüber zu Fall.

Dennoch gibt es heute Ansätze zur Aufhebung des Krisen-Tabus, so in einigen neueren Publikationen.[2] Da diese Veröffentlichungen aber nur selten zur echten Geburtsvorbereitungsliteratur gehören, werden sie von werdenden Eltern auch nur selten gelesen. Auch in der Fachliteratur, die sich mit Paarberatung bzw. -therapie beschäftigt, wird die Krisenanfälligkeit nach der Geburt eines Kindes nur am Rande zur Kenntnis genommen.

So handelt beispielsweise der bekannte Züricher Paartherapeut Jürg Willi das Thema in seinem Buch ‹Die Zweierbeziehung› auf einer knappen Seite ab. Allerdings gibt es auch hier Anzeichen[3], daß sich etwas ändert. Die Theorieentwicklung in den Sozialwissenschaften hinkt der realen Entwicklung eben immer einige Zeit hinterdrein. In ihrer heutigen Form ist die Beziehungskrise nach der Geburt eine neue Erscheinung, die erst in den letzten fünfzehn Jahren entstanden ist. Lebensbedingungen, Normen des Zusammenlebens, Rollenleitbilder und die Vorstellungen von Elternschaft und Erziehung haben sich seit Ende der sechziger Jahre laufend verändert und befinden sich weiter im Wandel. Der Konfliktstoff für Zweierbeziehungen nimmt parallel zu diesem Wandel zu.

Verständlich, daß auch die sich nach der Geburt eines Kindes ergebenden Veränderungen heute einschneidender sind als je zuvor.

Da der gesellschaftliche Zwang zur lebenslangen Treue genauso wie ökonomische Zwänge und Notwendigkeiten immer weniger auf Paarbeziehungen einwirken, sind diese als solche instabiler geworden. Wenn die Liebe zwischen den Partnern und die gegenseitige Befriedigung emotionaler Bedürfnisse allein zur Grundlage des Zusammenlebens werden, gewinnt die Bewältigung und Verarbeitung von Konflikten und Krisen einen zentralen Stellenwert. Konflikte müssen positiv bewältigt werden, sonst ist die schmale gemeinsame Basis einer Zweierbeziehung nur allzuleicht zerstört.

Der Wandel von der Liebes- zur Elternbeziehung vollzieht sich nicht mehr automatisch und im Schutz tradierter verbindlicher Normen, sondern er erfordert, soll die Beziehung nicht darüber zerbrechen, bewußte Bemühungen, die jedoch viele Partner nicht allein und nur auf sich gestellt leisten können.

Hinzu kommt, daß eine nicht bewältigte Beziehungskrise nach der Geburt sich in der heutigen Elterngeneration sofort auswirkt. Für die Elterngeneration der frühen sechziger Jahre dagegen wurde sie erst in der Lebensmitte, also etwa im Alter von vierzig, sichtbar. Eine fünfundvierzigjährige Mutter von zwei Kindern drückte dies nach der Trennung von ihrem Mann so aus:

«Eigentlich liegt die Ursache für unsere Trennung über zwanzig Jahre zurück. Unsere Auseinanderentwicklung hat mit der Geburt begonnen. Jeder konzentrierte sich von da an auf seinen Bereich. Ich auf die Kinder – er auf seinen Beruf. Ich fühlte mich mit meinen Problemen und den Kindern von ihm allein gelassen. Zu den Kindern entwickelte er kaum eine Beziehung. Unsere Entfremdung wurde im Laufe der Jahre immer größer. Klar wurde dies aber erst, als die Kinder aus dem Haus gingen. Plötzlich hatten wir uns überhaupt nichts mehr zu sagen.»

Die heutige Spielart der Krise nach der Geburt hat also auch ihre positiven Seiten. Der Zwang zur Auseinandersetzung beinhaltet die Chance, die Probleme zu erkennen und Konsequenzen zu ziehen. Damit bleibt vielen Paaren die bittere Erfahrung erspart, zwanzig Jahre nebeneinander her gelebt zu haben.

II. Zweierbeziehung heute

Inwiefern gestalten sich Zweierbeziehungen heute anders als früher? Hat diese Veränderung etwas damit zu tun, daß die Umstellung auf ein Leben zu dritt heute so häufig krisenhaft verläuft?

1. Der Traum von der totalen Liebesbeziehung

Mit der Zunahme von Anonymität, erfahrener Sinnlosigkeit, Austauschbarkeit und Vereinzelung ist die Sehnsucht nach Liebe immer unstillbarer geworden. Da der private Bereich als Kompensations- und Reproduktionssphäre für die Versagungen der Berufswelt und als Gegengewicht gegen ein erbarmungsloses Leistungsprinzip in unserer Gesellschaft immer größere Bedeutung bekommen hat, werden Liebesbeziehungen mit emotionalen Ansprüchen überlastet.

Dies gibt den Hintergrund für den Traum von der totalen Liebesbeziehung ab, den heute fast alle Menschen in der einen oder anderen Version träumen. Bei der totalen Liebesbeziehung handelt es sich um Liebe in der reinsten Form. Sie ist ein Stadium nicht endenwollenden Verliebtseins und bringt höchste Glücksgefühle mit sich. Bei der reinen Liebe gibt es keinen Alltag, kein

Leiden, keinen Haß und keine Verpflichtungen. Die Intensität der positiven Gefühle drängt alles in den Hintergrund.

Die Wirklichkeit der Zweierbeziehungen ist allerdings in vielem genau das Gegenteil des Traumbildes der reinen Liebe. Statt Intensität und Nähe herrscht die Angst vor Nähe. Sie kann viele Formen annehmen. Häufiger Partnerwechsel, Orgasmusschwierigkeiten oder der Versuch, Beziehungen möglichst unverbindlich zu gestalten, verbergen nur mühsam diese Angst. Einer oder beide Partner fürchten sich vor einer gefühlsbestimmten Beziehung. Aus Angst vor künftiger Enttäuschung lassen sie sich deshalb auf eine Beziehung nur soweit ein, daß eine Trennung sie nicht allzusehr verletzen kann.

Die Angst vor Nähe geht meist einher mit einer großen Ich-Bezogenheit, mit einer Art kindlichem Narzißmus. In der Beziehung zu seinem Partner sehnt sich der narzißtische Erwachsene nach der Geborgenheit der Mutter-Kind-Einheit zurück. Er sucht deshalb einen Partner, mit dem er verschmelzen kann. Gleichzeitig hat er aber Angst vor zuviel Nähe, weil er als Kind die Allmacht der Mutter auch als zerstörerisch kennengelernt hat. Damit befindet er sich in einem unauflösbaren Widerspruch: Einerseits ist eine Liebesbeziehung für ihn nur als totales Einswerden vorstellbar, andererseits ist er ein gebranntes Kind und muß soviel Nähe vermeiden. Totale Liebe und Näheangst sind dabei verschiedene Seiten derselben Medaille. Da der Traum die Widerspiegelung einer schlechten Wirklichkeit ist, spiegelt er auch die Deformation unserer Beziehungsverhältnisse wider. Bestimmte Bereiche (z.B. Alltag) und bestimmte Gefühle (z.B. Aggression) klammert er deshalb aus, weil deren Integration sich nicht mit reiner Liebe verträgt.

Im Gegensatz zur reinen Liebe steht die reale Liebe, wie Wolfgang Schmidbauer sie nennt.

> «Reale Nähe und Liebe sind unvollkommen, bedroht, subversiv. Die Vollendung des Gefühls, nach der wir uns sehnen, erreichen wir nicht durch den Vergleich mit einem schon bekannten Idealzustand, sondern durch einen Verzicht auf alle Vergleiche, an denen wir uns festhalten können.»[1]

Wenn Schmidbauer recht hat, müßten wir zuerst unser Traumbild demontieren, damit wir uns wieder auf den realen Partner mit seinen Schwächen unter den gegebenen Alltagsbedingungen einlassen und die Vielfalt unserer Gefühle wirklich leben können. Wo immer das geschieht, haben Traumbilder sowieso ausgedient.

2. Autonomie und Abhängigkeit

Der Traum von der totalen Liebesbeziehung und die Näheangst sind in ihren heutigen Ausprägungen etwas Neues. Dasselbe gilt auch für Autonomie und Abhängigkeit in Paarbeziehungen. Wirtschaftliche und soziale Abhängigkeiten haben immer mehr an Bedeutung verloren. Mann und Frau sind in der Gestaltung ihrer Beziehungen freier geworden. Viele Freiheiten, die früher nur dem Mann vorbehalten waren, haben sich Frauen nach und nach angeeignet. Abgeschlossene Berufsausbildung und ökonomische Selbständigkeit sowie die verbesserten Möglichkeiten der Empfängnisverhütung haben vor allem die Chancen eines selbständigen und selbstbestimmten Lebens für die Frauen wachsen lassen.

Für die Rollenverteilung in Zweierbeziehungen hat die neue Autonomie der Frauen vielfältige Konsequenzen mit sich gebracht. Die Forderung nach einer Teilung von Haus- und Kinderarbeit ist entstanden. Für den Mann bedeutet dies die Konfrontation mit neuen Ansprüchen und, sofern er auf die Forderungen eingeht, den Verlust eines traditionell männlichen Privilegs, frei von Haus- und Kinderpflichten zu sein. Es bedeutet aber für ihn auch die Befreiung von einer sehr viel verantwortungsschwereren Last: Er ist nicht mehr allein für die materielle Versorgung von Frau und Kindern verantwortlich. Das hat natürlich zur Folge, daß auch die Frau mit lebenslanger Berufstätigkeit rechnen muß. Ihre materielle Unabhängigkeit läßt das Konzept der lebenslangen Ehe als durch die Wirklichkeit überholt erscheinen.

Autonomie, Unabhängigkeit und Selbstbestimmung sind heute für viele Männer und Frauen bewußt bejahte und angestrebte Leitbilder auch in Paarbeziehungen, und denjenigen, die sich nicht an diesen Leitbildern orientieren wollen, bleibt faktisch keine Wahl mehr. Die Umstände zwingen sie dazu, ihr Leben und ihre Beziehungen «unabhängig» zu gestalten.

Frauen und Männer stellen sich in ihrer Lebensplanung heute zunehmend auf diese Tatsachen ein.

> «Je häufiger Scheidungen werden, desto mehr bilden sich Le-
> bensformen heraus, die die Möglichkeit eines späteren Allein-
> lebens vorgängig offenhalten. Vor diesem Hintergrund sind eine
> Reihe von Verhaltensweisen zu verstehen: Eltern, die auch
> deshalb bereit sind, der Tochter eine qualifizierte Ausbildung zu
> ermöglichen; Frauen, die eine möglichst durchgängige Berufs-
> tätigkeit planen; Paare, die das Zusammenleben ohne Trau-
> schein vorziehen, den Kinderwunsch aufschieben oder ganz auf
> Kinder verzichten. So gesehen besteht ein komplexes Wechsel-
> verhältnis zwischen steigenden Scheidungszahlen und wachsen-
> der Selbständigkeit. Die Planung eines eigenen Lebens und der
> Zwang zu einem eigenen Leben: beides greift ineinander.»[1]

Hält der heutige Trend an, bewegen wir uns immer mehr auf eine
Gesellschaft von Singles zu. Da man sein Leben so eingerichtet
hat, daß man jederzeit auch allein leben könnte, bleibt man auch
innerhalb einer Zweierbeziehung in gewisser Hinsicht ein Single.
Die positive Seite dieser Entwicklung besteht darin, daß die verschiedenen Verantwortlichkeiten nicht mehr so ungleich zwischen Mann und Frau verteilt sind. Keiner ist mehr Dienstmagd
(Hausfrau) bzw. Dienstknecht (Ernährer) des anderen. Materielle
Motive spielen bei der Aufrechterhaltung einer Beziehung keine
oder nur eine untergeordnete Rolle.

Gleichzeitig «produzieren» die neuen Leitbilder aber eine ganze
Reihe innerer Widersprüche. Mit dem Schwinden materieller Abhängigkeit ist die emotionale Abhängigkeit deutlicher und klarer
ins Bewußtsein gerückt und offizieller geworden. Das Erleben,
Empfinden, die Gefühle, das Unbewußte – hält mit diesen Veränderungen nicht Schritt.

Emotionale Abhängigkeit kann die verschiedensten Formen annehmen. Sie wird von Männern und Frauen in unterschiedlicher
Weise erlebt. Die amerikanische Publizistin Colette Dowling beschreibt dies für Frauen in ihrem Buch ‹Der Cinderella-Komplex›.
Ihre Hauptthese lautet, daß Frauen Angst vor Unabhängigkeit haben. Diese Angst durchzieht ihr ganzes Leben und ist einer der
Gründe, warum Frauen oftmals auch in Beziehungen ausharren,
die sie nicht zufriedenstellen.

> «Wir wachsen mit der Vorstellung auf, von einem Mann abhän-
> gig zu sein und uns ohne Mann nackt zu fühlen und zu fürchten.
> Man brachte uns bei, daß eine Frau allein in der Welt nicht beste-

hen kann; man sagte uns, sie sei zerbrechlich, zu zart und schutzbedürftig. Heute, in unserer aufgeklärten Zeit verlangt unser Intellekt von uns, daß wir auf eigenen Füßen stehen; aber das unbewältigte Erbe zieht uns nach unten. Während wir uns danach sehnen, ungebunden und frei zu sein, sehnen wir uns gleichzeitig danach, umsorgt zu werden.»[2]

Das Bedürfnis nach Sicherheit und die Angst vor Unabhängigkeit haben ihre Wurzeln in der geschlechtsspezifischen Erziehung. Kleine Mädchen werden von ihren Eltern stärker beschützt als Jungen. Mädchen lernen nicht in dem Maße wie Jungen zu konkurrieren und sich zu behaupten. Das Vorbild der auch heute meist noch materiell vom Vater abhängigen Mutter prägt. Frauen können als Mädchen nur selten lernen, auf ihre eigenen Fähigkeiten zu vertrauen.

Ihre geschlechtsspezifische Sozialisation bewirkt, daß auch Frauen, die bewußt nach Unabhängigkeit von Männern streben, unbewußte Abhängigkeitswünsche haben. Männern gegenüber äußern sich diese nicht selten in widersprüchlichem Verhalten. Sie werden von Frauen unbewußt in die Rolle des Überlegenen, Souveränen, Sicheren, des Mackers gedrängt. Nimmt der Mann diese Rolle nicht ein, kann die Frau ihn nicht akzeptieren. Füllt er die Rolle aus, wehrt sich die Frau erbittert gegen ihre Unterdrückung und Mißachtung.

«Die meisten von uns haben noch keine echte Entscheidung über ihr Leben getroffen. Der Versuch, eine Situation aufrechtzuerhalten, in der wir weder unsere Unabhängigkeit noch Abhängigkeit aufgeben, entzieht uns Energie. Wir beschuldigen die Männer, weil sie sich nicht verändern, aber unbewußt sind wir bereit, sie hinzunehmen wie sie sind.»[3]

Um nicht in dieser Widersprüchlichkeit befangen zu bleiben, müssen Frauen sich ihre unbewußten Abhängigkeitswünsche bewußtmachen und sich Schritt für Schritt daraus befreien. Frauen, denen das noch nicht gelungen ist und die sich gleichzeitig an dem Idealbild der autonomen, selbstbewußten Frau orientieren, sind oft zwanghaft bemüht, sich autonom zu geben. Ihre zur Schau getragene, zwanghafte Autonomie kann sich unter bestimmten Bedingungen jedoch schnell wieder in Abhängigkeit verwandeln. Wenn sie diese Erfahrung öfter gemacht haben, vermeiden sie Abhängigkeitssituationen in der Folge um so nachhaltiger.

«Wie es seit eh und je Männer gibt, die sich eine Geliebte halten, halten sich heute viele Frauen den Geliebten vom Leib ... Selber frustriert von schlechten Erfahrungen mit Männern, haben sie zudem im Kopf eine Mischung aus Emma und Carmen und tief im Herzen den Cinderella-Komplex, sprich: den fatalen Hang, sich trotz aller erreichten Autonomie als Aschenputtel zu fühlen, das auf Erlösung durch den Märchenprinzen wartet. Und finden keinen Mann mehr, der es ihnen recht machen kann.»[4]

Wenn Männer mit solchen Verhaltensweisen von Frauen konfrontiert werden, werden ihnen ihre eigenen, verdrängten Abhängigkeitswünsche schmerzlich bewußt, die sonst von Frauen (von der Mutter angefangen) kontinuierlich und selbstverständlich befriedigt werden. Männer können sich in emotionaler Hinsicht deswegen so autonom, unabhängig und sicher verhalten, weil sie sich darauf verlassen können, daß ihre emotionalen Bedürfnisse von Frauen immer zufriedengestellt werden. Wenn Frauen jetzt die Zuwendung verweigern, wird den Männern die Macht deutlich, die Frauen ausüben können.

Frauen haben gelernt, Männer an dem wunden Punkt ihrer emotionalen Abhängigkeit zu manipulieren. Ihre Mütter haben ihnen beigebracht, daß auch erwachsene Männer wie Kinder sind, aber nicht offen als solche behandelt werden dürfen, weil sonst ihr Selbstbewußtsein beschädigt wird.

Viele Männer packt die große Wut, wenn sie auf dieses Frauenverhalten angesprochen werden. Männer sind an diesem Punkt so zu treffen, daß es zu Gewaltausbrüchen kommen kann. Oder aber sie versuchen, Frauen ebenfalls in ihrem Selbstwertgefühl zu treffen und zu erniedrigen. Oder aber sie ziehen sich auf sich selbst zurück.

Daß Männer zuwenig Gefühle zeigen, ist ein heute gängiger Vorwurf der Frauen. Auch der Mann soll sich angreifbar zeigen. Tut er es freilich, provoziert er bei Frauen widersprüchliche Gefühle. Schließlich weiß er gar nicht mehr, wie er sich verhalten soll. Und so zieht er sich auf seine Scheinautonomie zurück.

Hier treffen sich Männer und Frauen wieder: In der zwanghaften Vermeidung von Abhängigkeitsverhältnissen begegnen sie sich als scheinbar autonome Individuen, die ihre wirklichen Sehnsüchte voreinander verbergen.

Es wird deutlich, daß unaufgearbeitete Abhängigkeitsbedürfnisse zusammen mit den neuen Leitbildern autonomer Partnerschaft eine verhängnisvolle Verbindung eingehen können. Der Psychotherapeut Jürg Willi beschreibt dies so:

> «Das, was mit Unabhängigkeit und Selbstbestimmung im Bereich Familie, aber auch Arbeit und Freizeit angestrebt wird, führt oft zu Frustrationen, welche nun ihrerseits die Tendenz zum Rückzug auf sich selbst verstärken, nun allerdings nicht mehr im Sinne eines konstruktiven Entwicklungsschritts, sondern als Schutzhaltung.»[5]

Eine solche Schutzhaltung kann sich heute schon in früher Kindheit herausbilden. Da Kinder immer häufiger von Scheidungen oder Trennungen ihrer Eltern betroffen sind, kann ihre spontane Bereitschaft, Beziehungen einzugehen, schon früh beeinträchtigt werden. Das Ergebnis ist dann nicht selten «Verweigerung jeglicher Bindung und Wahrung der absoluten Autonomie»[6].

Wenn Männer und Frauen nicht in der Sackgasse zwanghafter Autonomie und Unabhängigkeit festsitzen wollen, müssen sie ihre Abhängigkeitswünsche und deren Deformation im Prozeß der Erziehung erkennen und aufarbeiten. Sie müssen akzeptieren, daß sie verletzbar und auf einander angewiesen sind, und dürfen zwanghafte Autonomie nicht mit wirklicher Autonomie verwechseln.

3. Das Durcheinander von alten und neuen Rollen-«Leitbildern»

Traditionelle Geschlechtsrollen zeichnen sich dadurch aus, daß in ihnen die Verhaltenserwartungen an Mann und Frau in eindeutiger Weise festgelegt sind. Der Spielraum des einzelnen in der konkreten Rollengestaltung ist relativ gering. Der gesellschaftliche Druck, sich wie ein richtiger Mann bzw. wie eine richtige Frau zu verhalten, ist ziemlich groß. Abweichungen von den gesellschaftlichen vorgegebenen Rollenstereotypen werden streng sanktioniert.

Der Vorteil eines solchen Rollenkonzepts liegt darin, daß der einzelne ein hohes Maß an Verhaltenssichereit hat. Da sich Mann und Frau in abgestimmter und traditionell überlieferter Form verhalten, weiß jeder, was er vom anderen zu erwarten hat. Rechte und Pflichten sind genau festgelegt und bedürfen keiner individuellen Aushandlung. Da die Rollendefinitionen von einer Generation zur anderen nur geringem Wandel unterworfen waren, waren auch die Erziehungsnormen eindeutig und gaben den Eltern ein großes Maß an Verhaltenssicherheit in der Frage, wie Jungen und Mädchen jeweils zu erziehen waren.

Solche Rollenfestlegungen haben eine entlastende Funktion. Innerhalb der vorgegebenen Definitionen kann sich eine zwar starre, gleichzeitig aber relativ stabile (wenn auch nicht widerspruchsfreie) Identität ausbilden. Insgesamt gibt es wenig innere Zerrissenheit, da es wenig Wahlmöglichkeit gibt. Der einzelne ist nicht der enormen Anstrengung ausgesetzt, sich selbst orientieren und sinnvolles und als richtig empfundenes Verhalten mit unterschiedlichen Partnern ständig neu aushandeln zu müssen.

Die Kehrseite dieser Entlastung durch vorgegebene Rollendefinitionen ist der «Terror», der von ihnen ausgeht. Wer mit der vorgegebenen Geschlechtsidentität nicht zurechtkommt (oder nicht zurechtkommen will), wird zum Außenseiter gemacht oder zu einem Doppelleben gezwungen. In unserer Gesellschaft waren die traditionellen Geschlechtsrollen in ihren spezifischen Ausprägungen Ausdruck patriarchalischer Herrschaftsverhältnisse, die die zweitrangige Stellung der Frau unter die Herrschaft des Mannes festschrieben.

Heute haben die traditionellen Geschlechtsrollendefinitionen an Verbindlichkeit verloren, Freiheitsspielräume und Verhaltensmöglichkeiten des einzelnen sind seit Mitte der sechziger Jahre immer größer geworden. Zwar besitzen gewisse Elemente der traditionellen Rollen nach wie vor Gültigkeit, der gesellschaftliche Druck aber hat nachgelassen. Weite Bereiche, die bisher durch gesellschaftliche Verhaltenserwartungen bestimmt waren, werden der individuellen Gestaltung «anheimgestellt». Abweichendes Verhalten wird nicht mehr so streng bestraft.

Eine solche Situation produziert mit Zwangsläufigkeit ihre eigenen Widersprüche. Alte Positionen wurden aufgegeben und neue noch nicht eingenommen. Die Krise der Geschlechterrollen besteht im wesentlichen darin, daß die alten Leitbilder keine Orientierung mehr bieten, neue Leitbilder, an denen sich der einzelne orientieren könnte, sich aber noch nicht herausgebildet haben.

Die Situation wird noch dadurch kompliziert, daß die Bedürfnisse, Neigungen, Sehnsüchte, Gefühle und Empfindungen bis ins Unbewußte hinein nach wie vor zu einem bestimmten Teil von der alten Rolle geprägt sind. Dies hat mit den geschlechtsspezifischen Erziehungszielen zu tun, die zu der Zeit, als die heutigen Dreißig- bis Vierzigjährigen Kinder waren, noch weitgehend Verbindlichkeit besaßen.

Daran liegt es, daß viele Männer zwar keine unterdrückenden Chauvis mehr sein wollen, ihre anerzogenen Verhaltensweisen immer wieder zum Durchbruch kommen.

Ähnliches gilt auch für Frauen. Im Unterschied zu Männern aber sind hier bestimmte Konturen neuer Leitbilder zu erkennen. Die neue Frau definiert sich nicht mehr über Mann und Kinder, sondern über die eigene Berufstätigkeit, wenn auch nicht in der Einseitigkeit, wie wir dies von Männern kennen. Weibliche Werte werden selbstbewußt den bei uns vorherrschenden männlichen Wertorientierungen gegenübergestellt. Frauen haben das alte Klischee des rationalen Mannes und der emotionalen Frau abgelegt. Emotionalität und Rationalität müssen für sie keine Gegensätze mehr sein. Gegen die männliche Abwertung weiblicher Emotionalität setzen sie sich mit Erfolg zur Wehr und machen die Eindimensionalität männlichen Erlebens und männlicher Weltsicht deutlich. Weibliche Sexualität ist nicht mehr länger nur durch Passivität gekennzeichnet. Sexuelles Erleben von Frauen ist etwas Eigenständiges und nicht einfach die Reaktion auf die Bedürfnisse des Mannes.

Aber auch bei Frauen existiert Neues und Altes nebeneinander her und kommt sich nur allzuleicht ins Gehege. Im alltäglichen Umgang von Mann und Frau überlagern sich neue und alte Verhaltens- und Gefühlsstrukturen unentwirrbar und für die Akteure auf verzweifelte Weise undurchschaubar.

Eine offene Paarbeziehung wird nicht nur durch die verwirrende Vielfalt alter und neuer Rollen erschwert, sondern auch durch Tabus, die im Zuge der Frauenbewegung entstanden sind. Diese Tabus beziehen sich meist auf Bedürfnisse, Gefühle, Erlebensweisen, die sich mit der Vorstellung von der Gleichberechtigung der

Geschlechter nicht so ohne weiteres in Übereinstimmung bringen lassen.

Nach dem Motto: daß nicht sein kann, was nicht sein darf, werden sie unter den Tisch gekehrt, sind deshalb aber nicht weniger wirksam. Bei Männern sind es all jene Antriebe, Emotionen und Verhaltensweisen, die im allgemeinen von Frauen als frauenfeindlich deklariert werden. Bei Frauen besteht die dunkle, verdrängte Seite ihrer Person aus den Empfindungen, Wünschen und Handlungen, die sich mit der Vorstellung von einer emanzipierten Frau nicht bruchlos in Einklang bringen lassen.

Manche Vorwürfe, die sich Männer und Frauen gegenseitig machen, sind nichts anderes als Projektionen eigener, uneingestandener Schwierigkeiten und Probleme. So neigen Männer wie Frauen dazu, dem anderen mehr Macht zuzuschreiben, als er/sie tatsächlich hat. Obwohl Frauen in Zweierbeziehungen heute nicht selten dominieren, erleben sie sich trotzdem als der unterlegene Teil. Obwohl Männer viele Möglichkeiten haben, in Beziehungen ihren Willen durchzusetzen, haben sie nicht selten das Gefühl, den emotional bestimmten Reaktionen von Frauen hilflos ausgeliefert zu sein.

Die Frauenbewegung hat mit der verallgemeinernden These, daß die Frau vom Mann unterdrückt wird, den Blick auf die jeweils konkreten Beziehungsverhältnisse und auf den weiblichen Anteil an der Misere getrübt. Männliche und weibliche Verhaltensweisen bedingen sich jedoch gegenseitig und können auch nur in dieser Bezogenheit aufeinander richtig begriffen und verändert werden.

Frauen und Männer haben immer häufiger das Gefühl, zwischen ihren Anprüchen und tatsächlichen Möglichkeiten zerrissen zu sein. In Paarbeziehungen muß auf Grund der Ungeklärtheit der Situation ständig neu ausgehandelt werden, was in gegenseitigem Einvernehmen als verbindlich angesehen werden kann. Ohne ständige Diskussion, Auseinandersetzung, Kompromiß- und Veränderungsbereitschaft läuft nichts mehr. Funktioniert die Kommunikation nicht mehr, landet die Beziehung schnell in irgendeiner Sackgasse. Beziehungssackgassen gibt es viele: Geschlechterkrieg, Rückzug auf sich selbst, Rückkehr zu alten Rollenverteilungen und anderes mehr.

Obwohl die Gefahr des Scheiterns einer Beziehung an dem permanenten Aushandeln des richtigen Mann–Frau-Verhältnisses groß ist, liegt darin aber gleichzeitig auch eine enorme Chance. Indem der Terror der verbindlichen Geschlechtsrollen wegfällt, kann die Persönlichkeit des einzelnen mehr in den Vordergrund rücken. Jeder ist nicht nur Mann oder Frau, ein Geschlechtswesen, sondern zuallererst ein unverwechselbares Individuum. Eine solche Wahrnehmung des anderen setzt allerdings voraus, daß das Durcheinander alter und neuer Rollen-«Leitbilder» nicht mehr so unentwirrbar den Beziehungsalltag bestimmt, wie dies heute noch meist der Fall ist.

4. Ein neues Ideal: Die Zweierbeziehung ohne Kind?

Der Traum von der totalen Liebesbeziehung, Autonomiestreben, der Anspruch auf individuelle Selbstverwirklichung und die Versuche der Überwindung traditioneller Geschlechtsrollen lassen sich mit dem Zusammenleben mit Kindern nicht so ohne weiteres in Einklang bringen.

Solange ein Paar nur zu zweit lebt, können Alltagszwänge in den Hintergrund gedrängt werden. Die Liebe zueinander kann das Leben uneingeschränkt bestimmen. Wenn jedoch Kinder da sind, wird die Bewältigung des Alltags zu einer zentralen Aufgabe innerhalb einer Paarbeziehung. Kinder bestimmen mit ihren Bedürfnissen den Alltag der Eltern. «Spontane» Wünsche der Eltern können nicht spontan erfüllt werden; alles muß organisiert werden. Ungestörtheit zu zweit gibt es bei Kleinkindern oft nicht einmal abends und nachts. Selbst die sexuelle Liebe muß sich nach einem Zeitplan richten. Immer sind die Bedürfnisse eines Dritten zu berücksichtigen.

Ähnlich verhält es sich mit den Wünschen nach Autonomie und individueller Selbstverwirklichung. Auch hier sind die Grenzen schmerzlich spürbar. Neue Formen der Arbeitsteilung zwischen Mann und Frau müssen gefunden werden, wenn nicht ein Partner in materielle Abhängigkeit von dem anderen geraten will. Dennoch gewähren auch neu und anders gestaltete Vater- und Mutterrollen nur eine relative Autonomie. Schwierig zu lösen ist das Problem der Vereinbarkeit von Berufstätigkeit und Kinderbetreuung. Der Kompromiß gestaltet sich meist unbefriedigend, weil die Teilzeitarbeit für Mann und Frau nicht in allen Berufen zu verwirklichen ist. Ein Elternurlaub * läßt immer noch auf sich warten. Mann und Frau müssen also in ihren Berufserwartungen und Karrierechancen zurückstecken.

Auch der individuellen Selbstverwirklichung sind spürbare Grenzen gesetzt. Die gemeinsame Verantwortung für das Kind bremst eigene Aktivitäten. Die eigene freie Zeit reduziert sich gewaltig und läßt sich nur zu Lasten des Partners ausdehnen. Steht in einer Zweierbeziehung ohne Kind ausreichend Zeit für die Zweisamkeit und für die eigenen, individuellen Bedürfnisse zur Verfügung, so hat man mit Kindern – wenn überhaupt – allenfalls noch Zeit für den Partner oder für sich selbst.

Wenn die eigene Entwicklung und die Befriedigung eigener Bedürfnisse im Vordergrund steht, bedeutet das Kinderhaben eine massive Einschränkung. Ausgeprägtes Autonomiestreben kann dazu führen, daß Paare sich nicht auf eine gemeinsame Zukunft festlegen wollen. Alles muß offenbleiben. Es ist ihnen unmöglich, sich innerlich für einen bestimmten Beziehungspartner als Lebenspartner zu entscheiden. Trotz des Bedürfnisses nach Sicherheit und Zuhause scheint es unvorstellbar, Treue in irgendeiner Form konkret zu leben. Ansprüche, Erfahrungen und Ängste wehren sich gegen die Verpflichtung auf Dauerhaftigkeit einer Beziehung. Das muß nicht bedeuten, daß die realen Beziehungen nur von kurzer Dauer sind. Aber viele Paare brauchen, wenn sie sich nicht eingesperrt, eingezwängt und ihrer Freiheit beraubt erleben möchten, die Offenheit der Beziehungssituation.

Die Beziehungsleitbilder von Autonomie und individueller Selbstverwirklichung setzen eine gewisse Ich-Zentriertheit voraus. Alles oder jedenfalls vieles wird daran gemessen, was es für den einzelnen bringt und seine individuelle Entwicklung.

Männer und Frauen erleben diese Situation allerdings unterschiedlich. Das Bedürfnis nach einem unabhängigen Leben äußert sich bei Frauen selten so ausschließlich. Die Kluft zwischen

---

* Der in der BRD seit 1986 eingeführte Erziehungsurlaub ist kein Elternurlaub, da es sich faktisch lediglich um einen modifizierten Mutterschaftsurlaub handelt, der weder mit uneingeschränktem Kündigungsschutz noch mit weitgehendem Lohnausgleich (in Schweden werden 90 % des bisherigen Einkommens weitergezahlt) einhergeht. Die Festlegung des Erziehungsgeldes auf 600 DM zwingt Väter weiterhin in die Ernährerposition und macht gleichberechtigte Partnerschaft unmöglich.

einem Leben für andere und einem Leben für sich selbst ist für Frauen zwar spürbar, aber selten so unüberwindlich. Auf Grund ihrer Sozialisation ist Autonomie etwas, was mit Gemeinschaft und Verantwortung-für-andere-Übernehmen nicht so grundsätzlich unvereinbar erscheint, wie das im Denken und Empfinden von Männern oftmals zum Ausdruck kommt.

Die Kehrseite der Medaille besteht für Frauen allerdings darin, daß sie über das Kinderkriegen sehr viel leichter in Abhängigkeitsverhältnisse hineingeraten als Männer. Es fällt ihnen schwerer, sich gegenüber den Ansprüchen abzugrenzen, die sich aus dem Zusammenleben mit Kindern ergeben. Während Männer auch im Zusammenleben mit Kindern nicht so leicht in Gefahr geraten, ihre eigenen Bedürfnisse aufzugeben. Dabei kann sich – zunächst meist unbemerkt – im Laufe der Zeit herausstellen, daß der Mann seinen Autonomiespielraum auf Kosten der Frau behauptet.

Kein Wunder, wenn viele Frauen ihren Kinderwunsch erst einmal aufschieben und manche keine Kinder haben möchten. Gerade Frauen müssen auf Grund tradierter Rollenzuweisungen um so mehr auf ihre Unabhängigkeit bedacht sein. Dies zeigt sich auch darin, daß Heiraten von Frauen heute oft mit mehr Entschiedenheit abgelehnt wird als von Männern. Sie haben den Eindruck, daß sie in nichtehelichen Beziehungen nicht so leicht in ihre alte Rolle gedrängt werden können.

Je offener eine Zweierbeziehung gestaltet wird, desto größer ist im allgemeinen der individuelle Freiheitsspielraum des einzelnen. Gleichzeitig bedarf es größerer Anstrengung, die Beziehung aufrechtzuerhalten.

Daß es keine verbindlichen Männer- und Frauenrollen mehr gibt, schafft zwar neue Chancen und Freiheiten. Wenn sich Mann und Frau aber in das Durcheinander alter und neuer Rollenklischees verstricken, kann der daraus folgende Geschlechterkrieg leicht die emotionale Basis zwischen den Partnern zerstören.

Eine Paarbeziehung unter diesen Bedingungen über längere Zeit aufrecht- und lebendig zu erhalten, erfordert einen enormen Einsatz an psychischer Energie und Zeit. Eine ständige Bereitschaft zur Auseinandersetzung muß dasein. Das Gespräch darf nie abreißen. Zuviel muß ständig ausgehandelt, geklärt, vereinbart und bedacht werden. Da viele Paare auf diesen Zwang schon mit Stresssymptomen reagieren, flüchten sich nicht wenige in alle möglichen Aktivitäten. Mit der Reduzierung der gemeinsam verbrachten Zeit oder mit getrennten Wohnungen lassen sich viele Konflikte scheinbar vermeiden. In Wirklichkeit aber läßt sich so eine Beziehung häufig nicht auf Dauer erhalten.

Um nicht mißverstanden zu werden: Ich will hier nicht in billiger Weise gegen gängige Leitbilder des Zusammenlebens polemisieren. Nur: in die hier skizzierte Beziehungswelt lassen sich Kinder entweder gar nicht einfügen oder sie erfordern ein radikales Umdenken. Zweierbeziehungen zeichnen sich heute durch Instabilität und Überlastung mit Ansprüchen und Erwartungen aus und sind deshalb nur aufrechtzuerhalten, wenn sie kinderlos bleiben, denn Kinder fordern dauerhafte, verläßliche Beziehungen.

Hinzu kommt ein weiterer Punkt: Während früher Kinder untrennbarer Bestandteil einer Mann-Frau-Beziehung waren und die gemeinsame Sorge um den Nachwuchs ein konstitutives Moment jeder Ehebeziehung darstellte, sind heute Kinder zum gemeinsamen Glück nicht mehr in jedem Falle erforderlich. Manche Paare erleben sie sogar als ausgesprochen hinderlich für das gemeinsame Glück. Ihr Ideal ist die reine Liebesbeziehung.

Das Zusammenleben mit Kindern hat seine Selbstverständlichkeit verloren. Weil es nicht mehr integrierter Bestandteil einer Paarbeziehung ist, sondern etwas Zusätzliches und die vorhandenen Strukturen in Frage Stellendes, bedarf es zusätzlicher Anstrengungen, um dennoch den Ansprüchen an Zweierbeziehungen zu genügen. Sonst kann die Geburt eines Kindes unter Umständen das Ende einer Beziehung bedeuten.

III. Eltern-Sein heute

Eltern-Sein gestaltet sich heute in vielfacher Hinsicht anders als noch vor 30 Jahren. So hat es nicht nur in den Motiven und Interessen, die hinter dem Kinderwunsch stehen, Akzentverschiebungen und Umgewichtungen gegeben, sondern gleichzeitig haben sich auch die Erziehungsvorstellungen gewaltig gewandelt.

Der alltägliche Umgang mit Kindern wird heute anders erlebt als früher. Dies spiegelt sich schon darin wider, daß sich für die belastenden Momente im Umgang mit Kindern der Begriff Kinderarbeit eingebürgert hat.

In den folgenden drei Abschnitten soll dargestellt werden, was für das Eltern-Sein in den achtziger Jahren charakteristisch ist. Dies geschieht mit der Absicht, herauszufinden, ob es einen Zusammenhang zwischen der heutigen Gestaltung von Elternschaft und der Krise der Zweierbeziehung nach der Geburt gibt.

1. Die neuen Kinder

Während Kinder vor Beginn der Industrialisierung im 19. Jahrhundert eine große ökonomische Bedeutung für die Eltern als Arbeitskräfte, für die Altersversorgung und zur Vererbung von Besitz und

Namen hatten, wurden sie mit Fortschreiten der Industrialisierung unter ökonomischen Gesichtspunkten immer unnützer. Kinder brachten den Eltern keinen materiellen Gewinn mehr. Im Gegenteil: Sie verursachten Kosten.

> «Diese Entwicklung wurde dann in den letzten Jahrzehnten, ja gerade auch Jahren noch einmal drastisch vorangetrieben: Der finanzielle Aufwand fürs Kind ist steil nach oben gestiegen, deutlich schneller als Einkommen, Inflationsrate und Lebenshaltungskosten. Denn das Kind ‹braucht› heute, nach den kulturell vorgeschriebenen Normen, nicht mehr nur Essen und Kleidung, sondern ebenso Taschengeld, Spielzeug und Skikurs, ein Hotelbett im Urlaub und übers Jahr möglichst ein eigenes Kinderzimmer. Erst recht ist die Ausbildung – in der modernen Gesellschaft die wichtigste ‹Investition› für die späteren Lebenschancen des Kindes – ständig länger geworden ...»[1]

Aber nicht nur die materiellen, sondern auch die sozialen und psychischen Folgekosten des Kinderhabens sind heute enorm. Kinderhaben hat sozusagen seinen Preis. Man zahlt nicht nur durch Einbuße an Unabhängigkeit und verfügbarer Freizeit, sondern auch durch verminderte Karrierechancen und Verlust an individuellen Möglichkeiten der Bedürfnisbefriedigung und Selbstverwirklichung. Für Frauen ist der Preis, sofern es bei der alten Rollenverteilung bleibt, besonders hoch, da sie zumindest zeitweise auf Berufstätigkeit wegen der Kinderarbeit verzichten müssen und ein Wiedereinstieg in den alten Beruf angesichts der gestiegenen Arbeitslosigkeit mit zunehmend größerer Unsicherheit belastet ist.

Wenn es nicht bei der alten Rollenverteilung bleibt und die Väter sich in größerem Umfang an der Kinderarbeit beteiligen, wird der Preis für die Frauen zwar geringer, aber zu Lasten der Väter. Immer mehr Paare empfinden die sozialen und psychischen Kosten des Zusammenlebens mit Kindern offensichtlich als so hoch, daß sie entweder das Kinderkriegen bis jenseits des 30. Lebensjahres aufschieben oder gar ganz auf Kinder verzichten. Der Geburtenrückgang ist dramatisch und beunruhigt seit einiger Zeit auch die Politiker. «Experten haben festgestellt, daß ‹wir› in rund 50 Jahren etwa 20 Millionen weniger sein werden.»[2]

Die Frage liegt nahe, was heutzutage eigentlich diejenigen noch bewegt, die Kinder haben wollen. Paradoxerweise hängen die Motive, die für das Kinderkriegen sprechen, eng mit denen zusammen, die dagegen sprechen. Eltern von Wunschkindern und die Gegner des Kinderkriegens haben beide die eigene Selbstverwirklichung auf ihre Fahnen geschrieben. Der Unterschied liegt lediglich darin, daß die einen sich Selbstverwirklichung nur ohne Kinder vorstellen können, während die anderen glauben, sich gerade über ein Leben mit Kindern neue Dimensionen von Selbsterfahrung und Lebensgewinn erschließen zu können. Über das Kind bekommt, so wird erwartet, das eigene Leben eine neue Ausrichtung. Es gibt dem Leben neuen Sinn. Man weiß, wofür man lebt.

Ein Vater, der vor der Geburt seiner Tochter ein Single-Dasein geführt hatte, meint:

«Wenn man allein lebt, dann braucht einen niemand. Alles ist willkürlich, und es kümmert so richtig niemand, ob man da ist und was man macht. Da finde ich heute für mich einen ganz wichtigen Aspekt, daß Stefanie darauf angewiesen ist, daß ich und meine Frau da sind. Dadurch habe ich das Gefühl, daß die Dinge, die ich mache, eher einen Bezug haben. Sie werden wichtiger. Es lohnt sich, sich darauf zu konzentrieren. Alles hat eine Bedeutung, es ist nicht mehr beliebig.»

Durch Kinder eröffnen sich neue, andere Ebenen der Selbsterfahrung: das Erleben von Schwangerschaft und Geburt, das Stillen und die Anforderungen beim Aufziehen und Versorgen. Ein Kind kann eine solche Fülle an befriedigenden, intensiven und völlig neuen Erfahrungen vermitteln, die Nichteltern kaum vorstellbar sind.

Kinder halten ihren Eltern einen Spiegel vor. Mann / Frau nimmt sich selbst genauer wahr. Entdeckt neue Seiten an sich und wird in gewisser Hinsicht «erwachsener». Was manchmal jahrelang in kostspieliger Therapie versucht wurde – die Versöhnung mit den Verletzungen aus der eigenen Kindheit –, fällt auf einmal sehr viel leichter. Das Verhältnis zu den eigenen Eltern entspannt sich, denn die Erfahrung des Elternseins öffnet den Blick für die Schwierigkeiten auch der eigenen Eltern.

Beim Kinderkriegen und Kinderhaben machen Mann und Frau freilich nicht nur gemeinsame, sondern auch zum Teil recht unterschiedliche Erfahrungen durch. Eine Reihe von Erfahrungen sind dem Mann qua Biologie verwehrt, denn was es für eine Frau bedeutet, in ihrem Bauch ein Kind heranwachsen zu spüren, kann er nur mit dem Kopf nachvollziehen.

In den letzten Jahren ist viel über das weibliche Erleben von Fruchtbarkeit, Schwangerschaft und Geburt geschrieben worden.[3] Für eine Frau bedeutet Mutterwerden zugleich das Erleben und die Demonstration der eigenen, weiblichen Potenz. Schwangerschaft, Geburt und Stillen bieten auch lustvolle sexuelle Empfindungen und Erfahrungen und können das Körpergefühl einer Frau vollkommen verändern. Die amerikanische Feministin Phyllis Chesler formuliert dies kurz so: «Gebären verändert die Betrachtung der Welt.»[4]

Die hier beschriebene Dimension der Selbstverwirklichung und -entfaltung bleibt dem Mann verschlossen. Für ihn eröffnen sich die Möglichkeiten zur Selbsterfahrung durch das Kind nur in dem Maße, in dem er sich auf das Kind einläßt. Wenn er sich am traditionellen Vaterbild orientiert, so verändern Kinder in seinem Leben wenig. Der Mann bleibt dann in seiner Ernährerrolle und dem beruflichen Fortkommen als Bestätigung seines Mannseins derart befangen, daß für Kinder nur wenig Zeit bleibt. Er bleibt ihnen auf eigenartige Weise fremd.

Wenn Männer allerdings beginnen,

«sich in anderer Weise als bisher mit Kindern zu beschäftigen, dann geraten sie auch in ganz andere und ganz neue Situationen. Die neue Vaterrolle ermöglicht den Männern qualitativ neue Erfahrungen, die in der Lage sind, den Panzer der alten Männlichkeit zu sprengen.» ... «Das Kind kann dem Mann die Augen öffnen und ihm eine neue Welt erschließen. Der Umgang mit Kindern beinhaltet für die Männer die Chance zu wirklicher Veränderung. Durch den Umgang mit Kindern macht der Mann eine Fülle von Erfahrungen, die bei ihm eine völlig neue Motivation zur Veränderung seiner Rolle schaffen können.»[5]

Das Kind also als Emanzipationsgehilfe? Wird da das Kind nicht für die Zwecke der Erwachsenen mißbraucht? In gewisser Weise ist dies sicherlich zutreffend. Da Kinder heute in aller Regel Wunschkinder sind, sind sie von vornherein eng mit den Bedürfnissen der Erwachsenen verknüpft. Dadurch ist das Kind im Prinzip für beliebige Zwecke funktionalisierbar: als Ersatzbeziehungspartner, für eine sinnentleerte Zweierbeziehung, als Beziehungskitt, als Fluchtmöglichkeit vor eigenständiger Berufstätigkeit, als Perspektive in einer bestimmten Lebenssituation und anderes mehr.

Daß das möglich ist, bedeutet aber nicht, daß die Kinder nun auch gewissen Zwecken dienen müssen.

Dennoch ist es heute besonders wichtig, daß Eltern sich über ihre Bedürfnisse und Motive für das Kinderkriegen klarwerden und sich ihre eigenen, egoistischen Interessen am Kind eingestehen.

2. Vom Wandel der Erziehungsvorstellungen

Bei den gängigen Erziehungsvorstellungen von Eltern lassen sich bestimmte Trends und Tendenzen ausmachen. Ende der sechziger Jahre und Anfang der siebziger Jahre orientierten sich viele Mittelschichtseltern an der sogenannten antiautoritären Erziehung. Dabei gab es ein weites Spektrum an Vorstellungen, was antiautoritäre Erziehung denn konkret bedeutete. Es reichte von der Laisser-faire-«Erziehung» bis zu der Vorstellung, durch Erziehung die antiautoritäre Revolution der Gesellschaft vorzubereiten.

Die antiautoritäre Bewegung hat nicht nur in den Köpfen heutiger Eltern, sondern auch bei Erziehern und Lehrern tiefe Spuren hinterlassen. So z. B. eine freiere Einstellung zur kindlichen Sexualität, die Abschaffung rigider Formen der Reinlichkeitserziehung und die Ablehnung autoritärer Erziehungsstile.

Viele Vorstellungen der antiautoritären Erziehung finden sich auch in der Antipädagogik wieder, die ab Mitte der siebziger Jahre zunehmend Einfluß auf das elterliche Verhalten nahm.

Der Ausdruck Antipädagogik geht auf Ekkehard von Braunmühl zurück. Ihm geht es in seinen zahlreichen Veröffentlichungen um die Abschaffung der Erziehung und die Gleichberechtigung des Kindes. Jede Form von Erziehung, auch die antiautoritäre, ist für ihn autoritär, weil sie mit dem Anspruch einhergeht, zu wissen und zu bestimmen, was für ein Kind richtig oder falsch ist.

Die Abschaffung der Erziehung ist ein Ideal, welches heute vielen Eltern vorschwebt. Das Kind soll als autonome Persönlichkeit akzeptiert werden. Die Erwachsenen wollen das Kind nicht mehr erziehen, d. h. ihrem Willen unterwerfen, sondern in der Entfaltung seiner Fähigkeiten unterstützen. Der Publizist, Sozialwissenschaftler und Therapeut Hubertus von Schoenebeck formuliert das in seinem Buch ‹Unterstützen statt erziehen›:

> «Die neue Elterngeneration hat ein neues Selbstverständnis. Sie versuchen, ihre Kinder so zu unterstützen, wie die Kinder es von ihnen wünschen und in ihrer eigenen Sprache mitteilen. Diese Eltern sind zutiefst davon überzeugt, daß sie ihren Kindern nur in dieser Weise – beistehen und unterstützen, wie das Kind aus sich heraus bekundet – wirkliche Eltern sein können. Die kinderfreundlichen Eltern sind erfüllt von der Achtung vor dem ihnen anvertrauten souveränen und selbstbestimmten jungen Menschen – dem Neugeborenen, dem Baby, dem Kleinkind, dem Kind, dem Jugendlichen.»[1]

Im Umgang mit einem Neugeborenen bedeutet eine antipädagogische Haltung, dessen Bedürfnisse möglichst umfassend zufriedenzustellen. Wenn das Kind schreit, sollen die Eltern ohne Einschränkung für es dasein. Auch das Stillen, die Gestaltung des Tagesablaufs, das Wachen und Schlafen, sollen sich ausschließlich an den Bedürfnissen des Kindes ausrichten.

Der Ratschlag an Eltern, daß sie für ihr Neugeborenes nichts Besseres tun können, als alle seine Bedürfnisse zu erfüllen, hat jedoch seine «Tücken», da die Bedürfnisse des Kindes – je nach Zeittrend – verschieden interpretierbar sind.

Die Ratgeberliteratur für Eltern ist heute fast unüberschaubar. So erscheinen derzeit etwa 2000 neue Buchtitel pro Jahr.[2]

Diese Ratgeberinflation hat eine ihrer Ursachen darin, daß auf Grund des Geburtenrückgangs und der Kleinfamiliensituation mit oft nur einem, höchstens zwei Kindern nicht mehr auf eigene Erfahrung im Umgang mit Kindern zurückgegriffen werden kann und viele Eltern deshalb in ihren Erziehungsvorstellungen leicht beeinflußbar sind.

> «Bei den lesenden Gesellschaftsschichten wird der Abstand zwischen der eigenen Erziehungserfahrung und der Geburt oder Adoption eines Kindes auch zeitlich immer größer: die Frauen sind nicht selten über 30 Jahre, wenn sie ihr erstes Kind bekommen. Die Erfahrungsverluste werden durch die Auflösung der Mehrgenerationenfamilie, zumindest in den städtischen Gebieten, noch verstärkt.»[3]

Hinzu kommt, daß tradierte Erziehungsvorstellungen heute keine Orientierung mehr bieten, da sie in die heutige gesellschaftliche Wirklichkeit nicht mehr passen wollen. Da in unserer Gesellschaft immer weniger Wertorientierungen als verbindlich vorgegeben werden, müssen sich die Eltern selbst in irgendeiner Weise orientieren. Meist übernehmen sie die Theorien, die gerade in der Bezugsgruppe oder Subkultur «in» sind, der sich die Eltern zugehörig fühlen. Weltanschauliche, politische und gesellschaftliche Überzeugungen dieser Gruppe spielen dabei eine wesentliche Rolle.

Dies führt dazu, daß die Vorstellungen über den richtigen Umgang mit Kindern heute mitunter den Charakter von Glaubensbekenntnissen annehmen. Eltern werden dann Jünger und fleißige Exegeten etwa von Alice Miller, Jean Liedloff, Barbara Sichtermann und anderen.[4] Nun gehört es zweifellos zu den Verdiensten der genannten Autorinnen, den ideologischen Charakter traditioneller Erziehungsvorstellungen angeprangert und sich für einen anderen menschlicheren Umgang mit Kindern eingesetzt zu haben. Wenn ihre Kritik an der herrschenden Erziehungspraxis und ihre Vorschläge zur Veränderung aber in dogmatischer Weise als Anweisung zu unfehlbar richtigem Handeln verstanden und nicht mehr der Prüfung durch die eigenen Erfahrungen unterzogen werden, werden diese selbst zur Ideologie.

Eltern sind heute auf Grund der Ergebnisse von Psychologie, Pädagogik und Soziologie davon überzeugt, daß die Phase der frühen Kindheit von zentraler Bedeutung für die Zukunft ihres Kindes ist und deshalb nichts versäumt werden darf. «Erziehung wurde immer mehr zum Schlüsselbegriff für gesellschaftlichen Erfolg und Mißerfolg.»[5]

In der Folge vertrauten viele Eltern immer weniger auf ihre eigene Kompetenz im Umgang mit Kindern und wurden so von der Meinung der Experten in Gestalt von Psychologen, Therapeuten und Erziehungswissenschaftlern immer abhängiger. Die Pädagogisierung der Kindheit und damit die Enteignung der Fähigkeiten der Eltern schreitet weiter munter voran.

Viele der Theorien, die heute Konjunktur haben, bauen auf fragwürdigen Voraussetzungen auf und beziehen den Alltag des Zusammenlebens mit Kindern und die Zwänge, denen Erwachsene unterliegen, nur ungenügend mit ein. Ein gutes Beispiel hierfür ist die Psychoanalytikerin Alice Miller. Sie zeigt in ihren Büchern überzeugend auf, welches Unheil angerichtet werden kann, wenn Kindern den Erziehungsansprüchen ihrer Eltern ausgesetzt sind.

Die Verletzungen, die dem Kind durch die Unterwerfung unter den Willen der Eltern zugefügt werden, führen zum Verlust seiner Lebendigkeit. Indem es sich schon früh seinen Eltern anpaßt, lernt es, seine intensivsten, aber unerwünschten Gefühle nicht zu fühlen. Der vitalste Teil seines Selbst wird nicht in die Persönlichkeit integriert.

> «Wenn man ein Kind erzieht, lernt es erziehen. Wenn man einem Kind Moral predigt, lernt es Moral predigen, wenn man es warnt, lernt es warnen, wenn man mit ihm schimpft, lernt es schimpfen, wenn man es auslacht, lernt es auslachen, wenn man es demütigt, lernt es demütigen, wenn man seine Seele tötet, lernt es töten. Es hat dann nur die Wahl, ob sich selbst oder die anderen oder beides.»[6]

Der Drang des Erwachsenen zur Unterwerfung des Kindes unter seinen Willen stammt aus dessen eigener Kindheit. Seine eigenen verdrängten Verletzungen führen dazu, daß er das lebendige Wachstum des Kindes verhindert. Im Kind bekämpft er seine eigenen unterdrückten Impulse. Eine der Thesen von Alice Miller ist deshalb, daß die Erzieher, nicht die Kinder, die Erziehung brauchen. Um sich dem Kind gegenüber anders verhalten zu können, muß der Erwachsene seine eigenen Verletzungen als Kind wahrnehmen und seine ursprünglichen Bedürfnisse erspüren. Wenn der Erwachsene die Bereitschaft hat, dem Kind mit Achtung und Respekt für dessen Rechte, mit Toleranz für dessen Gefühle und mit Offenheit zu begegnen, ist der Boden für wirkliche Veränderung bereitet. Alice Miller räumt in diesem Zusammenhang allerdings ein, daß die Befreiung von jahrhundertelangen Zwängen «sich wohl kaum in einer Generation vollziehen»[7] kann.

Was die konkrete Umsetzung ihrer Forderungen im alltäglichen Umgang mit Kindern anbelangt, ist Alice Miller allerdings sehr zurückhaltend. An einer Stelle verweist sie auf von Braunmühl[8]. Dies löst das Problem aber nicht. Gerade in der Umsetzung im Alltag werden Grenzen und Schwierigkeiten ihrer Forderungen deutlich. «Die alltägliche Notwendigkeit, zwischen den äußeren Zwängen und den subjektiven Bedürfnissen und Möglichkeiten zu vermitteln, ignoriert die Autorin völlig. Das Gesellschaftliche gerät bei ihr zum bloßen Ornament.»[9]

Alice Miller nährt die Illusion, allein durch Erziehung sei die Welt zu verändern. Die Zwänge, die von Berufstätigkeit, der Arbeitsteilung zwischen Mann und Frau und von den gesellschaftlichen Rahmenbedingungen (z. B. Wohnen in einer kinderfeindlichen und nur autogerechten Umwelt) für das Verhalten von Eltern gegenüber Kindern ausgehen, kann sie auf Grund ihrer Betrachtungsweise, die sich nur auf die psychischen Prozesse in der frühen Kindheit zentriert, nicht erkennen.

Auch der Zusammenhang von kindlichen Bedürfnissen und elterlichen Verhaltensweisen bleibt ihr verborgen. Sie sieht das Kind als ein Wesen, was mit entwickelter Bedürfnisstruktur auf die Welt kommt. In Wirklichkeit entsteht der Großteil der kindlichen Bedürfnisse aber in Wechselwirkung mit elterlichen Reaktionen. Viele kindliche Bedürfnisse sind sozial vermittelte Bedürfnisse. Wenn ein Kind z. B. den ganzen Tag im Tragetuch herumgetragen wird, wird es sich, da es nichts anderes kennt, ohne die körperliche Nähe eines Erwachsenen einsam und verlassen fühlen. Kurze Zeiten, in denen es niedergelegt wird, wird es mit verzweifeltem Protestgeschrei begleiten. Hier handelt es sich also keineswegs um natürliche kindliche Bedürfnisse, denn wenn Kinder auch möglichst oft die körperliche Nähe von Erwachsenen spüren sollen, so ist es für ihre eigene Entwicklung sicher auch wichtig zu lernen, sich kurze Zeit allein zu «beschäftigen».

Durch die Konzentration der Eltern auf die größtmögliche Befriedigung der kindlichen Bedürfnisse, die nicht immer klar auszumachen sind, ist die Gefahr vorhanden, eigene Bedürfnisse in das Kind hineinzuprojizieren. Da der Umgang mit einem Neugeborenen auch die Sehnsucht des Erwachsenen nach Nähe und Körperkontakt befriedigt, kann es leicht passieren, daß die Eltern bevorzugt die Bedürfnisse ihrer Kinder wahrnehmen, die mit ihren eigenen Bedürfnissen übereinstimmen, und andere kindliche Bedürfnisse unbeachtet bleiben.

So stellt etwa der Psychotherapeut und Publizist Jörg Bopp nach der Sichtung von Väterberichten zusammenfassend fest:

«Über den Berichten hängen stickiger Knuddelmief und Liebesmuff. Die Väter bringen sich und die Kinder unter einen ständigen Überdruck von Wärme und Zuwendung.» ... «Die Kinder müssen beides zugleich sein: Alibi für frustrierte Sexualität und

Ersatzpartner für unerfüllte sinnliche Bedürfnisse der Väter und Mütter.»[10]

Was Jörg Bopp für Väter festgestellt hat, gilt in anderer Form auch für Mütter. Mütterliche und kindliche Bedürfnisse sind aber so eng aufeinander bezogen, daß Projektionen schwieriger zu erkennen sind. Dies wird deutlich am Beispiel des Stillens. Bei der Frage, wie lang ein Kind gestillt werden soll, überlagern sich kindliche und mütterliche Bedürfnisse unentwirrbar.

Das Postulat der meisten heutigen Erziehungstheorien und Erziehungsratgeber, im Umgang mit Kindern deren Bedürfnisse ins Zentrum zu stellen, wirft mehr offene Fragen und Probleme auf, als in eben dieser Literatur eingeräumt wird. Die Umsetzung dieser Theorien in den von den Eltern vorgefundenen Alltag gelingt nur ungenügend. Neue Unsicherheiten der Eltern entstehen und auch das Gefühl, hinter den eigenen Ansprüchen weit zurückgeblieben zu sein und versagt zu haben. Bestimmte wichtige und zentrale Fragen im Umgang mit Kindern werden zudem in den gängigen Büchern gar nicht gestellt.

Jürg Willi gibt zu bedenken:

«Das heutige Elternpaar lebt kindzentriert. Die Kinder sind tagsüber oft keine Stunde ohne Eltern. Auch nachts läßt man die Schlafzimmertür offen, um dem Kind bei einem bösen Traum gleich beistehen zu können. Im Zug der Antipädagogik lehnen die Eltern jedes Rollenverhalten ab und versuchen dem Kind Freund und Kamerad zu sein.

Was Kinder sich heute oft wünschen, sind Eltern, die mehr Distanz halten und die sich klarer als Eltern definieren, die klar sagen, was ihre Verantwortung als Eltern ist und was nicht, und die an das Kind klare Erwartungen stellen. Das würde dem Kind Strukturen geben, innerhalb derer es sich sicher fühlen und orientieren kann. Das würde ihm klar definierte Freiräume geben, innerhalb derer es sich unabhängig von seinen Eltern entwickeln kann.

... So wie die Situation jetzt ist, kann sich das Kind mit seinen Eltern oft gar nicht auseinandersetzen, weil die Eltern jeder Konfrontation ängstlich ausweichen, keine eigenen Erwartungen auszusprechen wagen und immer ‹nur das Beste für das Kind› wollen. Bei so viel ‹Liebe› und ‹Empathie› muß jeder Streit mit den Eltern im Kind Schuldgefühle erregen. Bei so viel Nähe und

Verstrickung und so wenig Möglichkeit zu Konfrontation bleibt dem Kind nur der narzißtische Rückzug auf sich selbst, um sich selbst zu spüren.»[11]

Eine weitere wichtige Frage, die in der antipädagogischen Diskussion ausgeklammert bleibt, ist die folgende: Was bedeutet das scheinbar grenzenlose Einlassen auf die Bedürfnisse des Kindes für die Eltern, deren psychisches Wohlbefinden und deren Lebenssituation? Kindliche Bedürfnisse und die Bedürfnisse von Erwachsenen können sich in verschiedener Hinsicht decken, aber sie sind keineswegs identisch, ja sind z. T. schlicht unvereinbar. Antipädagogische Verhaltensweisen im Umgang mit Kindern stellen besonders große Anforderungen an die Eltern in bezug auf die Verfügbarkeit und auf das Zurückstecken in eigenen Interessen. Gestaltet man den Umgang mit einem Neugeborenen in antipädagogischem Sinne, kann es im Extremfall spielend Vater und Mutter rund um die Uhr beschäftigen.

Die Folgen der streng antipädagogischen Verhaltensweise für die Zweierbeziehung liegen auf der Hand: zugunsten des Kindes müssen alle Erwartungen reduziert werden. Nicht selten bleibt keine Kraft und Zeit mehr zur Auseinandersetzung unter den Partnern. Alles muß den Bedürfnissen des Kindes untergeordnet werden. Den Eltern bleibt nur, was das Kind «übrigläßt». Über weite Strecken kann die Bewältigung des Alltags so sehr im Vordergrund stehen, daß die Eltern nur noch «funktionieren» und abends vor Müdigkeit und Erschöpfung in die Betten fallen. Wichtig ist deshalb eine Balance zwischen den Bedürfnissen des Kindes und den Bedürfnissen der Eltern zu finden. Antipädagogisches Denken in seiner heutigen Form jedoch klammert die Dimension der Vermittlung kindlicher und elterlicher Bedürfnisse weitgehend aus.

3. Umgang mit Kindern = Arbeit?

Es ist heute üblich, die Betreuung und Versorgung von Kindern als Arbeit zu bezeichnen. Damit verbindet sich von feministischer Seite das Bestreben, der Tätigkeit von Müttern und Hausfrauen mehr Anerkennung zu verschaffen und alles, was Frauen zu Hause leisten, mit der Lohnarbeit des Mannes gleichzusetzen.

Der häufige Gebrauch des Begriffs «Kinderarbeit» macht aber auch deutlich, wie der Umgang mit Kindern über weite Strecken heute real erlebt und empfunden wird. Zusammenleben mit Kindern ist etwas, was neben seinen ganzheitlichen und befriedigenden Aspekten auch Momente von Entfremdung beinhaltet, die dann empfunden wird, wenn der Erwachsene Mühe, Anstrengung und Leistung erbringen muß und sich von seinen eigentlichen Bedürfnissen entfernt.

Die Beschäftigung mit einem Kleinkind kann für einen Erwachsenen psychisch und physisch so anstrengend sein, daß er nach einem gemeinsam mit dem Kind verbrachten Tag vollkommen erschöpft ist. Warum dies so ist, hängt zu einem Teil sicherlich mit den heutigen Erziehungsvorstellungen zusammen, die an Eltern erheblich größere Anforderungen stellen. Zum anderen hat es wesentlich mit unseren Lebensbedingungen zu tun, daß der Umgang mit Kleinkindern so anstrengend und mitunter sogar entnervend ist.

Kindheit – und damit Elternschaft – gestaltet sich heute anders als vor 30 Jahren.

> «Wenn Kindheit heute Stadtkindheit und Verkehrsteilnehmerkindheit heißt, sorgen Mütter für den Ausgleich zwischen kindlichem Bewegungsdrang und städtischer Wohnumwelt – sie sitzen nachmittagelang am Spielplatz, sie bringen die Kleinen in den Kindergarten. Wenn Kindheit heute Schulkindheit, Leistungskindheit bedeutet, fühlen sich notgedrungen Mütter zu permanenten Nachhilfeleistungen aufgefordert.»[1]

Die Lebensbedingungen haben sich in den letzten 30 Jahren entscheidend verändert. In der Großstadt kann man Kleinkinder nirgends allein von der Wohnung auf die Straße oder zum nächsten Spielplatz gehen lassen. Die Spielmöglichkeiten in Mietwohnungen sind begrenzt. Vom obersten Stockwerk eines Miethauses kann die Betreuungsperson das Kind, welches im Hof spielt, nicht «überwachen». Die Erwachsenen sind gezwungen, das Kind ständig zu begleiten.

Wohnungen sind heute selten kindgerecht angelegt. Moderne Haushalte bergen für Kleinkinder viele Gefahren. Da heutige Eltern ihr Kind nicht mehr in den Laufstall einsperren, sondern dem

Bewegungs- und Entdeckungsdrang des Kindes im Prinzip keine Grenzen mehr setzen wollen, hat das zur Folge, daß der Erwachsene das Kind dauernd beaufsichtigen muß.

Wer seinem Kind keine Grenzen setzen will, hat außerdem viel zusätzliche Arbeit. Damit die Wohnung einigermaßen aufgeräumt ist, muß dem Kind immer wieder hinterhergeräumt werden. Ständig muß sich der Erwachsene, der sich an den Bedürfnissen des Kindes orientiert, auf neue Situationen einstellen. Barbara Sichtermann beschreibt in ihrem Buch ‹Vorsicht, Kind›[2] wie die Kontinuität von Tätigkeitsabläufen des Erwachsenen durch das Kind ständig unterbrochen wird und welche Folgen dies für das seelische Gleichgewicht der Betreuungsperson hat. Der Erwachsene wird reizbar und hat am Abend das Gefühl, den ganzen Tag nichts Richtiges geschafft zu haben.

Die Gesellschaft eines Kleinkindes kann im übrigen streckenweise ausgesprochen langweilig sein. Bei allem, was das Kleinkind unternimmt, ist die Präsenz zwar nötig, aber das ist auch alles. Da Kleinkinder die ganze Aufmerksamkeit verlangen und eine anderweitige Beschäftigung verhindern, kann es vorkommen, daß eine Mutter oder ein Vater wichtige Telefonanrufe nicht erledigen können, eine Unterhaltung mit Freunden unmöglich wird.

Da das Kind auf Grund der Kleinfamiliensituation, der Generationentrennung und besonders als Einzelkind auf den Erwachsenen als Beziehungsperson vollkommen angewiesen ist, ergeben sich ganz andere Ansprüche, Zwänge und gegenseitige Abhängigkeiten. Haben früher in der Mehrkinderfamilie die älteren Kinder mit den jüngeren auch gespielt, ist heute der Erwachsene über weite Strecken der einzige und wichtigste Spielkamerad des Kindes. Die Organisation anderer Spielmöglichkeiten für das Kind (Kindergruppe usw.) erfordert wiederum einen zusätzlichen Aufwand, den der Erwachsene zu erbringen hat. Er muß die Kindergruppe aufbauen, muß das Kind zu anderen Spielkameraden hinbringen und anderes mehr.

Insgesamt also ist Kinderarbeit gegenüber früher bestimmt nicht leichter geworden.

4. Eltern-Sein und Paarbeziehung

Während früher Paarbeziehung und Elternbeziehung mehr oder weniger identisch waren, entkoppeln sie sich heute immer mehr. Früher war das Kinderkriegen in der Regel konstitutiver Bestandteil einer Paarbeziehung. Das Elternwerden brachte zwar mit Sicherheit Konflikte zwischen den Partnern mit sich; dies konnte die Paarbeziehung aber nicht prinzipiell in Frage stellen, da Kinderkriegen eigentlich nur innerhalb einer Paarbeziehung denkbar war und ein wesentliches Moment der Paarbeziehung die gemeinsame arbeitsteilige Sorge für die Kinder darstellte.

Heute sind die Ein-Eltern-Familien im Zunehmen. Die traditionelle Familie als lebenslanges Zusammensein von Mann und Frau zeigt dramatische Auflösungserscheinungen. Die Zahl der Ehescheidungen wächst.

Neben den Ein-Eltern-Familien, die durch Trennung entstanden sind, gibt es auch die Ein-Eltern-Familie als bewußt gelebte Lebensform: Frauen entschließen sich aus den verschiedensten Gründen, ein Kind allein – ohne Vater – großzuziehen. So kann ein Kind heute mehrere Väter und Mütter haben. Die Beziehung des leiblichen Vaters bzw. der leiblichen Mutter zum Kind endet nämlich nicht unbedingt damit, daß die leiblichen Eltern auseinandergehen. Auch wenn Mütter Kinder allein großziehen, bedeutet dies nicht unbedingt, daß sie keine Zweierbeziehung haben. An die Stelle der traditionellen Institution Familie treten zunehmend Teilbeziehungen zwischen Mann, Frau und Kind. Paarbeziehung und Elternbeziehung haben sich entkoppelt und können unabhängig voneinander existieren. Elternwerden und -sein ist nicht mehr unbedingt an eine Paarbeziehung und schon gar nicht an eine Liebesbeziehung geknüpft. Das Verhältnis der Eltern des Kindes zueinander, zum Kind und die Liebesbeziehung eines Elternteils zu einem anderen Partner/in können heute grundverschiedene Dinge sein. Dies kann schon bei der Zeugung anfangen: Auch Zeugung, Liebe und Elternschaft können entkoppelt werden und müssen nichts miteinander zu tun haben. Kinder kommen dann, wenn sich die Eltern oder ein Elternteil dazu entschließen. Ob der Akt der Zeugung beiden Spaß macht und lustvoll ist, scheint unwichtig. Die Publizistin Cora Stephan stellt in bezug auf die neuen Mütter in der Frauenbewegung folgendes fest:

«Während sich die ‹befreite Sexualität› zunächst – mit Hilfe der ‹Pille› – von ihrem Risiko abgekoppelt hatte, trennte sich später der Kinderwunsch weitgehend von der Sexualität ab. Das Erlebnis von Schwangerschaft und Geburt zwar wurde in der Literatur als ekstatische Körpererfahrung, ja als nachgerade orgiastisch angepriesen – die Empfängnis aber und insbesondere ihr Pendant, die Zeugung, blieben in diesem Prozeß der ‹Wiederaneignung› seltsam ausgespart.»[1]

Schon bei der Zeugung geht es in vielen Fällen primär um das Kind und um die eigenen, in diesem Falle weiblichen Bedürfnisse und Erfahrungen. Das Verhältnis von Vater und Mutter zueinander erscheint demgegenüber erheblich unwichtiger. Das spätere Auseinanderdriften von Eltern- und Liebesbeziehung ist, wenn man so will, in gewisser Weise schon vorprogrammiert, wenn ein Kind nicht das Produkt von Liebe und sexueller Lust ist, sondern als etwas Eigenständiges gewollt wird. Elternwerden und -sein wird hier zum Selbstzweck. Die Bereitschaft, zugunsten der Zweierbeziehung in der Beziehung zum Kind Kompromisse zu machen, sinkt zwangsläufig. Das Kind gerät darüber nur allzuleicht in die Rolle des Ersatzbeziehungspartners. Ihm wird vieles zugebilligt, was einem erwachsenen Partner nie zugebilligt würde:

«Meine Tochter hat mir in emotionaler, psychischer, politischer und sozialer Hinsicht unbequeme Veränderungen aufgezwungen. Ich fühle mich intellektuell, emotional und praktisch in genau der Weise bedrängt, wie ich mir geschworen habe, es mir von einem Mann niemals gefallen zu lassen. Und diese Unterdrückung habe ich mir freiwillig aufgeladen und bereue es noch nicht einmal, ja, ich nehme sie liebevoll und freudig an.»[2]

Viele Mütter, seltener – aber auch – Väter, erzählen, daß sie noch nie in ihrem Leben so bedingungslos verliebt waren bzw. sind wie in ihr Kind. Was, möglicherweise aus Angst vor Nähe mit einem erwachsenen Partner, nicht ausgelebt werden kann, kommt in der Beziehung zum Kind zum Tragen. Die neuen Kinder also nicht nur als Stifter von Lebenssinn und Selbsterfahrung, sondern auch noch als einzige und wirklich bedingungslose große Liebe der Erwachsenen? Kinder als Kompensation der eigenen Beziehungsunfähigkeit?

Als gleichberechtigter Partner des Erwachsenen begegnet uns das Kind ja auch in den heutigen Erziehungsvorstellungen. In der

Realität bedeutet dies dann nicht selten, daß die Eltern faktisch in einer echten Dreierbeziehung leben.

Das Verschieben der Gewichte im Beziehungsdreieck zugunsten des Kindes, wie es sich im heutigen Kinderwunsch und in den heutigen Erziehungsvorstellungen ausdrückt, schafft auch in der Zweierbeziehung eine ganz andere Beziehungsdynamik. Viele Konflikte der Partner sind vorprogrammiert. Die Beziehung zum Kind bleibt heute oft die einzige Rückzugsmöglichkeit, wenn es um Dauerhaftigkeit und Verläßlichkeit geht. Die Beziehung der Eltern gruppiert sich um das Kind herum. Was an Arbeit im Zusammenleben mit einem Kind anfällt, wird in so einer Situation zu einem wesentlichen Beziehungsinhalt. Wenn die gegenseitige Entlastung in der Kinderarbeit nicht gelingt und sich Unzufriedenheit über die Beteiligung des Partners breitmacht, kann die Beziehung dadurch leicht in Frage gestellt werden. Die Beteiligung des Vaters kann für Frauen zu einem zentralen Punkt werden, von dem aus auch das eigene Verhältnis zu dem Mann beurteilt wird. Wenn der Vater sich zuwenig oder überhaupt nicht an der Kinderarbeit beteiligt, wird er nur noch als zusätzliche Belastung erlebt. Eine Trennung erscheint dann wie eine Befreiung aus unnötigen Zwängen. Endlich kann dann die Mutter-Kind-Beziehung ohne Einschränkung gelebt werden.

Die Publizistin Leona Siebenschön formuliert dies als Programm:

> «In zärtlicher Verschwörung mit dem Kind selbst so unbeschwert Kind zu sein, wie eben nur Kinder Arbeit und Spaß, Leistung und Freude als gleich begreifen – genau das kann nur die freie Mutter gewährleisten, unbeschwert vom Störfaktor Mann.»[3]

Solche Formulierungen macht sich zwar nur eine sehr kleine Minderheit von Frauen zu eigen – es sind zum Teil diejenigen Mütter, die sich entschlossen haben, ihr Kind ohne Vater großzuziehen –, die hier formulierten Standpunkte bestimmen in weniger radikaler und ausschließender Form aber heute auch das Denken vieler anderer Frauen. Zentral ist dabei, daß die Beziehung zum Kind gegenüber der Beziehung zum Mann Vorrang hat. Wenn es zur Anspruchskonkurrenz zwischen Mann und Kind kommt, wird nicht zwischen den unterschiedlichen Bedürfnissen vermittelt (was freilich oft nicht einfach ist), sondern eher zugunsten des Kindes entschieden.

Die belastenden Aspekte der Kinderarbeit treiben Frauen zu der Entscheidung, den Vater entweder mehr und umfangreicher einzubeziehen oder sich von dieser zusätzlichen Belastung zu trennen.

Auch der Mann entdeckt das Kind zunehmend als wichtigen Beziehungspartner. Von ihm aus nimmt die Beziehung zum Kind aber im Gegensatz zur Frau nicht so leicht ausschließenden Charakter an. Zweierbeziehung und die Beziehung zum Kind sind für ihn eher vereinbar, beides erfüllt unterschiedliche Bedürfnisse, und er möchte beides zugleich haben.

Da er aber auch Ansprüche auf die Liebe des Kindes erhebt, gerät er mit der Mutter allzuleicht in eine Konkurrenzsituation. Das Kind wird damit zur entscheidenden Person im Beziehungsdreieck Vater–Mutter–Kind, ihm kommt die entscheidende Macht zu. Für die Entwicklung der Paarbeziehung ist das bedrohlich. Die Gewichte im Beziehungsdreieck Vater–Mutter–Kind müssen neu verteilt werden. Ein Verständnis von Elternschaft muß entwickelt werden, was die Gleichberechtigung des Kindes akzeptiert, die Gewichte im Beziehungsdreieck aber nicht zuungunsten der Zweierbeziehung verschiebt.

Und auf einmal ...

… ist man Vater und Mutter. Eine Familie ist entstanden, und aus einer Beziehung zwischen zwei Partnern wird nun ein Leben zu dritt. Über Nacht hat man Verantwortung für einen kleinen Menschen übertragen bekommen, der man sich nicht entziehen kann.

Verantwortung tragen heißt auch Vorsorge treffen.

Pfandbrief und Kommunalobligation

Meistgekaufte deutsche Wertpapiere - hoher Zinsertrag - bei allen Banken und Sparkassen

Verbriefte Sicherheit

IV. Nach der Geburt des ersten Kindes

1. Unerwartete Veränderungen

Die meisten werdenden Eltern stellen sich vor, daß sich ihr Leben nach der Geburt nicht wesentlich verändert. Gewiß, ein Kind wird viel Zeit in Anspruch nehmen und einige Umstellungen in den Lebensgewohnheiten erforderlich machen, aber warum soll es mit Kind nicht möglich sein, das bisherige Leben im wesentlichen so weiterzuführen? Manche werdenden Eltern malen sich aus, wie sie es schaffen können, möglichst viel von ihren bisherigen Lebensgewohnheiten beizubehalten:

> «Wir nehmen das Kind einfach überallhin mit. Wenn die anderen mit uns zu tun haben wollen, müssen sie sich eben darauf einstellen. Ich finde, viele Eltern machen sich da zu viele Gedanken und stecken zu schnell in ihren eigenen Bedürfnissen zurück. Ich möchte jedenfalls nicht dauernd das Gefühl haben, zugunsten des Kindes auf mir wichtige Dinge verzichtet zu haben.»

Die Vorstellungen über «die Zeit danach» decken sich jedoch so gut wie nie mit dem, was sich dann tatsächlich ereignet. Bedacht wird nämlich selten, daß ein Kind die gesamte Lebenssituation verändert und nicht nur einzelne Lebensgewohnheiten.

Befragt man Eltern einige Monate nach der Geburt, so betonen sie nicht nur den Unterschied zwischen Vorstellung und realem

Erleben, sondern vor allem auch das vorher unvorstellbare Ausmaß der Umwälzung.

> «Rückblickend möchte ich noch einmal verdeutlichen, daß durch ein Kind alles, aber auch alles aus dem Lot gerät.»[1]
> «Oftmals erschrecke ich über mich selbst und darüber, wie wenig von mir aus der Zeit vor meiner Schwangerschaft übriggeblieben ist, nämlich fast gar nichts. Ich kann mein Leben wirklich in die Zeit davor und in die Zeit danach einteilen. Nie hätte ich mir das träumen lassen.»[2]

Daß ein Kind das eigene Leben vollkommen umkrempelt, darin sind sich fast alle Eltern einig. Immer wird auch betont, wie unvorstellbar und unerwartet die Veränderungen waren. Unterschiedlich schwer fällt allerdings die Umstellung auf das neue Leben. So wird beispielsweise für eine Frau, für die ihr Beruf vor der Geburt sehr wichtig war und die sich nach der Geburt «plötzlich» in der Rolle der Hausfrau und Mutter wiederfindet, die Umstellung sicherlich objektiv viel tiefgreifender sein, als wenn sie schon vorher hauptsächlich Hausfrau war und nur dazuverdient hat.

Immer jedoch wird es darauf ankommen, welche Bedeutung die jeweiligen Veränderungen für den einzelnen haben und welche Gefühle sich damit verbinden.

Ganz generell kann man sagen, daß die Umstellung auf das Leben zu dritt für diejenigen am gravierendsten ist, die sich in ihrer Zweierbeziehung und ihren Mann-Frau-Rollen am wenigsten an traditionellen Vorstellungen orientieren. Charakteristisch ist in diesem Fall, daß nicht nur die Lebensgewohnheiten der Frau, sondern auch die des Mannes vollkommen umgekrempelt werden. Oftmals fühlt sich vor allem die Frau, aber auch der Mann wieder in alte Rollen zurückgedrängt, die vorher schon überwunden schienen und denen man sich aus freien Stücken nie mehr unterwerfen wollte. Die enorme Diskrepanz zwischen dem alten und dem neuen Leben schafft nicht nur viele Konflikte zwischen den Partnern, sondern kann dazu führen, daß Mann und Frau zwischen ihren Ansprüchen und tatsächlichen Möglichkeiten vollkommen hin- und hergerissen sind und in eine ernsthafte Identitätskrise geraten.

Das Ausmaß der Veränderung hängt auch davon ab, welche Erziehungsvorstellungen die Eltern haben und ob das Kind «pflegeleicht» ist oder nicht.

Wenn ein Kind nachts und tagsüber viel schläft und wenig schreit, haben die Eltern in der ersten Zeit relativ viel freie Zeit. Dadurch, daß die Eltern nachts verhältnismäßig ungestört schlafen können, sind sie einigermaßen ausgeruht und können auf die Bedürfnisse des Kindes mit Gelassenheit und Ruhe eingehen.

Ganz anders verhält dies sich für Eltern mit weniger «pflegeleichten» Kindern. Sie sind ständig in Trab, schaffen nur unter größter Anstrengung die anfallende Hausarbeit und sind durch die ständigen Unterbrechungen ihrer Nachtruhe nervös, überreizt und oft am Ende ihrer Kräfte.

> «Schlafmangel während der ersten Monate eines Babys kann eine Frau in ein Gespenst verwandeln, das nur noch am Rande der materiellen Welt dahinschwebt.»[3]

Dasselbe gilt natürlich auch für Väter, wenn sie sich entsprechend an der Versorgung des Kindes beteiligen. Müdigkeit und Erschöpfung müssen sich dabei nicht sofort bemerkbar machen.

> «Die ersten zwei Monate mit Christian waren idyllisch. Ich mußte arbeiten, eilte aber jeden Tag nach Hause, um Hiltrud zu entlasten. Mir ging es saugut. Es war wirklich märchenhaft … Mir wurde bewußt, daß mein Kind der anspruchsvollste Liebhaber meines Lebens war, aber ich war ja der verliebte Held.»[4]

Früher oder später holt aber die meisten Eltern die Alltagsrealität ein. Eine der ersten Veränderungen, die Eltern bewußt erleben, vollzieht sich im Freundes- und Bekanntenkreis. Der Kontakt zu Freunden und Bekannten, die keine eigenen Kinder haben, reduziert sich. Eltern konzentrieren sich in den Augen vieler Freunde und Bekannten zu sehr auf das Kind. Bisherige gemeinsame Interessen treten zurück. Eltern haben zuwenig Zeit für gemeinsame Freizeitunternehmungen. Viele Freunde kommen mit der ständigen Anwesenheit eines Kleinkindes nicht klar und ziehen sich stillschweigend zurück.

Eine Mutter berichtet:

> «Ich bin etwas enttäuscht, daß sich auch gute Freunde nicht richtig auf meine neue Situation einlassen können und nur kurze Besuche machen. Die Nähe von früher stellt sich nicht ein.»[5]

Die Reduzierung des bisherigen Freundeskreises verweist die Eltern um so mehr auf ihre Zweisamkeit. Die Anforderungen der Betreuung des Neugeborenen verhindern zudem – zumindest in der ersten Zeit – den Aufbau eines neuen Freundeskreises. Es bleibt keine Zeit, keine Kraft und keine emotionale Energie mehr übrig, die man in Erwachsenenbeziehungen stecken könnte. Das Rausgehen aus den eigenen vier Wänden wird oftmals als große Anstrengung erlebt. Viele Eltern leiden unter dem Widerspruch, daß eine solche Lebensweise sie zwar nicht ausfüllt, ihnen aber die Kraft raubt, aktiver zu werden.

> «So bestärken die äußeren Umstände die Tendenz, zu Hause zu bleiben und das private Reich auszubauen, obgleich ich eigentlich diesen Rückzug von Herzen ablehne.»[6]

Besonders dramatisch erleben natürlich diejenigen Eltern die neue Situation, die vorher viel unternommen haben und einen großen Freundeskreis hatten. Bei manchen Eltern kann dies sogar so weit gehen, daß sie sich in ihrer neuen Situation buchstäblich wie im Gefängnis fühlen: eingesperrt in ihre eigenen vier Wände. Dieses Gefühl kann sich vor allem bei Frauen (Männern) einstellen, denen ihr Beruf vor der Geburt sehr wichtig war und die jetzt ausschließlich die Rolle der Hausfrau (-mann) und Mutter (Vater) einnehmen.

Außerdem haben sie das Gefühl, in «Alltäglichkeit zu ertrinken»: das Leben beschränkt sich nur auf die Bewältigung des Alltags. Es gibt keine Höhepunkte mehr. Das Lebensgefühl wird vom Gleichmaß des Alltags bestimmt. Die Hausarbeit weitet sich durch ein Kind gewaltig aus, und die Bedingungen, unter denen sie verrichtet wird, verändern sich durch die Anwesenheit eines Kindes vollkommen. Für nicht wenige Paare war die Bewältigung des Haushaltes vorher eine Sache, die so nebenher geschah. Mit Kind gestalten sich viele Verrichtungen aber erheblich zeitaufwendiger.

> «Viele Alltagsaufgaben für die Wohngemeinschaft, die ohne Kind gut zu bewältigen sind, wie zum Beispiel Einkaufen, wurden zur Qual. Einkaufen hat früher vielleicht eine Stunde gedauert, jetzt wurde es zu Nachmittagsunternehmungen. Als erstes mußte ich die Flasche vorbereiten, weil es ja immer möglich war, daß Christian plötzlich Hunger kriegte. Dann mußte ich die Windeln wechseln. Wenn ich Pech hatte und ihn gerade angezogen hatte, merkte ich, daß er schon wieder die Hosen voll hatte. Also alles aus- und wieder anziehen … Bis ich dann wieder zu-

rückgekommen bin, waren meine Arme bestimmt zwei Zentimeter länger geworden. Dann ihn anziehen, in die Küche tragen und alles einräumen. Ein Nachmittag war fast vorbei. Wo war er geblieben? Das frage ich mich heute noch, aber es war immer so, trotz aller Versuche von mir, das besser zu organisieren.»[7]

Auch in der Betreuung des Kindes gibt es kaum eine Verschnaufpause. Immer muß Frau / Mann präsent sein. Da die Eltern meinen, alle Bedürfnisse des Kindes möglichst umfassend erfüllen zu müssen, wollen sie dem Kind jegliche Frustration ersparen. Sie unternehmen z. B. alle nur denkbaren Anstrengungen, damit das Kind auf keinen Fall schreit. Das Schreien weckt bei ihnen insgeheim ein schlechtes Gewissen und das Gefühl, versagt zu haben. Sie trauen sich nicht, dem Kind irgendwelche Grenzen zu setzen oder Tagesabläufe bewußter zu strukturieren, weil dies eine Einschränkung der Bedürfnisse und der Selbstbestimmung des Kindes bedeuten könnte. Daß sich auf Grund solchen elterlichen Verhaltens die kindlichen Bedürfnisse immer mehr ausweiten können, das Kind dann z. B. in immer kürzeren Abständen nach der mütterlichen Brust schreit und die Nacht unter Umständen für die Eltern zum Tag wird, begreifen viele Eltern erst viel später, wenn die entscheidenden Weichen schon gestellt sind. Da die Eltern in der ersten Zeit so total eingespannt sind, bleibt ihnen häufig auch zuwenig Raum und Zeit, um über sich selbst nachzudenken. Eine Mutter erzählt:

«Was mich sehr frustriert, ist die Tatsache, daß ich nicht einmal mehr dazu komme, irgend etwas Schönes zu tun, sei es jetzt Stricken oder ein Buch lesen oder ähnliches. Und zum anderen, daß ich einfach keine Zeit und Ruhe habe, einen Gedanken, eine Überlegung, die vielleicht mal nichts mit meinem Sohn zu tun hat, zu Ende zu denken. Meine ganze Energie und Konzentration geht auf Lenne über. Ich habe oft das Gefühl, von dieser Verantwortung, ständig an alles denken zu müssen, alles organisieren zu müssen, erdrückt zu werden.»[8]

Bei den Eltern stellt sich das Gefühl ein, ständig unter Zeitdruck zu stehen. Zeitmangel bewirkt, daß man viele Dinge hektisch und nicht mit der nötigen Ruhe erledigt. Daß man immer einen Rattenschwanz unerledigter Dinge hinter sich herzieht und nicht zur Besinnung kommt. Zeitmangel führt zu Unzufriedenheit und Unausgeglichenheit. Gleichzeitig gibt es keine Regenerationsphasen mehr, in denen Eltern wieder zu sich kommen und Energie tanken können. Zeit für sich haben, herumtrödeln, sich entspannen und abschalten, das können sich viele Eltern in den ersten 1 bis 1 ½ Lebensjahren des Kindes entweder gar nicht mehr leisten oder nicht in dem Umfang, wie sie es nötig haben. Dabei haben die Eltern jetzt eigentlich vermehrt Regenerationsphasen nötig, um ihr inneres Gleichgewicht wiederzuerlangen. Kein Wunder, wenn sie mitunter an die Grenzen ihrer physischen und psychischen Leistungsfähigkeit stoßen. Ein Vater eines sechs Monate alten Sohnes schildert dies so:

«Das hatte ich mir früher nicht vorstellen können, daß es im Leben mit einem Kind Situationen gibt, wo man aus Kraftlosigkeit einfach nur wegtauchen will.»[9]

Männer und Frauen gehen allerdings häufig höchst unterschiedlich mit solchen Grenzerfahrungen um. Wenn sie sich am Ende ihrer Kräfte fühlen und mit der Fremdbestimmung ihrer Lebenssituation nicht mehr klarkommen, reagieren Männer nicht selten mit Wutausbrüchen, in denen sich ihre ganze Frustration Ausdruck verschafft. Viele Väter erzählen, daß sie noch nie vorher im Leben so unkontrolliert und maßlos in Wut geraten sind wie im ersten Lebensjahr des Kindes. Solche Reaktionen stellen sich natürlich nur dann ein, wenn der Vater in ziemlichem Umfang an der Betreuung und Versorgung des Kindes beteiligt ist. Am ausgeprägtesten sind solche Reaktionen bei Hausmännern. Auch Dave Blättner berichtet in seinem Buch mit dem Untertitel ‹Ein Hausmann flippt aus›:

«Von den vielen schwarzen Gefühlen, denen ich in diesem Jahr begegnet bin, war Wut eines der erschreckendsten. Erschreckend, weil ich so rasend wurde, daß ich mich nicht mehr beherrschen konnte. Das machte angst. Ich wurde auf Christian bis zur Hilflosigkeit wütend.»[10]

Solche Aussagen finden sich in Berichten von Müttern selten: Die Toleranz von Frauen im Ertragen von Fremdbestimmung scheint erheblich größer zu sein. Ihre Wut äußert sich nicht so offen und direkt, sondern eher in Schuldgefühlen, «demonstrativem» Leiden und depressiven Verstimmungen.

Die hier geschilderten Gefühle können für Mann und Frau auch deswegen zum Problem werden, weil sie *dem eigenen Idealbild einer guten Mutter und eines guten Vaters* widersprechen. Wenn sie nicht als verständliche Reaktion auf die neue Situation gewertet werden, sondern als individuelles Versagen, können sie das eigene Selbstwertgefühl belasten. Oder Mann und Frau machen sich gegenseitig Vorwürfe, versagt zu haben. Auch kommt es nicht selten vor, daß Mann und Frau sich gegenseitig in ihren Rollen als Vater und Mutter nicht akzeptieren können. Oftmals müssen Mann und Frau erst ihre Idealbilder einer guten Mutter und eines guten Vaters korrigieren, damit sie sich wieder gegenseitig akzeptieren können.

Auch andere Wertorientierungen, die das Leben vor der Geburt bestimmt haben, müssen jetzt in Frage gestellt und korrigiert werden. Gewann das eigene Leben vorher seinen Sinn vor allem durch das Aktivsein nach außen (viele gemeinsame Freizeitunternehmungen, politisches Engagement u. a.), muß jetzt eine Umorientierung auf die eigenen vier Wände stattfinden. Viele Dinge, die in der persönlichen Wertskala ganz obenan standen, sind jetzt nicht mehr so ohne weiteres möglich. Wenn jemand z. B. vorher aktiver Sportler(-in) war oder sehr engagiert in einer Bürgerinitiative mitgearbeitet hat, läßt sich solches Engagement meist nicht im bisherigen Umfang aufrechterhalten. Das Aufgeben solcher Tätigkeiten bedeutet aber nicht nur eine Einschränkung des persönlichen Freiheitsspielraumes, sondern unter Umständen auch das «Über-Bord-Werfen» eines wichtigen Merkmals der bisherigen Identität. Daß dies auch Konflikte für die Partnerschaft mit sich bringt, ist logisch.

Die Umorientierung erstreckt sich im übrigen auf fast alle Lebensbereiche. So zum Beispiel auch auf die Urlaubsgestaltung. Der Urlaub stellt heute für viele eine besonders wichtige Zeit dar, an die sich zahlreiche Erwartungen knüpfen. Urlaub mit kleinen Kindern verläuft ganz anders, als wenn zwei Erwachsene in Urlaub fahren.

> «Wie gerne würde ich einen Sonnenuntergang am Meer genießen oder mit Claus nachts durch die Stadt bummeln. Wir sind mit Jakob nicht mehr so flexibel und mobil wie früher, und ich glaube, daß uns dadurch manche aufregenden Seiten in der Fremde entgehen.»[11]

Viele Einschränkungen, denen Eltern unterworfen sind, werden von der Umgebung nicht beachtet. An Eltern werden die gleichen

Anforderungen gestellt wie an Nicht-Eltern. Wie sie ihr Elterndasein mit ihrem Beruf vereinbaren können, wird zu ihrem Privatproblem gemacht. Leisten sie im Beruf nicht genau so viel wie andere, müssen sie mit dem abwertenden Urteil ihrer Kollegen und Vorgesetzten allein klarkommen und sich mit der geringeren Anerkennung in ihrer Arbeit abfinden. Als einziges bleibt ihnen oftmals, ihre eigenen Wertvorstellungen zu verändern und sich auf das zu beschränken, was ihre Elternsituation ihnen ermöglicht.

Eltern müssen sich aber nicht nur in ihren Wertvorstellungen umorientieren, sondern auch in den psychischen Mechanismen, die der individuellen Problembewältigung dienen. Hierzu eine Mutter:

> «Im Lauf der Jahre hatte ich mir unbewußt Handlungs- und Interaktionsweisen zugelegt, die mich vor Einsamkeit, Leere und Verzweiflung schützten, so etwa: viele Freunde haben, in meiner Arbeit etwas leisten, andere Menschen zu unterstützen und zu ‹bemuttern›, sehr aktiv zu sein, wegzulaufen, wenn mir die Situation über den Kopf wuchs … Die Anforderungen, die das Baby stellte, und die Veränderungen, die es mit sich brachte, bedeuteten, daß ich nach der Geburt diese Muster nicht beibehalten konnte … Ich fühlte mich, als wären meine äußeren Stützpfeiler großenteils weggeschwemmt worden und als müßte ich mich jetzt von Grund auf wieder neu aufbauen.» [12]

Viele Mechanismen, mit deren Hilfe Mann und Frau vorher ihr seelisches Gleichgesicht aufrechterhalten haben, sind in der neuen Situation nicht mehr brauchbar. So z. B. die bei Männern oft ausgeprägte Tendenz, sich, wenn sie Probleme haben, verstärkt in die Arbeit oder in ihre Hobbies zu stürzen und darüber wieder ihre innere Balance zu finden.

Wie wirken sich nun die hier geschilderten Probleme auf die Zweierbeziehung aus? In den ersten Monaten nach der Geburt führen die geschilderten Veränderungen, vor allem die Isolation nach außen, zu einem gewissen Rückzug auf die Zweisamkeit. Die Euphorie der ersten Zeit verbindet die Eltern. Wenn der Vater sich in größerem Umfang an der Versorgung des Neugeborenen beteiligt, erleben die Eltern ein Gefühl intensiver Gemeinsamkeit, das ihre Beziehung vertieft.

Im allgemeinen dauert diese Phase aber nicht länger als die ersten paar Monate: die Eltern erkennen in dieser ersten Zeit allmählich das wahre Ausmaß der Veränderungen. Die bewußte Auseinandersetzung mit den Konsequenzen dieser Veränderungen setzt ein. Meist macht sich jetzt erst einmal Unzufriedenheit breit. Vieles, was jetzt anders läuft, wird in seiner Tragweite und Bedeutung erst jetzt richtig begriffen. Für die Zweierbeziehung bedeutet dies, daß jetzt weniger das Gemeinsame als vielmehr die Verschiedenheit des Erlebens und das Trennende in den Vordergrund rückt. Da die Zeit für intensive Auseinandersetzungen unter den Partnern aber fehlt und die Bewältigung des Alltags viel Kraft erfordert, werden die vorhandenen Konflikte außer gelegentlichen Ausbrüchen und einer gewissen Mißstimmung im allgemeinen nicht ausgetragen.

Die dritte Phase beginnt dann, wenn das Kind den Eltern wieder etwas mehr Zeit und Raum für sich läßt, etwa im Alter von einem halben bis zu 1 ½ Jahren. Jetzt können und wollen die meisten Eltern sich mit der eingetretenen Situation in ihrem Verhältnis zueinander nicht mehr arrangieren. Häufig ist es die Frau, die auf Veränderung drängt. Die Partnerschaft ist jetzt manchmal am Nullpunkt angelangt. Die Eltern beginnen, ihre Konflikte miteinander auszutragen.

So unterschiedlich diese Phasen auch ablaufen, fast alle Paare erfahren, daß nach einer Zeit der Euphorie ein allmähliches Bewußtwerden und Erkennen der eigenen Situation einsetzt.

Mit der schrittweisen Entwicklung des Kindes gewinnen die Eltern wieder mehr Raum. Eine Auseinandersetzung mit der Beziehungssituation wird jetzt nicht nur möglich, sondern auch unausweichlich, weil das Verhältnis der Eltern zueinander wieder mehr in den Vordergrund rückt. Wenn Eltern jetzt Bilanz ziehen, müssen sie oft feststellen, daß sich ihre Beziehung weitgehend auf das Funktionieren in der Betreuung und Versorgung des Kindes beschränkt und vollkommen von der Alltagsbewältigung bestimmt ist.

«Während sich unser Kind prächtig entwickelte, mein Mann und ich auch zunehmend in der Rolle als Eltern Sicherheit gewannen, blieb einstweilen unsere Partnerschaft auf der Strecke.» [13]

Symptomatisch ist dabei, daß die Eltern oftmals kein anderes gemeinsames Gesprächsthema mehr haben als das Kind.

«Richtig ist, daß wir durch das Kind nur noch darüber sprechen, wer was einkauft; warum das Kind weint; wie oft es gewickelt werden müsse; warum schon wieder Soor? Mahlzeiten konnten mein Mann und ich, seitdem wir zu dritt waren, kaum mehr gemeinsam und in Ruhe einnehmen. Das wichtigste war eben das Kind und immer wieder das Kind. Eine Verbindung zwischen meinem Mann und mir bestand überwiegend über den indirekten Weg über das Kind.» [14]

Nicht nur Mann und Frau, sondern auch deren Beziehung ertrinkt im Alltag. Sie wird in gewisser Weise selbst zum Alltag. Es gibt keine Höhepunkte mehr. Es passiert nichts oder wenig Spannendes und Schönes zwischen den Partnern. Die Intensität der ersten Zeit nach der Geburt ist einem Gleichmaß der Empfindungen gewichen. Manche Paare können nicht einmal mehr sagen, ob sie sich noch lieben oder nicht. Sie sind zwar zusammen, aber außer der gemeinsamen Sorge um das Kind gibt es nur wenig, was sie verbindet. Jeder Partner lebt oftmals für sich allein. Die Beziehung hat sich reduziert auf das Funktionieren im Alltag. Oft kommt es auch zwischen den Partnern zu Spannungen, die ihren Grund allein in der allgemeinen Unzufriedenheit und Überlastung haben. Besonders hart trifft das die Paare, die vorher den Alltag weitgehend aus ihrer Beziehung ausgeklammert hatten. Da sie vor der Geburt meist auch nicht zusammen wohnten, müssen sie nach der Geburt nicht nur unter erschwerten Bedingungen ihren Alltag gemeinsam organisieren lernen, sondern sie müssen auch damit klarkommen, daß innerhalb ihrer Beziehung die Alltagsbewältigung plötzlich einen derart zentralen Stellenwert einnimmt, wie es ohne Kind für sie nie akzeptabel gewesen wäre. Wenn Paare sich vor der Geburt des Kindes erst ein bis zwei Jahre kannten, kommt noch hinzu, daß bei ihnen durch das Überhandnehmen des Alltags leicht das Gefühl entstehen kann, etwas versäumt zu haben, was nicht mehr nachholbar ist.

«Im Grunde genommen, wenn ich unser Familienleben so angucke, sind wir richtig reingeschlittert, ohne richtig zu überlegen: wir kannten uns erst 1 ½ Jahre, waren verliebt und haben das erste Kind gekriegt. Wir waren so voller Hoffnung, daß wir das auch hinkriegen und haben uns so darauf gefreut. Je näher es aber dann an die Geburt ging, um so mehr fingen die Schwierigkeiten an. Wir zogen erst in der Schwangerschaft zusammen. Da kamen dann auch noch so neue Aspekte: wir mußten erst klären, wie wir überhaupt zusammen leben wollten. Vor der Geburt hatten wir uns eigentlich selten in einer geklärten und entspannten Situation befunden. In der ersten Zeit unseres Zusammenseins mußten wir uns erst darüber klar werden, ob wir überhaupt eine längerdauernde Zweierbeziehung haben wollten; danach mußten wir uns darüber auseinandersetzen, wie wir unser Zusammenleben organisieren. So im nachhinein würde ich sagen, so sollte man nicht unbedingt das erste Kind kriegen. Jedenfalls für uns war das nicht so das Günstige. Wir hätten eigentlich wirklich mal 'ne Weile was zusammen machen sollen, um auch mehr gemeinsame Erlebnisse zu haben.»

Paare müssen sich jetzt aber nicht nur mit der Tatsache arrangieren, daß der Alltag so viel Zeit und Raum einnimmt, sondern auch damit, daß sich die Rolle der Partner bei der gegenseitigen emotionalen Stabilisierung und bei der Bewältigung persönlicher Krisen verändert.

In einer guten Paarbeziehung ist das gegenseitige Stützen und Gestütztwerden ein zentrales Moment. Es vermittelt den Partnern ein hohes Maß an Befriedigung und emotionaler Sicherheit.[15] Nach der Geburt des Kindes sind die Eltern oft so durch dessen Betreuung gefordert, daß für das gegenseitige Stützen und Unterstütztwerden keine Kraft bleibt.

2. Das Stillen

Das Stillen ist nicht nur eine bestimmte Form der Säuglingsernährung, sondern stellt auch eine symbiotische Form der Mutter-Kind-Beziehung dar.

Stillen stillt auch die psychischen Bedürfnisse des Kindes und begründet eine Beziehung auf Gegenseitigkeit: die Mutter ist sowohl Gebende als auch Nehmende.

Stillen ist eine sexuelle Beziehung. Wie jede andere sexuelle Beziehung kann diese so ausfüllend, einnehmend und ausschließlich werden, daß die Frau in ihrem Empfinden und Erleben keinen Raum mehr für eine weitere sexuelle Beziehung hat, nämlich die zum Mann.

In ihrem Denken und Fühlen kreist die Frau im Extremfall nur noch um das Kind. In der Beziehung zum Kind kann sie sich so verausgaben, daß für den Mann nur noch wenig oder fast gar nichts an emotionaler Energie übrigbleibt. Im Gegenteil: die Frau bekommt selbst Sehnsucht nach einer Mutter, braucht selbst viel Zuwendung und emotionale Unterstützung, um den Forderungen des Kindes gerecht zu werden.

Durch das Stillen ist die Mutter die zentrale Person im Leben des Kindes. Nur sie kann in bestimmten Situationen das Kind beruhigen. Denn das Kind schreit nicht nur, wenn es Hunger hat, sondern auch, wenn es die körperliche Nähe und Geborgenheit will, die das Saugen an der Brust bedeutet.

Das Stillen kostet die Mutter viel körperliche Kraft. Es laugt sie aus. Sie ist in ihrer Bewegungsfreiheit stark eingeschränkt. Sie muß das Kind entweder überallhin mitnehmen oder spätestens nach zwei bis drei Stunden wieder zu Hause sein. Das Verhältnis vieler Mütter zum Abpumpen, der einzigen Alternative, ist sehr zwiespältig. Sie treten etwas von ihrer Müttermacht ab – und das fällt vielen Müttern alles andere als leicht. Außerdem fühlen sie sich auf die Funktion der milchgebenden Kuh reduziert. Wesentlicher aber ist, daß sie den Bedürfnissen des Kindes absoluten Vorrang einräumen wollen.

Für die Mutter ermöglicht das Stillen eine enge und intensive Beziehung zum Kind. Für den Vater bedeutet es das Gegenteil. Solange die Mutter stillt, ist er für das Kind eine Randfigur. Nur selten hat er das sichere Gefühl, daß das Kind ihn wahrnimmt und auch er für das Kind wichtig ist. Für Väter gehört es zu den frustrierendsten Erfahrungen im Umgang mit Neugeborenen, wenn nach ihren vergeblichen Versuchen, das schreiende Kind zu beruhigen, die Mutter auf der Bildfläche erscheint, das Kind an die Brust legt und dieses anschließend satt und zufrieden einschläft.

Die mütterliche Brust erleben Väter als eine Art Allheilmittel im alltäglichen Umgang mit einem Neugeborenen. Da Männer nicht über so ein «Allheilmittel» verfügen, sind sie, solange das Kind gestillt wird, in vielen Situationen sehr viel unsicherer und hilfloser als die Frauen.

Männer haben in zweifacher Hinsicht das Gefühl, nicht dazuzugehören. Einmal ist ihnen durch das Stillen eine gleichberechtigte Beziehung zum Kind verwehrt, zum anderen hat die Exklusivität der Mutter-Kind-Beziehung etwas Ausschließendes. Die Beziehung zum Mann reduziert sich nicht selten auf das, «was das Kind übrigläßt».

Solange das Kind gestillt wird, kann der Vater nur sehr eingeschränkt allein etwas mit ihm unternehmen. Dies ist aber eine Voraussetzung dafür, daß der Vater zum Kind eine eigenständige Beziehung aufbauen und Sicherheit im Umgang mit dem Kind erwerben kann. Ein Vater erzählt:

> «... ich hab dann irgendwann angefangen, öfters mit K. (seiner Tochter, Anm. H. B.) allein was anzufangen, zusammen baden, oder spazierengehen ... das fand ich immer sehr toll ... Gleichzeitig wurde ich auch sensibler, was mit ihr los ist ... waren wir zu dritt zusammen, bin ich mir vorgekommen, als sollte ich auf 'nen fahrenden Zug aufspringen ... und das hab ich manchmal lieber ganz bleiben lassen ...»[1]

Dem Allein-etwas-Unternehmen mit dem Kind sind jedoch enge Grenzen gesetzt. Da das Kind alle zwei bis vier Stunden gestillt werden muß, kommen sich viele Väter so vor, als ob sie an einer langen Auslaufleine angebunden wären. Immer muß die Mutter in der Nähe sein.

Viele Väter haben damit keine Probleme. Je mehr der Mann sich aber an der Versorgung des Kindes beteiligt, um so stärker wird auch sein Bedürfnis, zu dem Kind eine eigenständige Beziehung aufzubauen. Sie empfinden einen Widerspruch zwischen den Anforderungen, die an sie gestellt werden, und der sie ausschließenden Funktion, des Stillens. Am deutlichsten wird dies bei Hausmännern: Er ist zwar der Primärversorgende, aber er kann die primären Bedürfnisse des Kindes nicht befriedigen. Wenn eine Frau stillt, macht er schwerpunktmäßig die Dreckarbeit. Da das Kind ihm noch kaum Bestätigung vermittelt und die Tätigkeiten, die der Vater am und mit dem Kind verrichten kann (z. B. Wickeln, Baden), nicht annähernd dieselbe Befriedigung vermitteln können wie das Stillen der Frau, wird er weitgehend unabhängig von seinen Gefühlen über den Kopf «funktionieren».

> «In gewisser Weise findet er sich unversehens in der klassischen Männerrolle wieder: er soll funktionieren, und zwar unabhängig davon, wie es ihm gefühlsmäßig geht.»[2]

Beim Vater macht sich nicht selten Unzufriedenheit über seine Situation breit. Eifersucht und Aggressionen können nicht ausbleiben. Da solche Gefühle oft mit schlechtem Gewissen verbunden sind und der Vater das Stillen im übrigen rational für gut hält und befürwortet, werden sie nicht selten verdrängt. In den Schilderungen von Vätern finden wir die unterdrückten Gefühle wieder in den emotionalen Ausbrüchen, die für diese Zeit nicht untypisch sind:

«Manchmal hat meine Unzufriedenheit dann solche Ausmaße angenommen, daß ich geplatzt bin und zu Hause herumgebrüllt habe. Einmal habe ich vor lauter Wut und Ohnmacht gegenüber meiner Situation eine Schüssel an die Wand geworfen. Daß ich bei rationaler Überlegung weder dem Kind noch meiner Frau eine Schuld an meiner Situation geben konnte, machte alles nur noch schlimmer. Manchmal war ich drauf und dran, einfach abzuhauen.» [3]

Andere Väter, bei denen es nicht zu solchen emotionalen Ausbrüchen kommt, leiden dafür unter depressiven Verstimmungen:

«Wenn ich mich an das erste halbe Jahr nach der Geburt zurückerinnere, dann kann ich mich noch gut daran erinnern, wie freudlos, gestresst und unausgeglichen ich war. In meiner Erinnerung handelt es sich um eine düstere Zeit in meinem Leben.»

Konflikte in der Paarbeziehung können bei soviel gegensätzlichem Erleben von Mann und Frau nicht ausbleiben. Häufig zieht sich der Mann emotional zurück.

Der erste Schritt ist dabei nicht selten der Rückzug aus dem gemeinsamen Schlafzimmer. Dieser Schritt ist oft weitreichender, als viele Eltern in dieser Situation glauben. Vordergründig dreht es sich ja meist lediglich darum, dem Vater, der tagsüber arbeiten geht und der nachts das Kind sowieso nicht beruhigen kann, einen ungestörten Nachtschlaf zu ermöglichen. In Wirklichkeit ist es aber so, daß der Auszug des Vaters im nachhinein von beiden Partnern oft als ein entscheidender Schritt zur gegenseitigen Entfremdung angesehen wird.

«Ich habe Lena gestillt und war viel mit ihr zusammen. Stefan konnte deswegen nicht mehr so viel mit mir zusammensein. Auch lag Lena bei uns im Bett, weil ich sie ja nachts gestillt habe. Da ist er halt manchmal, weil ihm das zu eng war, ausgezogen. Darüber hatten wir immer weniger miteinander zu tun. Auch ergaben sich noch viel seltener Gelegenheiten, wo wir hätten miteinander schlafen können. Unsere Distanz wurde durch das getrennte Schlafen irgendwie immer größer.»

Für manche Väter hat das getrennte Schlafen durchaus demonstrativen Charakter: es ist eine Form von Rückzug nach dem Motto,

«wenn du nichts mehr von mir wissen willst, dann kannst du auch nicht von mir erwarten, daß ich immer da bin, wenn du es willst.»

Da die Frau in solchen Fällen selten die wirklichen Gründe für den Auszug des Vaters erkennt – er selbst teilt ihr seine Gefühle ja meist nicht offen mit –, kann sie auch nicht erkennen, wie weitreichend dieser Schritt ist.

Die dominante Rolle der Mutter durch das Stillen kann aber nicht nur zum emotionalen Rückzug des Vaters führen, sondern auch dazu, daß der Vater immer weniger motiviert ist, sich an der Betreuung und Versorgung des Kindes zu beteiligen. Da er bei vielen Gelegenheiten erlebt, daß das Kind sowieso die mütterliche Fürsorge bevorzugt, überläßt er das Feld immer mehr der Frau. Dies trifft besonders auf diejenigen Väter zu, die voll berufstätig sind. Sie sind oft mit den Gewohnheiten des Kindes wenig vertraut und haben sowieso Schwierigkeiten im Umgang mit dem Kind. Die in diesem Fall meist auch sehr enge Mutter-Kind-Beziehung läßt sie dann vollends resignieren.

Wenn Väter dann ihre Gefühle offen mitteilen, stoßen sie oft auf wenig Verständnis bei ihren Frauen:

«Als ich Anna sagte, daß ich mich ausgeschlossen fühle, wurde sie gleich furchtbar wütend. Sie meinte, daß ich gar nicht wüßte und gar nicht anerkennen würde, was sie alles für Einschränkungen auf sich nehme durch das Stillen. Ich solle dankbar dafür sein, daß sie meinen Sohn so lange stille. Außerdem müßten Männer halt eben zugunsten des Kindes zurückstecken. Das könne sie doch wohl als Frau mal verlangen ...»

So kann es leicht dazu kommen, daß sich jeder als das Opfer des anderen fühlt. Der Mann fühlt sich durch die Frau ausgeschlossen. Die Frau wiederum hat das Gefühl, daß der Mann ihre Leistung und ihre Einschränkungen nicht genügend anerkennt, sondern egoistisch seine Bedürfnisse in den Vordergrund stellt. Beide können in dieser Situation meist nicht erkennen, daß sich ihr Verhalten in Wirklichkeit gegenseitig bedingt und verstärkt.

Stillen ist im übrigen auch ein Machtmittel. Wenn die Frau sich in der Zweierbeziehung vor der Geburt oft in einer ohnmächtigen Position erlebt hat, wird sie jetzt unter Umständen dem Mann demonstrieren, wie mächtig sie als Mutter ist. Findet der Vater sich mit seiner Randstellung nicht ab, geht in die «Offensive» und versucht sich in die Mutter-Kind-Symbiose hineinzudrängen, eröffnet sich ein ganz anderes Konfliktpotential, da er der Frau die Mutterrolle streitig macht.

> «Ganz am Anfang, in den ersten zwei Wochen, sagte Konrad zu mir, wenn ich ihn nicht an das Kind ranlasse, dann würde er abends nach der Arbeit eben in eine Kneipe gehen. Damals war aber einfach die Zeit, wo diese Enge zwischen dem Kind und mir da war, er mir den Platz, das auszuleben, aber nicht gelassen hat. Er hat mir immer in gewisser Weise im Nacken gesessen.»

Der Vater, der sich mit seinem Ausgeschlossensein aus der Mutter-Kind-Symbiose nicht abfinden will, wird zwangsläufig zum Störenfried. Daß er der Mutter seinen Willen aufzwingt, kann im übrigen nicht die Lösung des Problems sein. Die Frau wird sich gegen ein solches Vorgehen zu Recht wehren.

Da Frauen heute die Ansprüche von Männern nicht mehr ohne weiteres akzeptieren und Männern gegenüber zu einem kompromißloseren Ausleben ihrer weiblichen Bedürfnisse neigen, gibt es um das Stillen öfter Auseinandersetzungen, ja, es entspinnen sich regelrechte Kämpfe um den Zeitpunkt des Abstillens. Frauen finden dabei immer wieder neue Gründe, warum es jetzt noch nicht geht. Da sie das Abstillen wie ein zweites, endgültiges Abnabeln erleben und auch spüren, daß sie danach nie wieder eine solch enge Beziehung zu dem Kind haben werden, ist es ein schwieriger Schritt für sie. Für den Mann wiederum ist es oft unverständlich, warum die Frau nicht endlich mit dem Stillen aufhören kann und ständig, wie er es sieht, neue Vorwände findet, doch wieder weiterzumachen. Unverständlich ist ihm das Verhalten der Frau auch deswegen, weil viele Frauen gleichzeitig auch darüber klagen, welche Einschränkung das Stillen für sie darstellt. Auseinandersetzungen um das Stillen können dramatisch zunehmen, wenn die Mutter ihre Stillbeziehung als etwas Ausschließendes lebt und ganz in ihrer Mutterrolle aufgeht. Der Vater wird dann mit

seinen Problemen alleingelassen. Neid, Aggressionen und Rivali-
tätsgefühle können sich bei ihm anstauen.

3. Sexualität

Sexuelle Probleme werden häufig erst einige Zeit nach der Geburt
wirklich deutlich. In den ersten Wochen stehen meist andere Probleme wie die Umstellung der Lebensgewohnheiten im Vordergrund. Mann und Frau sind oft so erschöpft, daß sie zum Miteinander-Schlafen wenig Lust verspüren. Wenn sie sich die Betreuung
des Kindes teilen, sind sie auch in gleichem Maße angestrengt und
leiden gemeinsam unter dem vorhandenen Schlafdefizit und dem
Stress der ersten Zeit. Sexuelle Bedürfnisse treten da zurück.

Diejenigen Paare, die relativ unkompliziert ihre sexuelle Beziehung nach der Geburt wieder aufnehmen, scheinen in der Minder-
zahl zu sein. Bei der Mehrzahl verläuft dies alles andere als
unkompliziert.

Frauen brauchen nach der Geburt oft eine längere Zeit, bis sie
Sexualität mit einem Mann wieder genießen können. Bei ihnen
erwacht das sexuelle Begehren erst allmählich. Dies kann unterschiedliche Gründe haben. Da sind einmal die Geburtsschmerzen
und das Geburtserlebnis. Sie können bewirken, daß die Frau ihrem Körper entfremdet wird. Die körperliche Umstellung braucht
ihre Zeit. Solange diese Umstellung andauert, fällt es vielen
Frauen schwer, ein positives Körpergefühl zu entwickeln.

«Ich fühle mich in meinem Körper ziemlich fremd. Wenn man
erst irrsinnig dick geworden ist und dann Knall auf Fall der dicke
Bauch wieder weg ist, wirkt das schon sehr irritierend. Ich habe
mich ja auch damit identifiziert, daß ich so dick war. Und dann
ist man plötzlich so dünn. Da neulich stand ich vor dem Spiegel,
schaute meinen Bauch an und dachte, da ist ja gar nichts mehr.
Ich kam mir so spindeldürr vor.»

Wenn Frauen mit ihrem Körper unzufrieden sind, finden sie sich
selbst nicht mehr begehrenswert und schön. Erst wenn sie selbst
wieder ein positives Körpergefühl haben, wenden sie sich dem
Mann wieder zu.

Eine große Rolle spielen auch die nachgeburtlichen Schmerzen. Der ganze Unterleib kann sich wund anfühlen, und der Dammschnitt kann schmerzen.

«Da mir alles weh getan hat, wollte ich mit Sex überhaupt nichts zu tun haben. Je länger der Zustand andauerte, um so mehr bekam ich auch richtiggehend Angst vor der Wiederaufnahme des Verkehrs. Sexuell fühlte ich mich deshalb minderwertig und wollte mit Frank überhaupt nichts zu tun haben. Ich konnte mir auch nicht vorstellen, daß es mir jemals wieder Spaß machen könnte, mit ihm zu vögeln.»

Auch das Stillen kann das Körpergefühl einer Frau nachhaltig beeinflussen. Oft wird dadurch die Brust für den Mann zur Tabuzone. Das Einbeziehen der Brust in das Liebesspiel wird als unangenehm empfunden.

«Die Brust war für mich nicht sexuell besetzt, jedenfalls wollte ich das nicht. Alles war so empfindlich und tat weh.»[1] Eine andere Frau: «Ich fühlte mich ganz als Ernährerin, meine Brüste waren nicht mehr Sexualorgane, sondern dazu da, ein Kind zu ernähren.»[2]

Das Stillen ist zudem, wie im letzten Kapitel beschrieben, auch eine sexuelle Beziehung. Sie kann so ausschließend werden, daß für Sexualität mit dem Mann kein Platz mehr ist.

«Wenn mein Mann mich streichelte und ich seine Erregung spürte, konnte ich nur mit Abwehr reagieren. Ich hatte das Gefühl, Erika (ihr Kind, H. B.) zu verraten. Wie wenn ich zu zwei Liebhabern gleichzeitig eine Beziehung hätte. Ich konnte aber nicht für zwei Liebhaber gleichzeitig dasein.»

So extrem werden sicherlich nur wenige Frauen die Situation erleben. Die Schwierigkeit, die beiden Beziehungen zum Mann und zum Kind gefühlsmäßig in Einklang zu bringen, stellt sich aber öfter. Dies kann auch darin seinen Ausdruck finden, daß die Frau im Mann gar nicht mehr den Sexualpartner sieht, sondern nur noch den Vater.

Schwierigkeiten mit der Sexualität haben oft auch etwas mit den hormonellen Umstellungen zu tun. Obwohl eine Frau unter Umständen gern mit ihrem Mann zusammen sein will, kann die natürliche Schleimabsonderung in der Vagina sehr gering sein. Besonders wenn die Frau stillt, kann die Vagina trockener als gewöhnlich sein.

Das Erleben der verminderten Feuchtigkeit kann für Paare sehr irritierend und Anlaß zu Mißverständnissen sein. Hinzu kommt, daß nach der Geburt anfangs die sexuelle Reaktionsfähigkeit der Frau insgesamt reduziert sein kann. Sie braucht dann länger, um erregt zu werden und kommt schwerer zum Orgasmus.

Hemmend kann für die Frau auch die Verunsicherung wegen der ausbleibenden Regel sein.

«Daß ich während des Stillens keine Kontrolle mehr über meinen Eisprung hatte, daß die vertrauten Körpervorgänge wie die Menstruation ausblieben, hat mich sehr verunsichert. Zeitweise empfand ich das richtig als bedrohlich. Es hat mich beunruhigt und in meinem sexuellen Verhalten verändert.»

Durch die Schwangerschaft und die Geburt wird vielen Männern und Frauen oft erst wirklich bewußt, was es bedeutet, ein Kind zu zeugen. Sicherheit in der Empfängnisverhütung gewinnt plötzlich einen ganz anderen Stellenwert, zumal ein zweites Kind so kurz nach dem ersten unerwünscht ist.

Vor allem die Frau verhält sich jetzt sehr viel bewußter bei der Empfängnisverhütung. Erschwerend kommt hinzu, daß einerseits das Stillen keinen sicheren Schutz vor der Empfängnis darstellt, andererseits eine natürliche Empfängnisverhütung aufgrund des nicht erkennbaren Zyklus unmöglich ist. Unter Umständen muß jetzt eine andere Verhütungsmethode als vor der Geburt praktiziert werden. Hier sind manche Eltern zunächst ratlos, zumal sie sich ja während der Schwangerschaft um Verhütung nicht zu kümmern brauchten und das meist sehr genossen hatten. Ungelöste Probleme mit der Verhütung können ein entscheidendes Hemmnis darstellen, wenn es um lustvolles sexuelles Zusammensein geht.

Auch die körperliche Erschöpfung durch das Stillen, die Alleinzuständigkeit der Frau für die Betreuung und Versorgung des Kindes (wenn der Mann voll berufstätig ist) und ein schlecht schlafendes, anspruchsvolles Kind sind nicht gerade lustfördernd. Zudem herrscht Zeitmangel. Die Zeiten ungestörter Zweisamkeit sind selten.

«Wir kommen selten dazu, uns nach Lust und Laune ins Bett zu verkriechen, denn die Zeit, die wir zu zweit haben, ist immer noch knapp bemessen. So gibt es viel zuwenig Gelegenheiten, aus denen sich eine erotische Atmosphäre entwickeln kann. Unsere Lust, miteinander zu schlafen, stellt sich nicht auf Knopfdruck ein, wenn Jakob zum Beispiel gerade seinen Mittagsschlaf hält, aber bald wieder aufwachen würde.»[3]

Viele Frauen sind auch auf eine «erotische Atmosphäre», auf ein schönes und ungestörtes Zusammensein vor dem Akt und auf das langsame Sich-Einfühlen sehr viel mehr angewiesen als der Mann, wenn das Miteinander-Schlafen für sie befriedigend sein soll. Wenn die Frau dann nach der Geburt sowieso schon Probleme mit ihrer Sexualität hat, wird eine solche erotische Atmosphäre und viel Zeit, um miteinander zu reden und aufeinander einzugehen, um so wichtiger.

«Wir versuchen jetzt öfter, uns zu lieben, und manches Mal ist es so toll wie früher. Aber leider klappt es nicht immer, weil ich mittendrin die Lust verliere. Ich falle dann in ein Loch, fühle mich fremd in meiner Haut. Mein Busen ist für Claus tabu. Er ist hart und voller Milch, erinnert mich an Jakob und die Geburt. Bei solchen Gedanken entzaubert sich mein Körper, und ich weiß selbst nicht recht, was in mir vorgeht.»[4]

Andere Frauen haben mitunter noch nicht einmal teilweise positive Erlebnisse. Bei ihnen kann sich unter Umständen das Gefühl einstellen, daß ihre Reaktion unnormal ist und daß sie es nie wieder schaffen werden.

«Solche Gedanken produzieren Ängste: Angst, keine vollwertige Frau mehr zu sein, Angst, vom Partner verlassen zu werden, Angst, daß dieser sich zumindest sexuell anderen Frauen zuwenden wird, wenn man nicht möglichst schnell wieder die ‹Kurve kriegt›.»[5]

Solche Ängste und Gedanken drücken nicht nur auf das eigene Selbstwertgefühl als Frau, sondern sie können auch dazu führen, daß eine Frau mit ihrem Mann schläft, obwohl sie kaum etwas dabei empfindet. Die Verunsicherung in bezug auf das eigene Lustempfinden wird dadurch bestimmt nicht geringer. Auch das Vertrauen in die eigenen spontanen Körperreaktionen wird nicht gerade gestärkt. Außerdem wird sich die Frau früher oder später benutzt vorkommen. Sexualität wird zur Pflichterfüllung degradiert. Am Ende wird dadurch alles noch komplizierter. Die sexuelle Entfremdung eines Paares ist vorprogrammiert.

Viele Frauen müssen ihren Körper und ihre Sexualität nach der Geburt vollkommen neu entdecken. Das erfordert viel Zeit und vor allem Geduld auf seiten des Mannes. Bei manchen Frauen fällt das Wiederentdecken ihrer Lust mit dem Abstillen zusammen. Bei anderen verändert sich auch durch das Abstillen nichts.

«Als ich kurze Zeit nach dem Abstillen wieder meine Periode bekam, fühlte ich mich zum erstenmal wieder als Frau und nicht mehr als Mutter. Es war ein fast euphorischer Zustand, und es fühlte sich an, als würde zum erstenmal seit Monaten wieder warmes Blut in den Adern meines Unterleibes fließen, als würde meine Scheide, nachdem sie sich lange verknopst hatte, jetzt wieder aufblühen. Wie zwei Sechzehnjährige entdeckten L. und ich unsere Sexualität neu.»

Sexuelle Schwierigkeiten nach der Geburt haben in der einen oder anderen Form zwar viele Frauen, aber weitaus nicht alle.

«Ich habe eigentlich sehnsüchtigst die Zeit abgewartet nach der Geburt, wo alles verheilt war und wo es wieder möglich war, mit Franz zu schlafen. Lust war eigentlich schon vorher wieder vorhanden. Auch so eine Distanz durch das Stillen, wie ich das von anderen Frauen gehört habe, habe ich nicht empfunden. Ich hatte auch einen ganz winzigen Dammschnitt, der sehr gut verheilt ist, und deshalb habe ich auch nie hinterher Schmerzen gehabt. Wir hatten auch unheimlich Lust, miteinander zu schlafen und haben dann halt irgendwie die Zeit abgewartet. Als nach der letzten Untersuchung die Ärztin gesagt hat, daß alles wieder in Ordnung ist und wir jetzt könnten, da war es allerdings so, daß ich ein bißchen Bammel hatte. Es müßte jetzt weh tun oder was weiß ich. Weil für mich so das Gefühl da war, daß da durch die Geburt eine unheimliche Wunde entstanden ist in der Scheide und alles wieder aufgerissen wird. Und da habe ich Angst vor gehabt. Das war aber dann nicht der Fall, und ich konnte unser Zusammensein vom erstenmal an wirklich genießen.»

In meinen Gesprächen mit Frauen habe ich den Eindruck gewonnen, daß ein unproblematisches Anknüpfen an das Sexualleben vor der Geburt nur unter bestimmten Bedingungen möglich war: fast alle Frauen konnten sich relativ gut von ihrem Kind abgrenzen. Auch war für sie Sexualität mit einem Mann ein sehr zentrales Bedürfnis, was unabhängig von der Beziehung zum Kind existierte. Manchmal verlief auch die Geburt sehr unkompliziert, und das Kind stellte nicht so hohe Anforderungen an die Eltern, so daß beide Eltern relativ entspannt waren. Meist stillten diese Mütter auch nicht sehr viel länger als ein halbes Jahr und fingen schon früh an, durch Abpumpen der Muttermilch und Zufüttern sich einen Freiraum zu verschaffen. Auch waren in den meisten Fällen die Väter ziemlich weitgehend in die Versorgung des Kindes miteinbezogen.

Viele Männer und Frauen stellten sich vor der Geburt vor, daß nachher in sexueller Hinsicht alles schnell wieder so wie früher sein wird. Besonders Männer sind dann bitter enttäuscht, wenn das nicht so ist. In der ersten Zeit nach der Geburt werden die meisten Väter ihre Enttäuschung sicherlich noch zurückstellen. Sie sind bereit, ihrer Partnerin zuliebe zurückzustecken und wollen nicht fordernd auftreten. Nach einigen Monaten wird es für viele Männer immer schwieriger, ihre Unzufriedenheit nicht zu zeigen:

> «In manchen Situationen dachte ich, ich pack das nicht, laufend meine Bedürfnisse zurückstellen zu müssen ... morgens war das oft besonders hart ... von K.'s Gebrüll geweckt zu werden, sie zu F. zum Stillen zu bringen und neben den beiden zu liegen ... dann kam mir ganz stark meine eigene Lust hoch, mit F. zu schmusen und 'ne Sehnsucht, sie nicht ständig teilen zu müssen ... das war ja schon kein Teilen mehr ... die K. hatte F. für 'ne Zeitlang total in Beschlag genommen ... und nach dem Stillen war die Kleine quietschvergnügt. F. war müde und wollte ihre Ruhe ... und ich war traurig ... konnte dann auch nicht mehr so unbeschwert mit K. rummachen ...» [6]

Dem Mann geht es ja nicht nur um die Befriedigung seiner Bedürfnisse, sondern auch darum, daß er sich von der Frau zurückgewiesen und als Liebhaber vom Kind verdrängt fühlt. Sexuelle Zurückweisung erlebt der Mann als Ablehnung seiner ganzen Person. In seinem Selbstwertgefühl kann er dadurch tief getroffen und verunsichert werden. Genauso wie die Frau sich leicht auf die Rolle des Sexualobjektes reduziert fühlt, ist der Mann jetzt nur noch der «Papi», aber nicht mehr der Mann.

«Sexualität kann unter diesen Umständen leicht zu einer fixen Idee werden, die den Mann nicht mehr losläßt und ihn ununterbrochen beschäftigen kann. Bei nicht wenigen Männern kann länger dauernde, erzwungene Enthaltsamkeit dazu führen, daß sie an fast nichts mehr anderes als ihr sexuelles Unbefriedigtsein denken können.»[7]

Die meisten Männer sind spürbar unzufrieden, was sich als gereizte Stimmung und in Streitereien um Kleinigkeiten bemerkbar macht. Manche Männer lassen ihren Aggressionen auch freien Lauf und machen die Frau offen für ihre Situation verantwortlich. Meist allerdings wird der Mann nicht direkt aussprechen, was ihn bewegt. Unter Umständen ist ihm der Hintergrund seiner eigenen Unzufriedenheit und seiner gereizten Stimmung selbst nicht einmal voll bewußt. Deshalb ist es nicht weiter verwunderlich, daß auch Frauen bisweilen die Probleme gar nicht als so gravierend wahrnehmen. So kann es durchaus vorkommen, daß ein Mann schildert, wie sehr er unter der langen Enthaltsamkeit gelitten habe, seine Frau gleichzeitig aber unabhängig von ihm meint, daß es zwar Schwierigkeiten gegeben habe, das alles aber kein wirkliches Problem gewesen sei. Dies zeigt nicht nur, wie schwer es auch heute noch Männern und Frauen fällt, über ihr sexuelles Erleben offen miteinander zu sprechen, sondern auch, wie oft Männer und Frauen nach der Geburt nebeneinander herleben und wie wenig Zeit ihnen für die Kommunikation darüber, was zwischen ihnen abläuft, verbleibt.

Je länger die erzwungene sexuelle Enthaltsamkeit des Mannes nach der Geburt andauert, um so mehr Spannungen treten auf. Denn viele Frauen, die weder mit einem Mann schlafen noch sonst irgendwie Sexualität haben wollen, haben zu gleicher Zeit ein ausgeprägtes Bedürfnis nach Zärtlichkeit. Die eigene Erschöpfung, der Alltagsstress und die intensive Beziehung zum Kind bewirken, daß die Frau selbst ein großes Bedürfnis nach «mütterlicher» Zuwendung entwickelt.

«Ich war so erschöpft, hatte mir gewünscht, daß wenn unser Kind schlief, ich selbst stundenlang gewiegt und gestreichelt würde ... Wenn ich aber das Gefühl hatte, auch jetzt noch ‹etwas leisten› zu sollen, dann verging mir die Lust. Ich hatte einfach keine Energie mehr, das Vögeln war mir zu anstrengend, ich wollte einfach nur noch selbst Kind sein, getröstet sein, passiv nehmen, wo ich ja sonst den ganzen Tag und die halbe Nacht nur immer was von mir gegeben habe.»[8]

Für den Mann besteht die Problematik dieser Situation darin, daß Streicheln und Zärtlich-Sein nicht so ohne weiteres von seinem sexuellen Empfinden zu trennen sind. Die Nähe und das Spüren des weiblichen Körpers versetzen ihn in sexuelle Erregung. Wenn er mit seiner Erregung alleingelassen wird, kann dies Unlustgefühle, gereizte Stimmung und Aggressionen bei ihm hervorrufen.

«Wenn wir zusammen im Bett lagen und uns angefaßt und gestreichelt haben, konnte ich mich kaum zurückhalten, weil meine ganze angestaute Geilheit mich beinahe verrückt gemacht hat. Wenn ich dann durch das Streicheln und ihre Nähe so richtig in Fahrt kam und dann nichts zwischen uns ablief, bekam ich manchmal unheimliche Aggressionen. Manchmal hätte ich vor ohnmächtiger Wut und Verzweiflung im Karree springen mögen. Ich habe mich dann oft weggedreht im Bett und mir aber sonst nichts anmerken lassen. Nachdem ich dies öfter erlebt habe, bin ich in manchen Situationen lieber allein in meinem Zimmer ins Bett gegangen, weil ich keinen Bock mehr auf diese Frusts hatte.»

Im Erleben der Frau kann sich ein solcher Rückzug des Mannes auf verschiedene Weise auswirken: sie kann sich z. B. von ihm unter Druck gesetzt fühlen, auch dann, wenn er gar nicht fordernd sein will. Es kann schon ausreichen, wenn die Frau seine Erregung spürt. Unter Umständen bekommt sie auch Schuldgefühle oder wird in ihrem ohnehin instabilen Körpergefühl weiter verunsichert. Gleichzeitig kann der Rückzug des Mannes natürlich auch sehr verletzend wirken. Und dann geht die Frau vielleicht zum Angriff über und macht dem Mann Vorwürfe über sein orgasmus- und schwanzfixiertes Verhalten ... Man sieht, die Möglichkeiten zu Mißverständnissen und zum Ausweiten des Konfliktes sind fast unbegrenzt.

Das Dilemma des Mannes in solchen Situationen besteht darin, daß er aus eigener Anstrengung nichts daran ändern kann. Er kann zwar versuchen, auf seine Weise auf die Frau einzugehen. Wenn dies nichts nützt, wird er es vielleicht auch mit Druck probieren.

In aller Regel wird der Mann aber die Erfahrung machen, daß ihn das Druck-Ausüben nicht weiterbringt. Zum einen werden die meisten Frauen sich heute in diesem Punkt nicht mehr so ohne weiteres unter Druck setzen lassen, zum anderen möchte der Mann nicht nur den Akt vollziehen, sondern auch begehrt werden. Druck kann außerdem die Situation noch verschärfen, da die meisten Frauen es «enterotisierend» finden, wenn ein Mann Druck auf sie ausübt.

Auch die Frau befindet sich in einem Dilemma: sie würde gern etwas an der Situation verändern, aber ihre Lust kann sie willentlich nicht beeinflussen, und sie weiß häufig nicht einmal, warum sie keine Lust verspürt. In einer solchen Situation können Mann und Frau leicht die Befürchtungen haben, daß sie sich nie wieder gegenseitig begehren werden.

Wenn der Mann das Gefühl hat, mit seinen sexuellen Problemen alleingelassen zu werden, neigt er dazu, sich mehr auf sich und seine Interessen zurückzuziehen. Männer stürzen sich dann entweder in ihre Berufsarbeit oder in irgendwelche Freizeitbeschäftigungen. Auch kann es vorkommen, daß sie sich häufig aus der Betreuung des Kindes zurückziehen und der Mutter das Feld überlassen. Diesen Rückzug des Mannes auf traditionell männliche Betätigungsfelder muß man als einen Versuch begreifen, sich emotional wieder zu stabilisieren und einen Ausgleich für das ramponierte Selbstwertgefühl als Mann zu finden. Frauen wiederum neigen dazu, sich verstärkt auf die Beziehung zum Kind zu konzentrieren. Das Kind wird dann zum Ersatzbeziehungspartner. Mit dem Rückzug des Mannes auf den Beruf und dem Rückzug der Frau auf das Kind kann eine Entwicklung eingeleitet werden, die dazu führt, daß Mann und Frau nebeneinander herleben. Oder sich gar einen anderen Partner suchen. Dabei muß nicht immer das Ausleben sexueller Bedürfnisse im Vordergrund stehen.

«Wenn der Mann mit einer anderen Frau schläft, ist dies meist nicht nur Ausdruck seines Bedürfnisses nach Sexualität und emotionaler Bestätigung, sondern es kann auch zugleich eine Art Rache sein für die Kränkung, die die Zurückweisung durch seine Frau bei ihm hervorgerufen hat.» [9]

Oder:

«Ich hatte einfach ein ungeheures Bedürfnis, etwas anderes als diesen Alltags-Kinder-Stress zu erleben. Nach dem depressiven Rumhängen mit Anna (seiner Frau, H. B.) war es einfach herrlich, verliebt zu sein. Alles war kein bißchen kompliziert. Ich mußte nichts leisten, konnte mich einfach fallenlassen. Auch wurde ich endlich selbst ein wenig bemuttert.»

Häufig haben Männer auch das Bedürfnis, ihre Unabhängigkeit beweisen zu müssen. Durch die veränderte Beziehungssituation nach der Geburt des Kindes verstärkt sich ihr Gefühl von Abhängigkeit derart, daß sie sich ihrer Autonomie versichern müssen.

Auch die Frau demonstriert bisweilen ihre Verletztheit, ihre Rachegefühle und ihre Selbstbehauptung durch eine Nebenbeziehung:

> «Als Eva dann so ein dreiviertel Jahr alt war, da habe ich mich dann in gewisser Weise revanchiert für sein Fremdgehen kurz nach der Geburt. Es war nicht so die reine Rache, sondern auch die Enttäuschung über unsere Beziehung, daß er dauernd an mir herumkritisiert hat und ich ihm nichts recht machen konnte. Da habe ich mich dann eben auch in jemand verliebt, der nicht dauernd an mir herumkritisiert hat und der mich halt gerne gemocht hat.»

Wenn Mann und Frau unter solchen Vorzeichen eine andere Beziehung beginnen, ist dies meist keine echte Bedrohung für ihre Paarbeziehung, selten der eigentliche Anlaß für eine Trennung. Es kann aber doch, ob gewollt oder ungewollt, zu einer weiteren emotionalen Distanzierung führen, zu Mißtrauen und Groll, wodurch eine Wiederannäherung nicht gerade erleichtert wird.

Wenn die sexuelle Pause über das erste halbe Jahr hinaus andauert, kann es zu einer Pattsituation kommen. Nicht selten erklärt der Mann in der einen oder anderen Form der Frau mehr oder weniger offen, daß er sich eine Überwindung der emotionalen Distanz nur noch dann vorstellen kann, wenn sie wieder miteinander schlafen. Die Frau wiederum reagiert auf solche «Erklärungen» meist in eindeutiger Weise: für sie ist eine Wiederaufnahme der sexuellen Beziehung nur vorstellbar, wenn auch emotional wieder mehr Intensität vorhanden ist. Da beide die Situation so unterschiedlich erleben und keiner, wenn er von seinen Gefühlen ausgeht, den jeweils vom anderen geforderten ersten Schritt tun kann, befinden sie sich in einer Pattsituation, die aus eigener Anstrengung nicht so ohne weiteres überwunden werden kann.

Wenn Mann und Frau nach der Geburt Probleme mit ihrer Sexualität haben, muß dies nicht immer daran liegen, daß die Frau über eine längere Zeit keine Lust verspürt. Die Sexualität kann auch aus ganz anderen Gründen gestört sein. So können beispielsweise andere Probleme, die das Paar hat, dazu führen, daß das Miteinander-Schlafen schwierig wird. Wenn sich die Frau vom Mann alleingelassen fühlt und er sich zuwenig oder gar nicht an der Betreuung und Versorgung des Kindes beteiligt, kann sie sich sexuell durch den Mann benutzt fühlen und sich schließlich verweigern.

Nicht immer ist die Unlust der Frau an allem schuld. Auch dem Mann kann durchaus die aktive Rolle zukommen. Wenn er nach der Geburt beispielsweise in der Frau nur noch die Mutter sehen kann, wird er sich möglicherweise sexuell zurückziehen. Auch wenn sich der Mann durch das Kind zu sehr in die Beziehung eingebunden fühlt und sich innerlich von der Frau distanziert, kann das dazu führen, daß er sich verweigert.

Generell gilt für die sexuelle Beziehung nach der Geburt dasselbe, was für die Sexualität in jedem Lebensabschnitt zutreffend ist. Störungen in der Kommunikation zwischen Mann und Frau machen auch vor dem sexuellen Miteinander nicht halt. Erschwerend kommt nach der Geburt noch hinzu, daß das Paar sich in einer Phase der generellen Lebensumstellung befindet und die Sexualität sich ebenfalls an die veränderten Bedingungen anpassen muß. Da heute die gegenseitige Befriedigung emotionaler Bedürfnisse zur alleinigen Grundlage von Paarbeziehungen geworden ist, ist eine befriedigende Sexualität häufig von zentraler Wichtigkeit für die Glückserwartung in einer Partnerschaft. Lustvolles Miteinander-Schlafen aber braucht bestimmte Bedingungen: Ungestörtheit zu zweit, sich ganz aufeinander einlassen können und eine erotische Atmosphäre sind wesentliche Voraussetzungen. Sexuelle Lust läßt sich nicht einplanen oder in ein starres, vorgegebenes Zeitschema pressen. Die Lust zu zweit muß aber den Erfordernissen, die das Leben mit einem Kind mit sich bringt, untergeordnet werden.

> «Die verpaßten Gelegenheiten schmerzen, und ich bin verzweifelt über die ständige Kontrolle, die fehlende Spontaneität, den Zwang zur Planung in unserer Beziehung, seitdem wir zu dritt sind.» [10]

Diese Einschränkungen gelten zwar nur die ersten paar Jahre im Leben eines Kindes, aber nicht wenige Eltern trauern den Zeiten ungestörter Sexualität nach und werden mit der Diskrepanz zwischen ihrem alten und ihrem neuen Leben nicht so ohne weiteres fertig.

Keines der hier aufgezählten Probleme ist im Prinzip unlösbar. Auch Eltern, die gedacht haben, daß sexuell für immer der «Ofen» aus ist, gelingt, manchmal allerdings erst nach ein bis zwei Jahren, die Wiederentdeckung ihrer Sexualität. Eine solche Durststrecke kann für Paare aber auch zu lang sein.

Wenn zwischen Mann und Frau sexuell über lange Zeit wenig oder gar nichts läuft, wird es immer schwieriger, wieder eine für beide Partner befriedigende sexuelle Beziehung herzustellen. In der Folge kann auch die Beziehung insgesamt in Frage gestellt werden.

4. Die Organisation des Alltags

Auseinandersetzungen um die Arbeitsaufteilung gehören heute zum Alltag vieler Paare nach der Geburt eines Kindes. Da es heute nicht mehr von vornherein selbstverständlich ist, daß die Frau nach der Geburt eines Kindes die ersten Jahre zu Hause bleibt, also ihren Beruf aufgibt, müssen sich Mann und Frau schon vor der Geburt darüber einig werden, wie sie die Kinderarbeit untereinander aufteilen wollen. Damit freilich ist das Problem noch nicht vom Tisch, denn oft fällt die Übernahme der vereinbarten Rollen keineswegs leicht. Denn was die jeweilige Arbeitsaufteilung für den einzelnen bedeutet und welche Probleme sie mit sich bringt, ist sowieso erst in der Situation selbst erfahrbar. Hinzu kommt, daß die Arbeitsaufteilung meist nicht frei gewählt, sondern durch äußere Zwänge gestaltet wird. Solche Zwänge sind zahlreich: ein Partner ist arbeitslos, der andere hat eine feste Stelle. Der eine ist Beamter und kann sich beurlauben lassen, der andere kann unter Umständen weder seine Arbeitszeit reduzieren noch für eine bestimmte Zeit aussetzen. Häufig ist es auch so, daß der Mann das höhere Einkommen hat und deswegen berufstätig bleiben muß. Flexiblere Arbeitszeit und Teilzeitarbeit sind in den meisten Berufen immer noch nicht möglich. Mann und Frau, die beide halbtags arbeiten, stehen sich oft auch finanziell schlechter.

Es gibt also viele Ursachen dafür, daß Frau oder Mann sich nach der Geburt in einer Rolle wiederfinden, die sie sich aus freien Stücken nicht ausgesucht haben. Besonders viele Probleme bringt da heute die traditionelle Rollenaufteilung mit sich.

«Das mit den traditionellen Rollen finde ich wirklich ein ganz großes Problem. Wenn man die als Frau nicht mehr anerkennen kann, aber trotzdem dazu gezwungen ist, so zu leben. Das ist ein ständiger Konflikt. Da ist vor allem das Gefühl, von dem, was draußen passiert, ausgeschlossen zu sein. Die ganze Anregung, die man durch den Beruf kriegt, das fehlt ja alles. Oder man muß plötzlich anfangen, unheimlich aktiv zu sein. Sich dann halt in verschiedenen Gruppen bewegen: Mutter-Kind-Gruppe, Frauengruppe und so weiter. Klar, daß es hier auch wieder letztendlich nur um die Kinder geht, weil man ja nur dorthin gehen kann, wo man sein Kind mitnehmen kann. Es ist jedenfalls enorm anstrengend, sich als Hausfrau mit einem Baby soziale Kontakte zu beschaffen und zu pflegen. Wenn man arbeitet, ergibt sich das ja automatisch.

Vor allem im ersten Jahr war das Wegsein vom Beruf für mich wie ein Schock. Meine neue Situation hat mich richtig gelähmt. Ständig war ich zu allem zu müde. Es war wie eine Dauerdepression, aus der ich nur hin und wieder auftauchte. Auch konnte ich mich mit meiner Hausfrauentätigkeit überhaupt nicht identifizieren.»

Die Bestätigung, die eine Frau vorher durch die Arbeit und die damit verbundenen sozialen Kontakte erfahren hat, muß jetzt durch die Hausarbeit, das Kind und den Mann geleistet werden. Die Hausfrauensituation bringt also neue Bedürfnisse hervor. Die Frau ist verstärkt angewiesen und abhängig von gelebter Partnerschaft. Die Ansprüche an den Mann steigen. Aber trotz großen Bemühens ist er mit der Kompensation der Unzufriedenheit der Frau häufig überfordert.

Wenn Mann und Frau in zwei unterschiedlichen Welten leben, haben sie nicht nur unterschiedliche Bedürfnisse, sondern sie können sich meist nur ungenügend in das Alltagserleben des anderen hineinversetzen. Während die Frau die Situation des Mannes im Beruf aus früherer Erfahrung noch einigermaßen nachvollziehen kann, fehlt dem Mann die Erfahrung meist völlig, was es bedeutet, den ganzen Tag mit einem Neugeborenen oder einem kleinen Kind zu verbringen. Meist stellt er sich das ganze sehr viel einfacher vor, als es in Wirklichkeit ist.

> «Stephan hat wenig Verständnis für meine Situation. Er denkt, ich habe es eigentlich gut: Ich bin den ganzen Tag zu Hause. Wenn ich ihm erzähle, wie gestresst ich bin, sagt er nur, was willst du denn eigentlich? Anstrengend ist für ihn nur berufliche Arbeit, was ich mache, ist nach seiner Meinung eigentlich gar nicht anstrengend.»

Als Hausfrau ist die Frau von der Anerkennung des Mannes für ihre Arbeit völlig abhängig. Ein Mann, der so über Haus- und Kinderarbeit denkt, wird auch nicht recht einsehen, warum er sich neben seiner Berufsarbeit auch noch in größerem Umfang im Haushalt engagieren soll. Wenn die Frau Probleme hat, klarzukommen, etwa wenn ihr die Arbeit über den Kopf wächst, das Kind viel schreit oder wegen irgendeiner Krankheit sehr quengelig und anstrengend ist, wird er wenig Verständnis aufbringen können. Da er aus eigener Erfahrung nicht weiß, wie stressig solche Situationen sein können, wird er vielleicht sogar insgeheim denken, daß seine Frau ungeschickt oder sogar unfähig sei.

Solche Männer schieben ihrer Frau die alleinige Verantwortung für den Haushalt und das Kind zu. Enttäuschung, Wut und das Gefühl, mit den Problemen alleingelassen und vom Mann ausgenutzt zu werden, kann sich in der Folge bei ihr breitmachen.

> «Es macht mich immer noch aggressiv, wie er alles mir überläßt und nicht danach fragt, ob ich auch einmal Zeit für mich brauche ... Das Gefühl, für alles allein verantwortlich zu sein, der unerfüllte Wunsch, die schönen Erlebnisse, aber auch die Probleme mit jemanden teilen zu können, machten mich immer depressiver und trauriger.» [1]

Wenn die Frau ihre Enttäuschung und ihre Wut dem Mann gegenüber direkt zum Ausdruck bringt, kann sich jede kleine Meinungsverschiedenheit zu einem Riesenkrach ausweiten. Bei soviel Zorn und Enttäuschung dienen Alltagskonflikte oft als Ventil. Sie sind wie der berühmte Tropfen, der das Faß zum Überlaufen bringt.

> «Zeitweise habe ich zuviel von meiner Wut runtergeschluckt. Nach den vielen Auseinandersetzungen hat sich Verzweiflung

breitgemacht, weil ich nicht mehr wußte, wie ich das verändern kann. Das alles hat sich dann in Magenkrämpfen geäußert.»

Konflikte um die Arbeitsaufteilung gibt es nicht nur dann, wenn der Mann die Arbeit der Frau wenig oder gar nicht anerkennt. Die Auseinandersetzungen brechen selbst dann auf, wenn der Mann sich bemüht, sich an den anfallenden Arbeiten angemessen zu beteiligen. Allein schon die Tatsache, daß Mann und Frau in ganz verschiedenen Welten leben, kann die Probleme hervorbringen.

«Während er sich an seinem Arbeitsplatz in eine Gruppe integrieren konnte, war ich fast den ganzen Tag allein. Während sein Bedürfnis zu reden abends erschöpft war, war ich ausgehungert nach Kommunikation und Zuwendung.» [2]

Eine andere Frau berichtete, daß ihr Mann sich abends zwar ganz viel Zeit für die Tochter nähme, sie dabei aber zu kurz komme.

«Fritz sagt dann, daß er abends noch etwas von seiner Tochter haben will. Da er spät von der Arbeit nach Hause kommt, zieht sich das dann bis um 9 Uhr hin. Danach bin ich oft schon zu müde und erschöpft. Es bleibt dann keine Zeit mehr für uns, und ich kann auch nichts mehr für mich machen. Deswegen hätte ich gerne, daß Eva (das Kind, H. B.) schon um 8 Uhr ins Bett geht. Das kann er aber überhaupt nicht verstehen, warum ich das will.»

Wenn die Frau den ganzen Tag das Kind hat, möchte sie auch mal wieder zu sich kommen und sich entspannen können. Oder einfach nur etwas in Ruhe und ohne gestört zu werden erledigen. Die Erwartungen des Mannes an seine freie Zeit können in eine ähnliche Richtung gehen: Jeder muß, damit der andere auch zum Zuge kommt, Abstriche an seinen Bedürfnissen machen. Gegenseitige Rücksicht und die Verständigung über die eigenen Bedürfnisse ist aber nicht immer einfach. Verschärfen kann sich die Situation noch, wenn eine Frau ihre Bedürfnisse dem Mann nicht offen und direkt mitteilt, sondern von ihm erwartet, daß er von sich aus erkennen soll, was sie jetzt am dringendsten nötig hat.

Kinder, die tagsüber von der Mutter allein betreut werden, sind manchmal sehr auf diese fixiert. Das verstärkt häufig die Unsicherheit des Vaters. Eine solche Situation ist für die Frau zwiespältig:

«Ich habe dadurch, daß ich ständig mit Lena zusammen bin, zwar die ganze Arbeit mit ihr, aber auch viel Freude. Ich kann ihre

Entwicklung am meisten fördern und die Erfolge beobachten. Eckart fühlt sich da benachteiligt. Er ist zum Beispiel traurig darüber, daß er Lena nicht beruhigen kann, wenn sie Kummer hat. Mich belastet aber gerade die starke Fixierung von Lena auf mich.»[3]

Der Vater wiederum mag in einer solchen Situation das Gefühl haben, daß er in der Beziehung zu seiner Tochter nicht vorankommt. Dies kann dann auch auf seine Motivation drücken, sich an der Kinderarbeit zu beteiligen. Da ihm das neben seiner Berufstätigkeit sowieso nicht leicht fällt, kostet es ihn oft viel Überwindung und Selbstbeherrschung, trotzdem weiterzumachen. Besonders wichtig ist es da für ihn, daß seine Bemühungen von seiner Frau anerkannt werden. Da aber die Frau trotz allem noch die Hauptarbeit machen muß und mit ihrer Situation unzufrieden ist, kann sie oft gar nicht erkennen, wie sehr der Mann sich bemüht. Sie fühlt sich durch seine Hilfe kaum entlastet. Sie beschwert sich, macht ihm Vorwürfe und zeigt ihre Unzufriedenheit deutlich. Der Mann wiederum fühlt sich ungerecht behandelt, denn da ist ja auch noch seine Arbeit, die einiges von ihm fordert. Und das wiederum kann die Frau in der Fixierung auf ihre Situation kaum noch nachempfinden. Mann und Frau können bald nicht mehr vernünftig miteinander über die Organisation des Alltags reden, weil jeder sich vom anderen mißverstanden fühlt; jede neue Auseinandersetzung reißt den Graben nur noch tiefer auf. Hinzu kommt, daß die Frau den Mann nicht selten um die vielen Möglichkeiten beneidet, die die Berufstätigkeit für ihn mit sich bringt.

«Ich war wahnsinnig unzufrieden, weil ich mich nicht wohl gefühlt habe dabei, hier dauernd im Haus zu sitzen mit dem Kind. Ich habe mich unbeweglich gefühlt und arbeitsmäßig überhaupt nicht ausgelastet. Und dann kam Horst nach Hause, und ich dachte, der hat's gut, trifft lauter Leute und macht intellektuelle Sachen, und ich kann dem gar nichts entgegensetzen. Er wiederum hat sich unheimlich eingeengt gefühlt, weil jedesmal, wenn er nach Hause kam, ich gleich so wie ein Geier auf ihn stürzte und versucht habe, was aus ihm rauszuquetschen, um was von der Außenwelt zu hören. Das war einfach eine Situation, die zu einer wahnsinnigen Unzufriedenheit auf beiden Seiten geführt hat.»

Horst sah das anders:

> «Jeden Tag bin ich von der Arbeit ganz schnell nach Hause ge-
> rannt, weil ich ja wußte, daß Lisa mit dem Kind den ganzen Tag
> zu Hause war und unter ihrer Situation litt. Meine Kollegen
> machten schon immer Sprüche: neuerdings bist du ja ganz häus-
> lich geworden. Nach der Arbeit noch mal miteinander etwas zu
> besprechen, sich mal ruhig allein ins Café zu setzen oder zusätz-
> liche Abendtermine, das alles war nicht mehr drin. Ich ging nur
> noch zur Arbeit, um zu arbeiten und fühlte mich da schon richtig
> isoliert. Das Schlimme aber war, daß ich es Lisa auch nicht recht
> machen konnte. Sie hat nicht einmal gesehen, wie sehr ich mich
> bemühte. Auch daß das Arbeiten für mich in der Zeit gar nicht so
> war, wie sie sich das zu Hause vorgestellt hat, hat sie nicht mitge-
> kriegt.»

Wenn Frauen, die zu Hause bleiben, sich mit ihrer Rolle als Hausfrau wenig oder gar nicht identifizieren können, haben sie oft auch
das Gefühl, daß das, was sie mit dem Kind tagtäglich erleben, für
den Mann nicht interessant sein kann. Dabei kommt es meist auf
dasselbe raus, ob ihre eigene Einstellung zu ihrer Hausfrauentätigkeit sie dazu bringt, so zu denken, oder ob der Mann durch sein
Verhalten solche Gedanken nahelegt.

> «Immer denke ich, ich müßte Conrad was Interessantes erzählen
> können, wenn er abends nach Hause kommt. Ich kann aber nicht
> immer was Interessantes erzählen. Was ist da schon Faszinieren-
> des dran, an dem, was ich zu Hause erlebe, meine sozusagen pri-
> mitiven Alltagsprobleme? Weil ihn das nicht sonderlich interes-
> siert, bespreche ich das jetzt mit einer Freundin. Die ist in der
> gleichen Situation, und hinterher geht es mir etwas besser. Das
> bleibt für meine Beziehung zu Conrad allerdings nicht ohne Fol-
> gen, weil wir dadurch immer weniger miteinander reden und uns
> kaum noch etwas zu sagen haben.»

Conrad meint dagegen:

> «Wenn ich nach Hause komme, bin ich manchmal noch so sehr
> mit meiner Arbeit beschäftigt, daß ich erst mal Zeit für mich
> brauche, um abschalten zu können. Früher habe ich dann Zei-
> tung gelesen oder mich zurückgezogen. Heute kann ich das nicht
> mehr. Eva ist voll von dem, was tagsüber passiert ist: Daß heute
> alles nicht geklappt hat. Daß sie ganz fertig ist und anderes mehr.

Ich kann oft gar nicht darauf einsteigen, weil ich noch ganz abwesend bin und fühle mich von ihr bedrängt. Oft kann ich auch gar nicht nachvollziehen, warum das alles so schlimm ist. Ich denke dann, wenn sie das richtig organisieren würde, müßte sich das doch alles bewältigen lassen.»

Wenn der Mann berufstätig ist und die Frau zu Hause bleibt, scheint das gegenseitige Unverständnis fast vorprogrammiert zu sein. Das Leben in zwei verschiedenen Welten bringt unterschiedliche Anforderungen, Bedürfnisse und Ansprüche mit sich. Deshalb haben selbst verständnisvolle und um Partnerschaft bemühte Männer Schwierigkeiten, der Situation gerecht zu werden.

Überdies liefert sein Beruf dem Mann jede Menge Vorwände, sich nur eingeschränkt an der Betreuung des Kindes zu beteiligen. Daß diese Gründe manchmal nur vorgeschoben sind, erkennt der Mann oft nicht einmal selbst.

Eine Hausfrau ist von ihrem Mann materiell abhängig. Subtil und oft unbewußt spielt das in vielen Konflikten eine Rolle. Die Frau fühlt sich dem Mann verpflichtet und reduziert insgeheim ihre Anforderungen an ihn. Der Mann wiederum hat den Eindruck, daß er sich für Frau und Kind aufopfert:

«Ich habe eigentlich gar keine Zeit mehr für mich. Tagsüber gehe ich arbeiten, abends bin ich mit der Kinderarbeit dran. Da kommt mir manchmal der Gedanke, wenn ich schon die Rolle des Ernährers übernehmen soll, dann will ich auch die Privilegien haben, die damit früher immer verknüpft waren.»

Von solchen Gedanken bis zur «Tat» ist dann mitunter kein langer Weg.

«Wenn ich Stefan sagte, er solle sich doch endlich mehr an den anfallenden Arbeiten beteiligen, hat er die letzte Zeit auch öfters gesagt: ‹Ich geb dir ja das Geld, und dann erwarte ich auch, daß du das alles machst.› Ich habe Angst, daß sich diese Einstellung bei ihm ausbaut und er mir immer öfter Vorschriften macht, wie ich das mit dem Kind zu machen habe. Ich glaube, ich kann dem nur wirklich begegnen, wenn ich auch wieder arbeiten gehe.»

Das Beispiel illustriert die Gefahr, daß die traditionelle Rollenverteilung auch nach und nach die alten Verhaltensweisen wiederbeleben kann. Dies gilt im Prinzip für Mann und Frau gleichermaßen. So kann es kommen, daß Mann und Frau im Laufe der Zeit immer mehr das traditionelle Rollenverhalten übernehmen, obwohl sie das eigentlich gar nicht wollen.

Weil Männern und vor allem Frauen heute meist diese Probleme bewußt sind, machen sie sich schon vor der Geburt Gedanken, wie sie «die Klippen» der traditionellen Arbeitsaufteilung umschiffen können.

Wie Eltern zu einer gleichberechtigten Arbeitsaufteilung kommen können, hängt von vielen Imponderabilien ab. Die beste Möglichkeit bietet sicherlich die Halbtagsarbeit. Da Halbtagstätigkeiten nicht in ausreichendem Maße angeboten werden, praktiziert eine zunehmende Anzahl von Eltern auch den Rollentausch. Mann und Frau wechseln sich dabei innerhalb der ersten zwei bis drei Lebensjahre des Kindes in der Rolle des/r Ernährer(s)/in ab und nehmen jeweils für eine beschränkte Zeit die Hausfrauen- bzw. Hausmannrolle ein.

Eine andere Form gleichberechtigter Arbeitsaufteilung wird möglich, wenn beide Eltern im ersten Jahr zu Hause sind. Das ist dann der Fall, wenn der Mann vorübergehend oder dauernd in keinem festen Beschäftigungsverhältnis steht, wenn er studiert, arbeitslos ist oder irgendeiner zeitlich nicht so umfangreichen und flexiblen selbständigen Tätigkeit nachgeht. In diesem Falle nimmt die Frau meist den Erziehungsurlaub in Anspruch. Gleichzeitig ist auch der Mann soweit zeitlich disponibel, daß er eine Hälfte der Kinderarbeit mitübernehmen kann. Beide sind also während der Dauer des Erziehungsurlaubs zu Hause und können sich die Arbeit aufteilen. Ein Nachteil dieser Form der Arbeitsaufteilung ist, daß sie häufig auf die Dauer des Erziehungsurlaubs begrenzt ist und danach entweder in die Hausfrauenrolle (häufiger) oder in die des Hausmannes (seltener) einmündet.

Auch die verschiedenen Formen gleichberechtigter Arbeitsaufteilung beinhalten für die Zweierbeziehung ein nicht zu unterschätzendes Konfliktpotential, obwohl (oder gerade weil?) die Erwartungen vieler Paare in eine andere Richtung gehen. Sie hoffen, daß durch die gleichberechtigte Rollengestaltung auch ihre Partnerschaft konkret leben und die Probleme der traditionellen Rollenaufteilung vermeiden zu können.

Die höchsten Erwartungen knüpfen sich im allgemeinen an die Halbtagsbeschäftigungen, an eine Abwechslung in der Betreuung des Kindes. Während der eine arbeiten geht, ist der andere für das

Kind zuständig und umgekehrt. Dies führt häufig dazu, daß die Eltern einander die Türklinke in die Hand geben: Der eine kommt von der Arbeit, und der andere geht zur Arbeit. Ein hohes Maß an Organisation ist notwendig, wenn diese Arbeitsaufteilung klappen soll.

> «Wir brauchen immer einen minutiös ausgearbeiteten Plan, der bei jedem unvorhergesehenen Termin untereinander (früher auch mit der betreffenden Kinderfrau) neu abgestimmt werden muß.» [4]

Wenn das Kind krank wird oder sonst etwas Unvorhergesehenes passiert, bricht meist die ganze Organisation zusammen. Da der Alltag total verregelt ist, bringen plötzliche Ereignisse große Probleme, weil häufig kein Spielraum in der Terminplanung vorgesehen ist.

Keiner kann mehr unabhängig von dem anderen Termine absprechen. So kommt es, daß oft um Stunden und Tage gefeilscht wird. Schnell entsteht das Gefühl, benachteiligt zu sein.

> «Ich bringe Laura gegen acht in den Kindergarten und habe Anna dann bis Mittag. Am Nachmittag ist Vera für die Kinder zuständig. Die Tage, an denen ich, wie jetzt, mit den Kindern allein bin, werden verrechnet, das heißt, ich bekomme die gleiche Anzahl von Tagen für mich zurück.
>
> Anders ginge es nicht. Und auch so geht es oft nicht, weil sich das alles nicht so säuberlich trennen läßt.» [5]

Daß der eine immer alles mit dem anderen aushandeln muß, vergrößert die Abhängigkeit voneinander. So können Organisationsprobleme leicht zu Beziehungsproblemen werden. Mann/Frau haben Schwierigkeiten, die verschiedenen Ebenen auseinanderzuhalten. Die Wut darüber, daß der andere schon wieder unbedingt einen Zusatztermin braucht, wirkt sich auch auf die private Beziehung aus. Zudem bringt es die beschriebene Alltagsorganisation mit sich, daß Mann und Frau sehr viel weniger Zeit miteinander verbringen als andere Paare. Für «Spontaneität» bleibt wenig Raum. Arbeit und Kinderbetreuung haben die absolute Priorität. Für die Beziehung bleibt nur das an Zeit und Kraft, was diese beiden Schwerpunkte übriglassen. Viele Paare haben das Gefühl, nur noch zu funktionieren. Die Gespräche über die Organisation und die Terminkoordination verbrauchen die wenige Zeit, die das Paar noch für sich hat. Teilzeitarbeiter fühlen sich auch häufig erschöpfter als andere, da sie, um im Beruf einigermaßen mithalten zu können, sich mehr einsetzen müssen als andere und einem größeren Stress ausgesetzt sind. Durch ihre ausgeklügelte Alltagsorganisation bleibt wenig Zeit zum Ausruhen. In der Beziehung wirkt sich das mitunter so aus, daß die gemeinsamen Abende eher zum Ausruhen benutzt werden als für gemeinsame Unternehmungen, die das Verhältnis zueinander wieder festigen und beleben könnten.

Obwohl der Beruf Priorität hat, gestaltet sich oft auch hier nicht alles zur Zufriedenheit. In bestimmten Berufen fallen Teilzeitarbeiter aus dem üblichen Arbeitszusammenhang heraus:

> «Ich war plötzlich gar nicht mehr gefragt als qualifizierte Arbeitskraft. Ich mußte eine Menge Zurücksetzungen einstecken. Ich mußte mit ansehen, wie andere weiterkamen in der Karriereleiter und wie ich als Lückenbüßer eingesetzt wurde. Immer wo jemand fehlt, ohne Kontinuität in der Arbeit.

Männer trifft solche Zurücksetzung im Beruf meist besonders hart. Der Beruf nimmt eine zentrale Stellung bei ihrem Identitätsgefühl ein und vermittelt ihnen ein Grundgefühl von Zufriedenheit, denn in ihrem eigenen Wertsystem steht die Berufsarbeit ganz obenan. Hier zurückzustecken bedeutet für den Mann eine grundlegende Umorientierung. Wenn seine Arbeitskollegen mit Unverständnis auf sein Engagement zu Hause reagieren und er Nachteile einstecken muß, trifft ihn das an seinem wunden Punkt und kann zur Ursache ständiger innerer Unzufriedenheit werden, von der auch die Partnerschaft nicht unberührt bleibt.

> «Ich sitze zwischen allen Stühlen mit meinem Anspruch, Berufstätiger, Vater und Geliebter gleichzeitig sein zu wollen und möglichst auch noch in allen drei Bereichen meinen Mann zu stehen. Für jeden dieser Bereiche kenne ich ‹Spezialisten›, die mir vor Augen führen, was ich versäume oder falsch mache. Vielleicht habe ich mir mit der Dreifachbelastung Vater, Beruf, Haushalt doch zuviel vorgenommen. Meine Zweifel verstärken sich, wenn Reaktionen meiner Umwelt mich, was häufig der Fall ist, auf die traditionelle Männerrolle festlegen wollen.» [6]

Das Hin- und Hergerissensein zwischen Beruf und Privatleben, was für das Leben berufstätiger Frauen so typisch ist, gibt auch den

Männern das Gefühl, in keinem Bereich wirklich voll dazusein. Die meisten Männer, die sich auf die Beziehung zu ihrem Kind wirklich eingelassen haben und diese intensive Beziehung nicht missen wollen, wollen zwar aus freien Stücken nicht mehr ganztags arbeiten. Die Widersprüche, in denen sie stecken, bestehen aber trotzdem fort:

> «Ich möchte weder die Bestätigung im Beruf missen, über den ich immer noch einen Großteil meiner Identität beziehe, noch will ich darin ganz aufgehen und dafür die Erfahrung produktiver Arbeit im Haushalt und der Betreuung von Martin aufgeben.» [7]

Das alles kann nur zu leicht auf Kosten der Zweierbeziehung gehen. Da Mann und Frau oft keine andere Möglichkeit sehen, stecken sie eben hier in ihren Ansprüchen zurück; als Kompensation bleibt ihnen die wenn auch oft reduzierte Bestätigung durch die Berufstätigkeit und die Beziehung zum Kind. Zwar wird das Kind älter und damit der Freiraum der Eltern nach und nach größer. Doch unsicher ist, ob es den Eltern dann gelingen wird, ihre Beziehung wieder zu erneuern. Gerade bei Teilzeitarbeitern scheint die Gefahr besonders groß zu sein, daß sich die Beziehung von Mann und Frau weiterhin in einer guten Alltagsorganisation erschöpft und allein das Kind zum Beziehungskitt wird.

Wenn ein Mann die Hausfrauenrolle übernimmt, treten auch für ihn die «Hausfrauen-Konflikte» auf. Eine zusätzliche Schwierigkeit besteht darin, daß Mann und Frau sich beide nicht länger in ihren ansozialisierten Rollen bewegen. Der Schwerpunkt der jeweiligen Tätigkeit liegt in der traditionellen Domäne des anderen. Wenn dadurch auch das Verständnis für die Probleme des anderen wachsen kann, so treten gleichzeitig auch neue Probleme auf: Für den Mann die Schwierigkeit, ohne die Anerkennung durch den Beruf auszukommen, für die Frau das Problem, mit ihren Schuldgefühlen, eine Rabenmutter zu sein, fertig zu werden. Das erklärt auch, warum es so oft zu Rivalitätsauseinandersetzungen kommt: Da die Mutter traditionell als wichtigste Beziehungsperson im Leben des Kindes gilt, kommt sie mit ihrer neuen Position nicht so einfach zurecht. Der Vater wiederum braucht die Bestätigung, für das Kind wichtig zu sein, ebenfalls in besonderem Maß, weil die Bestätigung durch den Beruf für ihn wegfällt. Rivalitätskonflikte sind also nicht verwunderlich.

Wenn Mann und Frau eine Zeitlang das Kind gemeinsam betreuen können ohne feste Rollenzuteilungen, werden sich sicher die geringeren Probleme ergeben. Trotzdem kann es natürlich auch da Konflikte geben, so etwa, wenn die Mutter durch das Stillen der wichtigere Elternteil für das Kind ist und viel von dem, was an Dreckarbeit anfällt, auf den Vater verlagert wird. Daß Mann, Frau und Kind bei dieser Form der Arbeitsaufteilung oft rund um die Uhr zusammen sind, ermöglicht zwar viele gemeinsame Erlebnisse. Es kann aber auch gleichzeitig belastend sein, weil man meint, sich ständig über alles einigen zu müssen und Alltagsbanalitäten zum Anlaß werden, seine Frustration über die eigene Situation loszuwerden:

> «... mittlerweile zeigt sich, daß unsere Art des ständigen gemeinsamen Umgangs mit Jakob Schwierigkeiten in der Beziehung hervorbringt, sie ist anstrengend und mitunter entnervend und strapaziös. Bei den großenteils banalen, alltäglichen Fragen, die sich ständig im Zusammensein mit Jakob stellen, müssen wir meist kurzfristig entscheiden, was zu tun ist. Sind Daniela und ich uneins, muß sich einer von uns durchsetzen ... Nicht selten bleibt ein schales Gefühl zurück, wenn etwas nicht so klappt wie vorgestellt, wenn Jakob quengelig wird und ich Daniela vorhalte, wir hätten es eben doch so machen sollen, wie ich das vorgeschlagen habe.» [8]

Da jeder von den Entscheidungen des anderen mitbetroffen ist, kann sich keiner distanzieren. Außerdem kann das ständige enge Zusammensein ohne Anregung von außen und die gleichzeitige Konzentration auf das Kind Unzufriedenheit und die Enge, in der man lebt, sowie die mangelnde Distanz zum Alltag viel Reibungsfläche schaffen. Daß es da öfters «kracht», ist nicht verwunderlich. Konflikte können sich leicht hochschaukeln, und die Mißstimmung bleibt, auch wenn der eigentliche, meist nichtige Anlaß längst vergessen ist.

Hinzu kommt: Wenn die Zuständigkeiten für Kind und Hausarbeit nicht klar aufgeteilt sind, jeder also für alles zuständig ist, können sich Mann und Frau ständig durch ein schlechtes Gewissen belastet fühlen. Jeder weiß, daß eigene Vorteile immer zu Lasten des anderen gehen:

«Ich finde es verrückt, daß ich schon ein schlechtes Gewissen habe, wenn ich einen Nachmittag meine eigenen Wege gehe, weil ich weiß, daß Claus in dieser Zeit durch Jakob und Haushalt festgenagelt ist. Auch, wenn zum Beispiel ausgemacht ist, daß ich morgens ausschlafe, treibt mich trotzdem frühzeitig die Befürchtung aus dem Bett, es könnte Claus zuviel werden, da Jakob schon einige Stunden wach ist und Einsatz fordert. Oder umgekehrt, wenn Claus spät abends heimkommt, fragt er gleich besorgt, wie es mir mit Jakob ergangen sei, so als würde sein Vergnügen nachträglich geschmälert, wenn ich nicht auch eine angenehme Zeit verbracht hätte. Unser gutgemeintes Bestreben, den anderen nicht im Stich zu lassen, wird dadurch wieder aufgehoben, daß keiner von uns beiden richtig auf seine Kosten kommt. Wir haben beide Angst davor, daß einer von uns total entnervt und verzweifelt schreit: Mir reicht's, ich kann nicht mehr.»[9]

Klare Absprachen und die strikte Aufteilung der Kinderarbeit können in solchen Situationen sehr hilfreich sein, zumal sie jedem mehr freie Zeit und Außenkontakte ermöglichen. Und nur dadurch kann sich auch die Situation zu Hause wieder entspannen.

Daß die Auseinandersetzungen um die Arbeitsaufteilung so oft einen solchen Stellenwert in der Paarbeziehung einnehmen, hat eine der wesentlichen Ursachen im Wandel der Frauenrolle.

Aber auch Frauen, die die Hausfrauenrolle nicht von vornherein ablehnen, formulieren heute andere, weitergehende Ansprüche an den Mann. Denn es ist heute nicht mehr selbstverständlich, daß die Großeltern in greifbarer Nähe wohnen und sich an der Kinderbetreuung beteiligen. So ist es meist nur der Mann, der in der isolierten Kleinfamilie die Frau entlasten kann.

Dabei muß man sich auch bewußt machen, daß alle Formen veränderter Arbeitsaufteilung für den Mann mit dem Verlust traditionell männlicher Privilegien einhergehen. So ist es für den Mann ein leichtes, für die Gleichberechtigung der Frau einzutreten, solange das auf seine persönliche Lebensführung kaum Auswirkungen hat. Wenn das Kind dann da ist, muß er, wenn er mit seiner Theorie ernst machen will, weitreichende Konsequenzen ziehen. Teilzeitarbeit etwa erfordert Abschied vom männlichen Karrieredenken und ein Verschieben typisch männlicher Prioritäten. Wenn manche Frauen dann erkennen müssen, mit wem sie es tatsächlich zu tun haben, kann die Enttäuschung groß sein und sogar bis zur Trennung führen.

Nach der Geburt muß sich die Arbeitsteilung zwischen Mann und Frau im Alltag erst einspielen. Die Umstellung auf die neue Situation findet nicht von heute auf morgen statt. Insbesondere der Mann muß viel Neues lernen, was im Gegensatz zu seinen ansozialisierten Verhaltensweisen steht. Gegensätzliche Meinungen und Standpunkte müssen von den Eltern ausgetragen werden. Da sie auf keine bewährten und als verbindlich anerkannten Konzepte zurückgreifen können, gehören Auseinandersetzungen zwangsläufig zum Alltag dazu. Jeder muß seine Interessen und Bedürfnisse einbringen, Kompromisse müssen gefunden, Privilegien hinterfragt und über Bord geworden werden. Das alles weckt intensive Emotionen. Nicht selten entarten die Auseinandersetzungen zu Machtkämpfen: Mißverständnisse, Wut und Enttäuschung können das gemeinsame Gespräch blockieren.

Elternschaft stellt in ihren heutigen Ansprüchen (antipädagogische Erziehungsvorstellungen, heutige Formen der Kinderbetreuung) hohe Anforderungen an die Eltern. Das kindzentrierte Verständnis von Elternschaft kann im Extremfall eine Zweierbeziehung auf ein Bündnis zur Betreuung und Versorgung des Kindes reduzieren. Das reibungslose Funktionieren des Alltags wird dann zum hauptsächlichen Beziehungsinhalt.

Die Auseinandersetzungen eines Paares um die Arbeitsaufteilung sind auch ein Ausdruck davon, wie sehr sie vorher den Alltag aus ihrer Beziehung ausgeklammert haben.

Von der guten Bewältigung der Alltagsprobleme hängt es aber oftmals ab, was von der vormaligen Liebesbeziehung in die Elternbeziehung hinübergerettet werden kann.

5. Autonomie und Abhängigkeit

Mit der Geburt eines Kindes verändert sich das Verhältnis der Partner zueinander von einem Tag auf den anderen. Viele Eltern ahnten vorher nicht, wie eng sie nun aneinander gebunden sind. Kein Partner kann mehr Entscheidungen für sich treffen, ohne daß der andere direkt mitbetroffen ist. Während man vor der Geburt vielleicht in getrennten Wohnungen gelebt hat, einen Teil seiner Freizeit ohne den Partner verbracht hat, einen eigenen Freundeskreis hatte und seinen eigenen Interessen und Hobbies nachgehen konnte, findet man sich jetzt plötzlich in einer Situation, in der die gesamte Lebensgestaltung aufeinander abgestimmt werden muß. Genaugenommen gibt es jetzt keine individuellen, sondern nur noch familienbezogene Entscheidungen.

Am brisantesten ist die Frage, wie sich die Rollenaufteilung denn nun gestalten wird. Wer geht arbeiten, wer bleibt zu Hause? Wie werden die anfallenden Arbeiten aufgeteilt? Steckt der Mann zurück, um auch seiner Partnerin eine Berufstätigkeit zu ermöglichen?

Derjenige Partner, der die Hausfrauen- bzw. Hausmannrolle übernimmt, wird in den meisten Fällen materiell abhängig sein. Dies ist eine Abhängigkeit, die sehr weitreichende Folgen hat. Lebenschancen, Entscheidungsmöglichkeiten und Selbstbestimmung sind eng daran geknüpft. Neue Abhängigkeiten entstehen aber nicht nur in bezug auf die Arbeitsaufteilung, die Gestaltung der Freizeit und in materieller Hinsicht. Auch in der Kindererziehung müssen Verhaltensweisen und Ansichten aufeinander abgestimmt werden. Jeder ist von den Konsequenzen der Erziehungsvorstellungen des anderen mitbetroffen:

«... in vielen Kleinigkeiten zeigt sich, daß wir doch unterschiedliche Vorstellungen haben, was Sauberkeit, Hygiene oder auch was das Gewährenlassen betrifft. Ich bin da in allem lascher als Daniela, oft einfach aus Faulheit. Mir macht es nichts aus, Jakob auch mal in schmutzige Klamotten zu stecken, und wenn er Tisch und Wände bekleckert, muß das auch nicht gleich wieder saubergemacht werden. Daniela sieht das anders; sie hat zwar beileibe keinen Reinlichkeitsfimmel, aber im Grunde ist sie ordentlicher als ich, tritt auch im Verhältnis zu Jakob für mehr Geradlinigkeit ein, während ich sprunghafter bin, heute was verbiete, was ich morgen durchgehen lasse. Oft sind es nur nichtige Anlässe, bei denen es zu Meinungsverschiedenheiten zwischen uns kommt, aber in Situationen, in denen ich ohnehin genervt bin, führt das schon zu Reibungen.»[1]

Bei manchen Eltern lösen die unterschiedlichen Erziehungsvorstellungen ständige Auseinandersetzungen aus. Wenn die Zuständigkeit für das Kind nicht bei einem Partner allein liegt, sind Konflikte im Prinzip unvermeidbar.

Auch unterschiedliche Interessen und Lebensgewohnheiten

der Partner bekommen jetzt ein ganz anderes Gewicht und müssen meist verändert werden. Dies wird z. B. beim Umgang mit Geld deutlich. Da Paare mit Kindern, egal zu welcher Arbeitsaufteilung sie sich entschließen, im allgemeinen weniger Geld als früher zur Verfügung haben, müssen sie anders wirtschaften, als wenn zwei Vollverdiener da sind. Man muß sich einigen, wofür man die knapperen finanziellen Mittel ausgibt und welche Bedürfnisse bevorzugt befriedigt werden.

Während vorher jeder in gewissem Umfang in seiner eigenen Welt leben konnte, muß er jetzt an der Welt des anderen teilnehmen, ob er will oder nicht. Besonders für Paare, die vor der Geburt des Kindes großen Wert auf ihre Autonomie legten und deshalb auch in getrennten Wohnungen lebten, ist dies eine schwierige Umstellung. Gerade weil sie ihre eigenen Interessen und Lebensgewohnheiten beibehalten wollten, hatten sie ja diese Lebensform gewählt, die jedem seinen eigenen, unabhängigen Lebensbereich gewährte und viele als unnötig angesehene Konflikte vermeiden half. Nicht wenige kinderlose Paare klammern heute auch die Frage einer gemeinsamen Zukunft aus ihrer Beziehung aus:

«In der Zeit, bevor das Kind kam, wollte ich eigentlich keine feste Beziehung. Obwohl das, genaugenommen, widersprüchlich war: irgendwo hatte ich schon den Wunsch nach einer festen Beziehung, aber gleichzeitig wollte ich mich doch nicht wirklich festlegen.»

Mit einem gemeinsamen Kind dringt die Dimension Zukunft in die Beziehung ein:

«In unser Leben ist eine neue Dimension eingetreten: mit Jakob haben wir einen Lebenspartner, der uns die nächsten fünfzehn bis zwanzig Jahre begleiten wird, der ein ganzes Leben lang an unserem Leben teilhaben wird. Auch wenn das nun nicht heißt, daß sich Daniela und ich damit auf ewig füreinander festgelegt haben, greift diese Langfristigkeit in unsere Beziehung ein.»[2]

Ein Kind zwingt die Eltern, ob sie wollen oder nicht, sich über ihre gemeinsame Zukunft Gedanken zu machen. In manchen Zweierbeziehungen wird jetzt zum erstenmal darüber gesprochen, wie beide sich die gemeinsame Zukunft vorstellen. Wenn sich hier Gegensätze auftun, die Zukunftsvorstellungen gar unvereinbar sind, ergibt sich ein enormes Konfliktpotential. Ein Vater schildert dies so:

«Meine Vorstellung ist, in einer größeren Gruppe zu leben, mindestens so sechs Erwachsene mit Kindern. Martina hat zwar immer ja gesagt. Letzten Endes stellt sie aber immer so hohe Anforderungen an die Leute, daß keine Möglichkeit besteht, so etwas zu erreichen.

Ich habe immer das Gefühl, daß sie meine Vorstellungen, wie ich leben will, nicht teilt. Sie möchte mich wohl dahinkriegen, daß ich nur mit ihr allein zusammenlebe. Ich habe das Gefühl, es gibt für uns keine gemeinsame Möglichkeit: wenn ich nur mit ihr zusammenlebe, mache ich etwas, was ich nicht möchte. Wenn ich mit anderen Leuten zusammenziehe, mache ich etwas, was sie nicht möchte. Im Moment kann ich mir nur ein einziges gemeinsames Projekt vorstellen, was möglich wäre: wenn sie irgendwo ein Frauenprojekt aufzieht, was sie sehr gerne machen würde, und ich sagen würde, okay, ich mache da den Hausmeister, dann würde sie vielleicht einverstanden sein.»

Wenn in einer Beziehung die gemeinsamen Vorstellungen unterschiedlich sind, muß einer entweder seine Vorstellungen aufgeben und sich den Vorstellungen des anderen unterordnen, oder aber er träumt insgeheim von anderen Möglichkeiten, die sich vielleicht eines Tages ergeben mögen. Für seinen Partner wird er nicht wirklich offen sein können, da für etwas ganz Wesentliches, nämlich seine Lebensträume, in der Beziehung kein Raum ist. Wenn es nicht zur Trennung kommt, können Mann und Frau wegen des Kindes zwar viele Jahre zusammenbleiben, aber sie bejahen diesen Zustand nicht wirklich. Das wird meist daran deutlich, wie die Partner im Alltag miteinander umgehen. Manche kritisieren beispielsweise viel aneinander herum oder versuchen, das Selbstwertgefühl des anderen zu zerstören.

Auch das Thema Treue wird plötzlich akut. Dabei ist nicht entscheidend, ob das Paar tatsächlich eine offene Zweierbeziehung praktizierte, also mit anderen Partnern(innen) Nebenbeziehungen hatte, oder ob offene Zweierbeziehung nur bedeutet hat, sich in der Beziehung nicht festzulegen.

Außenbeziehungen sind in der Vorstellung vieler Eltern mit der neuen Situation nur unter großen Schwierigkeiten vereinbar. Die größere Abhängigkeit voneinander und die Anforderungen durch die Betreuung des Kindes wirken hemmend. «Untreue» mit den dazugehörigen Komplikationen und tränenreichen Auseinandersetzungen mögen die Eltern sich und ihrem Kind nicht zumuten. Zudem ist der Zeit- und Freiheitspielraum des einzelnen begrenzt. Wenn es trotzdem zu Nebenbeziehungen kommt, sind diese meist von kurzer Dauer, sie werden oft schon mit dem Bewußtsein eingegangen, daß die Hauptbeziehung auf jeden Fall Vorrang hat. Anders läuft es lediglich dann, wenn einer oder beide Partner ohnehin schon innerlich die Trennung vollzogen haben und in dieser Situation eine «Nebenbeziehung» beginnen.

Der Treueanspruch steigert natürlich auch das Gefühl der Abhängigkeit. Auch das Bewußtsein, daß man durch das gemeinsame Kind dem anderen nie mehr wirklich aus dem Weg gehen kann, kann hier verstärkend wirken. Da sich nach der Geburt eines Kindes häufig die alten Freunde zurückziehen, scheint der einengende Rückzug auf die Paarbeziehung unvermeidlich.

Die Schwelle für eine Trennung wird erheblich höher, da beide Eltern eine Beziehung zum Kind haben und auch mit dem Kind zusammenleben wollen. Bei nichtehelichen Lebensgemeinschaften kommt hier noch die Angst des Vaters hinzu, die Mutter, die das alleinige Sorgerecht hat, könne dem Vater bei einer Trennung den Umgang mit dem Kind verbieten.

So wird häufig der Gedanke an eine Trennung weit weggeschoben; das Paar entwickelt die Tendenz, sich auf eine Beziehungssituation einzurichten, die es ohne Kind nie hingenommen hätte. Mit einem Kind wird eine Beziehung auch ohne Trauschein immer eheähnlicher:

> «In der Zeit vor Jakobs Geburt war für mich ein wesentlicher Grundstein für unsere Beziehung das Bewußtsein, uns immer wieder neu füreinander entscheiden zu können. Ich glaube, diese Verweigerung, unser Zusammensein als etwas Endgültiges, Unausweichliches zu begreifen, hat uns in schwierigen Phasen geholfen, offen zu einander zu sein und neue Wege zueinander zu finden.» [3]

Wenn man sich des anderen sicher ist, kann das zwei prinzipiell sehr unterschiedliche Auswirkungen haben. Die einen erleben diese Sicherheit als etwas, was sie von vielen unnötigen Ängsten befreit und in der Beziehung zum anderen offener macht, für andere bewirkt das Gefühl der Sicherheit das genaue Gegenteil: das Bemühen umeinander läßt nach, die Beziehung schläft ein.

Mann/Frau nehmen die Beziehung als eine Selbstverständlichkeit hin. Sie wird zum Alltag. Weil sie eine äußere Klammer hat – nämlich das Kind –, existiert sie im Prinzip auch ohne das ständige Bemühen um Nähe, Lebendigkeit, Intensität und gemeinsam erlebte Höhepunkte weiter.

Nach der Geburt eines Kindes stellt sich die Frage nach Autonomie und Abhängigkeit in einer Beziehung völlig neu. Wer Abhängigkeitsverhältnisse vorher nach Möglichkeit vermieden und ein starkes Autonomiebedürfnis hat, wird mit der neuen Situation große Schwierigkeiten haben. Das Kind zwingt sie nämlich alle, einen Schritt zu tun, den sie ohne Kind wahrscheinlich nie getan hätten: sie lassen sich auf eine Beziehung ein, in der sie in einem Maß abhängig sind, wie es ihnen vorher nicht vorstellbar war.

Die Reaktionen auf die neue Situation können sehr unterschiedlich sein. Am deutlichsten treten die Probleme in der Sexualität zutage. Viele Paare berichteten, daß einer oder beide Partner eine kurze oder auch länger dauernde sexuelle Beziehung zu einem anderen Partner(-in) hatten. Dies war zwar häufiger bei Männern der Fall, war aber auch bei Frauen keine Seltenheit mehr:

> «Bei mir kam nämlich ein Gefühl der Abhängigkeit auf. Ich fühlte mich nicht mehr als Person, sondern ‹nur› noch als Mutter und Hausfrau, ganz für die Familie. In dieser Zeit bin ich auch fremdgegangen. Mir ist heute klar, daß es wie eine Rachefeldzug gegen Christian war. Ich wollte ihm zeigen: Ich bin nicht auf dich angewiesen, ich kann auch anders. Christian war sehr verletzt.»[4]

Das Fremdgehen hat hier einen doppelten Sinn: zum einen beweist sich die Frau selbst, daß sie auch in der neuen Situation ihre Autonomie bewahren kann. Ihre Abhängigkeit relativiert sich, wenn es noch anderen Möglichkeiten für sie gibt. Zum anderen «bewältigt» sie ihre Angst vor Nähe dadurch, daß sie ihren Mann auf Distanz hält. Die Nähe, die durch das sexuelle Zusammensein mit ihm entstehen würde, wird in einer Situation, in der sie die Beziehung insgesamt als sehr eng und verpflichtend erlebt, von ihr offensichtlich in besonderer Weise als bedrohlich empfunden.

«Solange wir dauernd miteinander gestritten haben, konnten wir sehr gut miteinander schlafen. Jetzt, wo wir uns besser verstehen, klappt es nicht mehr so recht. Ich habe jetzt, wo ich mich in der Beziehung viel wohler fühle, komischerweise auch weniger Lust als vorher.»

Auch hier spielt Sexualität eine wesentliche Rolle bei der Herstellung von Nähe. Wenn sich die Partner aber emotional sehr nahe sind, wird die Intensität, die die körperliche Vereinigung schafft, bedrohlich und muß gemieden werden. Lediglich solange emotionale Distanz durch das Streiten da ist, kann die Nähe im sexuellen Zusammensein zugelassen werden, weil sonst die Gefahr besteht, vom anderen zu sehr abhängig zu werden.

Sexuelles Fremdgehen als «Flucht» vor Abhängigkeit bleibt für eine Paarbeziehung auch dann, wenn es sich nur um eine vorübergehende Episode gehandelt hat, nicht ohne Folgen. Eine Frau, deren Mann in den ersten Wochen nach der Geburt eine Beziehung mit einer anderen Frau begonnen hatte, erzählt:

«Das hat mich ganz enorm getroffen. Ich empfand das als einen Betrug an unserer Situation. Er hat sich nicht eingelassen auf unsere Situation. Wir haben zusammen ein Kind gekriegt, und ich konnte sehen, wie ich mit der Situation umgehe. Er hat einfach etwas anderes gemacht. Mich hat er mit der Situation, die wir gemeinsam geschaffen haben, einfach stehenlassen. Vor so einer Einstellung habe ich Angst. Ein grundsätzliches Mißtrauen ihm gegenüber ist da zurückgeblieben. Daß es wieder so passiert, daß ich sehen muß, wie ich allein zurechtkomme.»

Da diese Frau in ihrer Hausfrauensituation in besonderer Weise von ihrem Mann abhängig war, hat sie die Demonstration seiner Unabhängigkeit in mehrfacher Hinsicht getroffen. Sie fühlte sich seinem Handeln hilflos ausgeliefert. Obwohl er seine Außenbeziehung nach kurzer Zeit wieder aufgab, bleibt bei der Frau ein grundsätzliches Mißtrauen zurück. Da der Mann in der unabhängigeren Position des Ernährers und die Frau in der abhängigeren Position der Hausfrau bleibt, kann sich die Erfahrung, vom Mann im Stich gelassen zu werden, auch in anderen Situationen wiederholen.

Daß auch der Mann durch die Erfahrung seiner eigenen Abhängigkeit veranlaßt wurde, eine andere Beziehung anzufangen, gerät dabei völlig aus dem Blick. Für ihn kann das Gefühl der Abhängigkeit auch deswegen so bedrohlich sein, weil sie ihn an frühe Kindheitserfahrungen erinnert. Die Frau als Mutter läßt in ihm unbewußt die Beziehung zu seiner Mutter und an deren scheinbare Allmacht aufleben. Indem er sich seine Autonomie durch die Beziehung zu einer anderen Frau beweist, versucht er gleichzeitig auch seine Angst vor Abhängigkeit zu bewältigen.

Probleme mit Autonomie und Abhängigkeit sind meist der Grund, daß auch dann Hilfe und Unterstützung des Partners nicht in Anspruch genommen werden, wenn man sie dringend nötig hätte:

> «Ich meinerseits hätte Unterstützung dringend gebraucht, konnte sie aber nicht wirklich annehmen; ich hatte Angst, abhängig zu werden, die Autonomie zu verlieren, die ich mir im Laufe der Jahre so mühsam errungen hatte.» [5]

Von Nachteil kann aber auch sein, wenn man sich zu sehr auf die neue Situation einläßt. Ein Vater erzählte mir, daß er nach der Geburt für einige Zeit alle seine Entscheidungen an den Erfordernissen der Familie ausgerichtet hatte, bis er merkte, daß er sich damit total aufgegeben hatte. Daraufhin fiel er in das andere Extrem und stellte sein individuelles Wachstum in den Vordergrund. Zu Hause war er nicht mehr bereit, von seinen Bedürfnissen allzu große Abstriche zu machen und beteiligte sich deshalb auch an der Kinderarbeit nur in dem Umfang, wie es seinen Bedürfnissen entsprach. Seine größere Abhängigkeit nach der Geburt konnte er nicht wirklich akzeptieren.

Wenn die eigene Entwicklung in den Vordergrund gestellt wird, kann ein Gefühl von Autonomie zwanghaft aufrechterhalten werden. Das starre Festhalten am eigenen Autonomiestreben erlaubt jedoch keine Anpassung an die neue Situation. Es kommt zum hilflosen Rebellieren gegen das eigene «Schicksal».

Für die Zweierbeziehung hat ein solches verkrampftes Autonomiestreben natürlich verheerende Folgen, wird doch der andere Partner mit der Bewältigung der Situation weitgehend alleingelassen. Daß Männer im allgemeinen ihre Probleme mit der Abhängigkeit vor allem durch Abgrenzung «lösen», wirkt sich hier besonders fatal aus. In extremen Fällen kann diese Abgrenzung sogar so weit gehen, daß sich der Mann aus der Beziehung nach und nach zurückzieht und es schließlich sogar zur Trennung kommt.

Die heutigen Beziehungsleitbilder betonen vor allem Autonomie und Selbstbestimmung. Nach der Geburt eines Kindes sind

Eltern in einer Weise aneinander gebunden, wie die meisten es vorher nie erwartet haben. Ob Mann und Frau mit der neuen Situation zurechtkommen, hängt entscheidend davon ab, ob sie sich innerlich darauf einlassen können oder nicht. Wenn sie kein positives Verhältnis zu ihrer neuen Abhängigkeit entwikkeln können und ihre alten Selbstbilder der autonomen Frau bzw. des autonomen Mannes nicht den veränderten Umständen anpassen können, werden sie frustriert ihrer alten Freiheit nachtrauern.

6. Von der Euphorie zum Leiden an der Realität

Wenn man die Entwicklung von Zweierbeziehungen während des ersten Lebensjahres des Kindes betrachtet, läßt sich feststellen: die Euphorie der ersten Zeit ist einer Ernüchterung wegen der vielen Konflikte und Probleme gewichen, die sich nach und nach eingestellt haben.

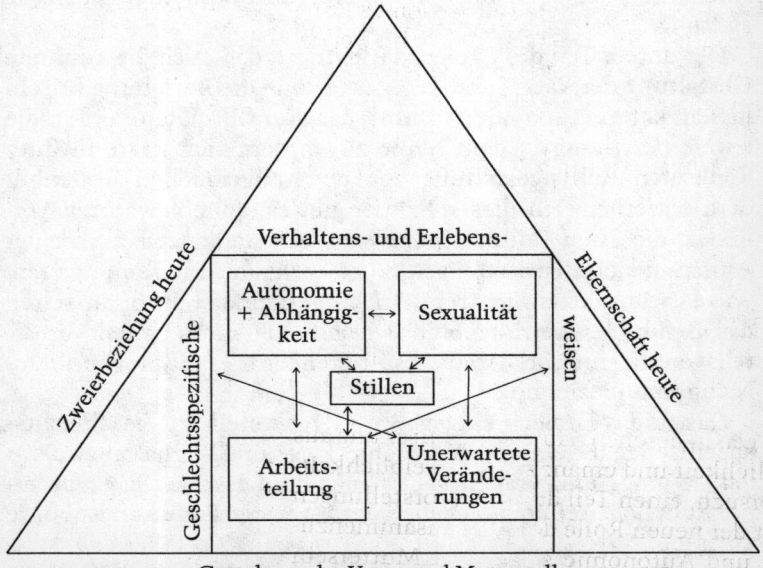

95

Die Ursachen der Krise nach der Geburt lassen sich in dem Schaubild auf S. 95 darstellen.

Das äußere Dreieck macht die Rahmenbedingungen der Beziehungskrise nach der Geburt deutlich: Zweierbeziehung heute, Elternschaft heute und die heutige Gestaltung der Vater- und Mutterrolle. Ganz generell läßt sich sagen: je entschiedener Mann und Frau sich vor der Geburt an den Beziehungsleitbildern von Autonomie und Selbstverwirklichung orientiert haben, um so umfassender müssen sie sich nach der Geburt umorientieren. Ein großer Teil der hier beschriebenen Konflikte hat seine Ursache darin, daß die durch das Kind entstandene Beziehungssituation weit entfernt ist von den eigenen Traum- und Leitbildern und die Eltern sich mit den Veränderungen nicht so ohne weiteres abfinden können, sondern darum kämpfen, möglichst viel von ihren vorherigen Vorstellungen in ihr «neues» Leben hinüberzuretten.

Das Schaubild zeigt weiterhin auf, daß auch die Praxis des Elternseins eine grundlegende Ursache für die Krise nach der Geburt darstellt. Die konkrete Form der Kinderbetreuung, die Erziehungsvorstellungen und die gesellschaftlichen Bedingungen der Kinderarbeit begrenzen die Möglichkeiten autonomer Lebensgestaltung.

Der untere Teil des Dreiecks illustriert, daß auch die konkrete Gestaltung der Vater- und der Mutterrolle die Beziehung kriseln lassen kann. Auch hier nimmt das Konfliktpotential für die Zweierbeziehung in dem Maße zu, in dem sich Paare in ihrer konkreten Rollengestaltung von den traditionellen Rollenbildern entfernen. Für diesen Schritt gibt es keine bewährten Vorbilder: die alten Rollen sind zwar nicht mehr lebbar, aber der Aufbau neuer Identitäten geht auch nicht in dem Tempo voran, wie es wünschenswert wäre. Im Vordergrund steht nicht selten das Gefühl der Zerrissenheit zwischen neuen und alten Verhaltensweisen mit den daraus resultierenden Zerreißproben in der Mann-Frau-Beziehung.

Das in das Dreieck eingepaßte Viereck stellt die geschlechtsspezifischen Erlebens-, Wahrnehmungs- und Verhaltensweisen dar. Männer und Frauen scheinen häufig in zwei ganz unterschiedlichen Welten zu leben, die nur wenige Berührungspunkte zulassen.

Insbesondere beim Punkt Stillen und beim Punkt Sexualität ist deutlich geworden, daß das Erleben der Frau nach der Geburt nicht unwesentlich auch von den körperlichen Veränderungen und ihre neuen Körpererfahrungen bestimmt ist; während sich für den Mann durch die Geburt körperlich gar nichts verändert.

Unterschiedliche Körpererfahrungen bedingen aber nicht nur ein unterschiedliches Erleben, sondern auch eine andere Sichtweise vieler Geschehnisse. Der Mann neigt auf Grund seiner geschlechtsspezifischen Sozialisation dazu, Probleme mit sich selbst auszumachen und Gefühle nicht direkt auszusprechen. Er geht mit Konflikten vorwiegend rational und argumentierend um, «funktioniert» unabhängig von seinen Gefühlen. Frauen nehmen Spannungen schneller wahr als Männer und reagieren auch unmittelbar emotional darauf. Unterschiedliche Erlebens- und Reaktionsweisen von Mann und Frau können die Verständigung erschweren und im Extremfall sogar unmöglich machen. Geschlechtsspzifische Erlebens- und Verhaltensweisen spielen in alle für die Zeit nach der Geburt typischen Konflikte mit hinein.

Ihre konkrete Ausprägung erhalten die Konflikte freilich durch die Individualität der handelnden Personen. Die Pfeile in dem Schaubild machen deutlich, daß jeder Konflikt den anderen bedingen oder zumindest verstärken kann:

«Unser Verhältnis hat sich seit Lennes Geburt so stark verändert, daß ich an manchen Tagen denke, es geht nicht mehr weiter. Anfangs war es besser, bis auf die Sexualität, auf die ich noch zu sprechen komme. In den ersten Monaten waren wir voller Euphorie, alles war aufregend und spannend. Wir waren zwar immer so müde, daß wir gar nicht dazu kamen, über uns zu reden. Wir dachten aber, daß sich das wieder ändert. Aber es hat sich nicht oder kaum geändert. Wir fühlen uns so gefordert von unserem Sohn, sind immer müde und abgeschlafft, daß unsere Beziehung ganz hintansteht.

Christian hat vor kurzem sein Studium abgeschlossen, so daß er das letzte halbe Jahr mit der Prüfungsvorbereitung beschäftigt war. Ihm blieb gerade noch etwas Zeit, sich abends um Lenne zu kümmern. In dieser Zeit fühlte sich jeder vom anderen unverstanden. Ich, in meiner Rolle als Mutter und Hausfrau, dachte immer: Wie soll er es sich vorstellen können, wenn er erst abends nach Hause kommt, was für ein Stress es manchmal ist, den ganzen Tag mit dem Kind zusammenzusein? Christian wiederum hatte das Gefühl, daß ich seinen Prüfungsstress nicht erkannte und zuviel von ihm forderte, wenn er abends kaputt nach Hause kam. Es war eine schlimme Zeit. Für mich ist es auch nicht verwunderlich, daß es mit unserer Sexualität nicht mehr klappt. Es fing eigentlich schon in der Stillzeit an. Ich hatte keine Lust, mit Christian zärtlich zu sein. Mein ganzer Körper war aufs Stillen eingerichtet. Meine Zärtlichkeit habe ich nur diesem kleinen Wesen gegeben. Zärtlichkeiten, die von außen, das heißt von Christian, kamen, haben mich gestört, und ich habe sie sofort abgeblockt. Ich habe in dieser Zeit gedacht, daß es sich ändert, wenn ich nicht mehr stille. Acht Monate lang habe ich gestillt, aber danach wurde es nicht besser. Bei mir kam nämlich ein Gefühl von Abhängigkeit auf. Ich fühlte mich nicht mehr als Person, sondern ‹nur› noch als Mutter und Hausfrau, ganz für die Familie. In dieser Zeit bin ich auch fremdgegangen. Mir ist heute klar, daß es wie ein Rachezug gegen Christian war. Ich wollte ihm zeigen: Ich bin nicht auf dich angewiesen, ich kann auch anders. Christian war sehr verletzt. Wir haben beide unter diesem Machtkampf gelitten. Er hat noch nicht aufgehört, stellt sich heute nur anders dar, in Streitigkeiten um Lappalien zum Beispiel, und eben in der Sexualität, wo wir uns oft aus dem Wege gehen.» [1]

Die Schilderung illustriert, daß alle Konflikte und Probleme miteinander zusammenhängen und sich gegenseitig bedingen und verstärken. Wenn beispielsweise nur das Stillen die Ursache für die sexuellen Probleme gewesen wäre, hätte sich das sicherlich nach dem Abstillen wieder einrenken lassen. Da aber gleichzeitig noch das Leben in verschiedenen Welten hinzukommt, vertieft sich der Graben. Die Überlastung durch die Betreuung des Kindes, die allgemeine Müdigkeit und der vorhandene Zeitmangel taten ein übriges, um die Kommunikation unter den Partnern immer mehr zu erschweren. Das Fremdgehen gibt der Beziehung einen weiteren Knacks. Die daraus folgenden Streitereien und die Wut aufeinander machen ein neues Aufeinander-zu-Gehen unmöglich. Beide stehen rat- und hilflos da und wissen nicht weiter: Sie können die eingetretene Entfremdung nicht aus eigener Kraft überwinden, obwohl sie sich nicht damit abfinden wollen.

V. Neue Mütterlichkeit und neue Väterlichkeit

1. Die mütterlichen Väter

Die Vaterrolle hat sich in den letzten Jahren grundlegend gewandelt. Die «neuen» Väter wollen heute nicht nur Schwangerschaft und Geburt bewußt miterleben, sondern sich auch an der Säuglingspflege beteiligen. Babies sind für diese Väter nicht mehr fremde Wesen, sondern ihre Kinder, deren Äußerungen und Bedürfnisse sie zu deuten wissen und mit denen sie auch mal allein, ohne die Mutter zurechtkommen können. Das Vaterleitbild hat sich so weit gewandelt, daß auch die traditionellen Väter es nicht mehr für lächerlich oder unmännlich halten, wenn Männer sich vom ersten Lebenstag an um ihre Kinder kümmern.

Die veränderten Vorstellungen über das Vatersein sind das Ergebnis schon längerdauernder gesellschaftlicher Umwälzungsprozesse. Hier spielt nicht nur der Druck von Frauen eine große Rolle, die Kinder und Beruf miteinander vereinbaren wollen und deshalb auf die Unterstützung des Mannes in besonderer Weise angewiesen sind. Schon lange vor der Frauenbewegung ist hier etwas in Bewegung geraten, was in seiner Vielschichtigkeit erst allmählich deutlich wird. So weist die amerikanische Feministin Barbara Ehrenreich an Hand einer Untersuchung der Zeitschrift *Playboy* nach, daß schon in den fünfziger Jahren unter amerikanischen Männern eine Rebellion gegen die «Knechtschaft der Ernährerrolle» entstanden ist, die vom *Playboy* aufgegriffen wurde. Der *Playboy* machte sich damals zum Sprachrohr derjenigen Männer, die nicht mehr länger ihren einzigen oder hauptsächlichen Daseinszweck in der Herbeischaffung eines möglichst hohen Familieneinkommens sehen wollten.

Der *Playboy* stand am Anfang dieser Entwicklung, den Endpunkt bildeten die Gegenkulturbewegungen der späten sechziger und der siebziger Jahre. Heute – so Barbara Ehrenreich – hat die männliche Rebellion ihr Ziel erreicht: Die Ernährerethik ist zusammengebrochen[1], die klassische Ernährerrolle hat an Selbstverständlichkeit verloren.

Wenn ein Mann heute seine schwangere Freundin heiratet, dann nicht in erster Linie auf Grund einer Verpflichtung, sondern weil er es will. Vaterschaft begründet heute nicht mehr automatisch einen Familienzusammenhang, beinhaltet heute nicht mehr unbedingt die Verpflichtung, für die materielle Versorgung der Mutter aufzukommen.

Die neuen Väter verstehen unter Verantwortung für ein Kind heute etwas anderes. Die materielle Versorgung des Kindes spielt dabei nicht mehr die vorrangige Rolle. Im Vordergrund steht die Beziehung zum Kind, das Dasein für dessen Bedürfnisse und die emotionale Unterstützung bei seiner Entwicklung.

Das neue Vaterverhalten ist im Gegensatz zum alten, welches sich auf gesellschaftliche Normen und Zwänge gründete, nicht von außen, sondern von innen motiviert. Vaterverhalten hat heute primär etwas mit den eigenen Bedürfnissen des Mannes zu tun, während es früher eher das Ergebnis von Rollenkonformität war, die heute nur noch selten allein maßgebend sein wird. Entscheidend ist die eigene innere Bereitschaft des Mannes, seinem Kind ein Vater zu sein, der da ist, wenn das Kind ihn braucht.

Diese innere Bereitschaft hat ihren Ursprung in der vaterlosen Gesellschaft der Kriegs- und Nachkriegszeit, die die heutige Vätergeneration geprägt hat. Väter spielten in dieser Zeit eine immer geringere Rolle bei der Erziehung ihrer Kinder; immer mehr Vaterfunktionen gingen auf die Mütter bzw. die Gesellschaft über. Dies hatte tiefgreifende Auswirkungen auf das Mutter-Sohn-Verhältnis: «In der vaterlosen Gesellschaft wider Willen isoliert, bestimmt nur noch die Mutter die Entwicklung zum Mann.»[2] Durch die Dominanz der Mutter müssen sich die Söhne «notwendigerweise in Richtung einer stärkeren weiblichen Identifikation entwickeln»[3]. Gleichzeitig ist eine tiefe Verunsicherung in ihrer Geschlechtsrolle unvermeidbar. Wenn solche Männer dann Väter werden, können sie einerseits ihr Vatersein im Unterschied zum Muttersein nicht positiv bestimmen, da sie selbst «vaterlos» aufgewachsen sind und kein positives Vaterbild haben, andererseits ist bei ihnen eine innere Bereitschaft zur Übernahme von Mutterfunktionen vorhanden, die mit der Identifizierung mit weiblichen Normen, Werten und Fähigkeiten in ihrer Kindheit zu tun hat. Das ist auch der Grund, weshalb es den neuen Vätern bisher noch nicht gelang, ein eigenständiges Selbstbewußtsein als Vater zu entwickeln. Da sie sich am mütterlichen Vorbild orientieren, sind sie mütterliche Väter und konkurrieren mit der Frau um die Übernahme der Mutterrolle. Der mütterliche Vater möchte eigentlich eine Mutter sein, genauer, eine Supermutter. Insgeheim möchte mancher Vater beweisen, daß er die bessere Mutter ist.

Männern wird in ihrer Erziehung beigebracht, in Konkurrenzsituationen nicht klein beizugeben. Konkurrenz ist die Bewährung der eigenen Männlichkeit. Ein «richtiger» Mann muß sich behaupten können und gibt sich nicht mit dem zweiten Platz zufrieden.

Der Mann hat in seiner Erziehung zwar kein Vatervorbild gehabt: um ein Mann werden zu können, muß der Junge sich jedoch von der Mutter abgrenzen. Dies gilt auch dann, wenn der Junge weibliche Normen und Eigenschaften verinnerlicht hat und die Mutter wegen ihrer Weiblichkeit bewundert.

Ohne Vater aufzuwachsen bedeutet nicht, ohne männliche Leitbilder zu sein. Der Vater ist zwar als Vater bedeutungslos, die gesellschaftlichen Leitbilder von Männlichkeit existieren trotzdem unbeschadet weiter: Anerkennung und Bewährung im Beruf, Leistungen in der Öffentlichkeit.

Dieses Männlichkeitsideal schließt aktive Vaterschaft nahezu aus. Der Mann kann dann zwar im biologischen Sinne Vater werden. Vatersein ist für ihn aber eine Nebenrolle, die seinen anderen männlichen Interessen weitgehend kompromißlos untergeordnet wird. Im Leben der Kinder spielt ein solcher Vater praktisch keine Rolle. Seine Funktion beschränkt sich auf die Ernährung der Familie. Solche Männer fühlen sich als Väter in der Familie oft überflüssig. Um so wichtiger und unentbehrlicher wird aber für ihr psychisches Gleichgewicht die Berufsarbeit, und damit schließt sich der Teufelskreis.

Diese Entwicklung von Vaterschaft und Männlichkeit begründet in der heutigen Vätergeneration zwei Tendenzen:

Das herrschende Männlichkeitsbild läßt für immer mehr Männer Vaterschaft als einen Status erscheinen, der nicht sonderlich attraktiv ist, weil er die männlichen Entfaltungsmöglichkeiten beschränkt.

Die zweite, dem entgegengesetzte Tendenz ist die Bereitschaft zur Übernahme von Mutterfunktionen. Wenn der Mann sich auf das Kinderkriegen einläßt, will er nicht mehr abseits stehen, sondern hat den Wunsch, im Leben des Kindes eine wichtige Rolle zu spielen.

Diese zwei in sich widersprüchlichen Tendenzen bestehen im neuen Vater nebeneinander und machen seine Zerrissenheit aus. Da ist auf der einen Seite das Bedürfnis, mit dem Kind möglichst viel zu tun haben zu wollen, und auf der anderen Seite das Gefühl, daß darüber das «Eigentliche», die männlichen Interessen (Beruf, Hobbies, Verwirklichung bestimmter Ideen) zu kurz kommt. Dieser Widerspruch kann nur dadurch aufgehoben werden, daß sich das Männlichkeitsideal verändert und das männliche Wertsystem umgekrempelt wird. Das aber wird ganz sicher nicht von einer Generation zu bewerkstelligen sein. Der Vater, der nicht nur materiell Verantwortung für sein Kind übernehmen will, erfährt kaum gesellschaftliche Unterstützung. Will er z. B. im Beruf kürzer treten, muß er oft gegen die Vorurteile seines Arbeitgebers ankämpfen. Halbtagsarbeit oder reduzierte Arbeitszeit wird in aller Regel Frauen sehr viel unproblematischer zugebilligt als Männern. Ihm wird unterstellt, daß es ihm an dem nötigen Leistungswillen und der nötigen Leistungsbereitschaft mangele.

Die Probleme, die sich für ihn bei der Umgestaltung seiner Vaterrolle ergeben, werden zu individuellen Problemen gemacht: finanzielle und sonstige Nachteile sind sein privates Problem. Wie wenig Wert die Gesellschaft auf die neuen Väter legt, wird schon während der Schwangerschaft für viele Väter konkret erfahrbar. Wenn von der Umgebung das Erleben und die Gefühle des werdenden Vaters nicht ernst genommen und beachtet werden, kann er sich selbst auch nicht wirklich ernst nehmen.

Gleichzeitig wird ihm von allen möglichen Seiten vermittelt, daß sein Beitrag zur Entwicklung des Kindes eigentlich entbehrlich ist. Die Ansicht, daß nur die Mutter in der frühkindlichen Entwicklung der ersten ein bis drei Jahre eine wichtige Rolle spielt, ist auch heute noch weit verbreitet. Auch manche Feministinnen werden nicht müde, die Abschaffung der Väter zu propagieren. Sie werden nicht nur als überflüssig angesehen, sondern auch als Störenfriede der Mutter-Kind-Beziehung. Kinderkriegen ohne Vater wird hier zu einem Akt der Befreiung von den Zwängen der Männerherrschaft hochstilisiert.

Aber nicht nur die mangelnde gesellschaftliche Unterstützung und Anerkennung macht dem neuen Vater zu schaffen. Auch die inneren Widersprüche seiner neuen Rolle können dazu führen, daß seine Bereitschaft zu einem anderen Vatersein nicht zum Tragen kommt. Ein neuer Vater zu sein bedeutet, mit einer ständigen Kränkung des eigenen Selbstwertgefühls klarzukommen. Dies hat seinen Grund nicht nur in der Symbiose, die zwischen Mutter und Kind durch das Stillen entsteht, sondern auch in dem Vorsprung, den die Frau durch ihr spezifisch weibliches Verhaltensrepertoire im Umgang mit Kindern hat. Einfühlungsvermögen, emotionale Fähigkeiten und beziehungstiftendes Verhalten sind nach wie vor eine weibliche Domäne. Auch die Erziehung zur Mutterschaft und die jahrtausendealte Spezialisierung der Frau auf Kindererziehung stellen den Vater in den Schatten.

Alles entwickelt sich ganz anders, als der Mann es sich vorher vorgestellt hat. Die Situation des ersten halben Jahres, in dem das Kind meist ganz auf die stillende Mutter fixiert ist, wird sich zwar, das kann er sich mit dem Kopf klar machen, mit dem Älterwerden und dem Abstillen des Kindes allmählich verändern, aber eben nur rational, über den Kopf.

Man mag es für Ironie des Schicksals halten. Obwohl der Mann seine typische Männerrolle, unabhängig von seinen Gefühlen zu funktionieren, über eine andere Gestaltung seines Vaterseins verlassen wollte, zwingt ihn eben dieses Vaterdasein erneut in das alte Korsett. Nur wenn er von seinen Gefühlen absieht und ganz rational seinen Kopf und seinen Willen zum Durchhalten einsetzt, kann er seine Vaterrolle im ersten Jahr durchstehen.

Die Kränkung des väterlichen Selbstwertgefühls kann sich auch, wenn das Kind älter wird, fortsetzen. Auch wenn das Kind später den Vater als wichtige Beziehungsperson wahrnimmt und ihm das deutlich zeigt, kann es die Mutter nach wie vor eindeutig bevorzugen. Der Vater hat dann nicht nur das Gefühl, daß er für das Kind zweitrangig ist, sondern er hat auch das Gefühl, daß er den Vorsprung, den die Mutter durch die Symbiose der ersten Zeit hat, nie mehr aufholen kann. Um so mehr, wenn die Mutter-Kind-Beziehung sich nach wie vor sehr eng gestaltet und wenig Raum für eine andere Person läßt.

Für den Vater ist es deswegen so wichtig, vom Kind Bestätigung zu erfahren, weil seine Motivation zum Vatersein und zu einer neuen Gestaltung seiner Rolle sich an seiner Beziehung zum Kind festmacht. Da es aber keine klar vom mütterlichen Verhalten abgegrenzten Vaterfunktionen mehr gibt und der Vater insgeheim weiblich identifiziert ist, vergleicht er sich ständig mit der Mutter. Seinen eigenen Ansprüchen und seinem Selbstbild kann er nicht gerecht werden, auch wenn er sich noch so sehr anstrengt.

Dies ist der Konstruktionsfehler der neuen Vaterrolle: Die weibliche Identifikation führt zwangsläufig zum Gefühl des Versagens. Seine primäre Motivation zur Vaterschaft kann nicht zum Tragen kommen. Gleichberechtigung des Vaters bezieht sich lediglich auf die Aufteilung von Pflichten. Vaterschaft wird zu etwas, was primär über den Kopf gesteuert ist und erst sekundär etwas mit den Gefühlen zu tun hat.

Da ihm die gesellschaftliche Anerkennung für seine Anstrengungen und Mühen immer noch weitgehend versagt bleibt und die Gesellschaft ihm lediglich als Ernährer, also in seiner materiellen Vaterfunktion, Anerkennung zollt, ist sein Verhalten notwendigerweise instabil.

Stets ist es von Rückfällen in traditionelle Verhaltensweisen «bedroht». Angesichts der hier dargestellten Widersprüche und Konstruktionsfehler kann das nicht verwundern.

2. Die neuen Mütter im Zwiespalt

Auch die Vorstellungen heutiger Frauen über ihr Muttersein sind im Umbruch. Altes und Neues existiert dabei, ähnlich wie bei den neuen Vätern, nebeneinander her und kann zueinander in Widerspruch geraten; für zusätzliche Verwirrung sorgt dabei, daß Altes manchmal nur neu etikettiert wird.

Als die Frauenbewegung sich in den siebziger Jahren formierte, geriet die Mutterschaft ins Zentrum der Kritik. Kinder, so wurde gesagt, machen Frauen von Männern abhängig und hindern sie daran, sich selbst zu verwirklichen. Stellvertretend für viele Frauen formulierte die Feministin Alice Schwarzer: «Mutterschaft ist – so wie sie heute verstanden wird – das stabilste Glied in der Fessel von Frauen.»[1] Mutterschaft galt als ein besonders perfider Trick des Patriarchats. Für emanzipierte Frauen kam Kinderkriegen also nicht mehr in Frage.

Diese Meinung behielt allerdings nicht lange unumstrittene Gültigkeit. Gegen Ende der siebziger Jahre wurde der Kinderwunsch in der Frauenbewegung wieder salonfähig. Frauen entdeckten ihre Gebärfähigkeit neu und sahen darin eine spezifisch weibliche Potenz, die sie sich selbstbewußt und vor dem Hintergrund ihres durch die Frauenbewegung gestärkten Körpergefühls in neuer Weise wieder aneignen wollten. Barbara Sichtermann, eine Protagonistin dieser «Bewegung», sprach von der «Emanzipation der Körper»[2].

Was hat sich gegenüber früher verändert? Heutige Frauen wollen nicht zwischen Arbeit, Liebesbeziehung und Kind wählen müssen:

> «In früheren Jahrzehnten haben Frauen, um ihre Selbständigkeit zu erhalten, häufig auf Ehe, noch häufiger auf Mutterschaft verzichtet. Sie haben sich der gesellschaftlich vorgegebenen Alternative – Beruf oder Familie – unterworfen, ja sie manchmal auch bewußt akzeptiert. Inzwischen aber wächst die Zahl derjenigen Frauen, die diese Alternative vehement in Frage stellen. Sie können keinen Platz finden im Angebot einer ‹Wahlfreiheit›, die Wahl zwischen zwei Übeln ist: die Belastungen der sogenannten Doppelrolle oder die Enge des Hausfrauendaseins.»[3]

Mutterschaft ist für diese Frauen kein primäres Lebensziel mehr, dem alle anderen Bedürfnisse und Interessen untergeordnet werden. Muttersein ist nicht mehr gleichbedeutend mit Sich-Aufopfern. Das heißt, daß Mutterschaft nur als Möglichkeit zur Selbstverwirklichung akzeptabel ist und daß sie gleichzeitig andere Möglichkeiten der Selbstverwirklichung (z. B. im Beruf) nicht ausschließen darf.

Stand früher im Zusammenhang mit Mutterschaft die ökonomische Abhängigkeit der Frau im Vordergrund, so ist es jetzt ihre

Abhängigkeit von der Bereitschaft des Mannes zur Beteiligung an der anfallenden Arbeit. Diese Abhängigkeit ist mit der ökonomischen Abhängigkeit allerdings nicht zu vergleichen. Da die Frau meist einen Beruf ausübt und allein ihren Lebensunterhalt verdienen kann, könnte sie das Kind im Prinzip auch allein großziehen. Dies betrachten die meisten Frauen zwar als die schlechtere Möglichkeit, aber immerhin als eine Möglichkeit, deren Vorhandensein allein sie schon autonomer macht. Eine Autonomie freilich, die ihren Preis hat: sie geht einher mit der Überlastung der alleinerziehenden Mutter; neben dem Beruf, der Sorge um das Geld und der Fürsorge für das Kind, bleibt nur noch wenig Raum für die eigenen Bedürfnisse. Alleinerziehende haben es auch in der Gesellschaft nicht einfach, da auf ihre Überforderung keine Rücksicht genommen wird und sie mit der Mißachtung, mit der alleinstehenden Frauen begegnet wird, zu kämpfen haben.

So bleibt doch gar kein anderer Ausweg, als die Beteiligung der Väter zu fordern? Die meisten Frauen würden dies sicherlich bejahen. Sie versprechen sich von der Beteiligung der Väter vor allem, daß sie von den Mühsalen der Kinderarbeit entlastet werden und die schönen Seiten intensiver erleben können.

Die neuen Mütter versuchen sich bewußt Bedingungen zu schaffen, um ihr Muttersein nach ihren Vorstellungen aktiv zu gestalten. Mutterschaft wollen sie bewußt erleben und auskosten. Kein Quentchen Erfahrung soll dabei verlorengehen. Mutterschaft soll keine Last, sondern eine Lust sein.

Daß für die neuen Mütter die Lust so sehr im Vordergrund steht, hat nicht nur mit dem gewandelten Verhältnis zu ihrer Gebärfähigkeit zu tun, sondern auch mit enttäuschten Hoffnungen. Denn die Veränderungen, die die Emanzipation mit sich brachte, waren nicht immer erwünscht. Obwohl die These, daß die «Freiheit der Frau ... zugleich in einem beispiellosen Ausmaß die Freiheit des Mannes mit sich gebracht»[4] hat, der Mann also von der Emanzipation der Frau am meisten profitiert, sehr fragwürdig ist, muß dennoch festgestellt werden, daß viele Frauen im Zuge der Emanzipation nicht unbedingt zufriedener geworden sind. Ein Leben in traditionellen Bahnen erscheint da auf den ersten Blick weniger aufreibend, konfliktärmer und mit den anerzogenen Verhaltens- und Sichtweisen bruchloser vereinbar. Kurzum, angesichts der «Fröste der Freiheit»[5] gibt es auch eine neue Sehnsucht nach einer klaren Orientierung und einem festen Rahmen, der alles einfacher macht. Das Chaos von Ansprüchen, die eigene, untergründige Angst vor Emanzipation und die uneingestandenen Abhängigkeitswünsche bringen soviel innere Zerrissenheit mit sich, daß ein Rückzug auf traditionelles Terrain an Attraktivität gewinnt.

Mutterschaft ist ein solches traditionelles Terrain. Mutter werden und Muttersein macht vordergründig vieles einfacher. Die Bedürfnisse des Kindes schaffen einen Orientierungsrahmen. Vieles braucht nicht mehr vor sich selbst und vor anderen gerechtfertigt zu werden. Mutterschaft entlastet von bestimmten Ansprüchen, schafft freilich wiederum auch neue Ansprüche. Doch gegenüber diesen neuen Ansprüchen fühlt die Frau sich sicherer, da ihre Sozialisation sie in der Regel eher auf künftige Mutterschaft als auf Autonomie und lebenslange Berufstätigkeit vorbereitete.

Die Lust auf Mutterschaft hat zwei Aspekte:

1. eine Art Heilserwartung. Mutterschaft soll da neuen Lebenssinn stiften, wo Erwartungen enttäuscht wurden.

2. Mutterschaft ist nicht einfach nur eine Last, sondern gleichzeitig eine Möglichkeit spezifisch weiblicher Selbstverwirklichung, die andere Möglichkeiten der Selbstverwirklichung keineswegs ausschließen muß.

Obwohl Frauen heute in vielen, ehemals nur Männern vorbehaltenen, gesellschaftlichen Bereichen zu finden sind, ist es ihnen bisher nicht gelungen, in die gesellschaftliche Macht der Männer wirklich einzudringen. Der Kampf beispielsweise um Quotierung von Arbeitsplätzen oder politischen Mandaten in den Parteien hat zwar wichtige Breschen geschlagen, aber bisher nicht den gewünschten Erfolg gebracht. Männermacht stellt sich auf der gesellschaftlichen Ebene immer noch weitgehend ungebrochen dar.

Mutterwerden verändert an der gesellschaftlichen Machtlosigkeit zwar nichts, trotzdem kann Mutterschaft ein Gegengewicht zu gesellschaftlichen Ohnmachtserfahrungen darstellen. Jede Frau hat als Mutter Macht. Die Macht der Mutter ergibt sich aus der Abhängigkeit des Kindes und aus der Exklusivität der Mutter-Kind-Beziehung.

In vielen Gesellschaften, auch in unserer Gesellschaft, ist Müttermacht eine Kompensation und Entschädigung für die gesellschaftliche Ohnmacht von Frauen. Gleichzeitig ist die Gesellschaft auf Müttermacht angewiesen, weil ihre positiven Seiten für eine gesunde Entwicklung des Kindes unverzichtbar erscheinen. Die Sozialwissenschaftlerin Gisela Erler beschreibt dies folgendermaßen:

> «Die Mutter verkörpert und lebt jenes Sich-Einfühlen, dessen Ausleben eine stete Gratwanderung zwischen Vergewaltigung des Kindes und seiner notwendigen emotionalen Einbindung ist. Diese Einfühlsamkeit und diese partielle Distanzlosigkeit von Frauen verkörpern ihre Kraft im Umgang mit ihren Kindern und anderen Personen und zugleich ein gestalterisches Element, das unserer Öffentlichkeit völlig fehlt. In ihnen ist ein positiver Umgang mit Macht angelegt ...» [6]

Die Mutterrolle bietet sich aber nicht nur zur Kompensation gesellschaftlicher Ohnmachtserfahrungen an. Sie kann auch dann besondere Attraktivität gewinnen, wenn die Berufstätigkeit nicht das gebracht hat, was von ihr erwartet wurde. In vielen Berufen wird Frauen, wenn sie vorwärtskommen und erfolgreich sein wollen, mehr abverlangt als Männern. Viele Frauen können und wollen sich mit der Kälte der männerbestimmten Berufswelt nicht arrangieren. Gleichzeitig erleben sie, wie wenig sie als einzelne daran etwas verändern können. Mutterschaft bietet sich hier deswegen an, weil sie verspricht, ein Gegengewicht zu schaffen:

> «Denn im Umgang mit dem Kind können Fähigkeiten wiederentdeckt, Bedürfnisse geäußert werden, die in der technisch-wissenschaftlichen Zivilisation zunehmend verschüttet, aber auch schmerzhaft vermißt werden: Geduld und Gelassenheit, Fürsorglichkeit und Einfühlungsvermögen, Zärtlichkeit, Offenheit, Nähe.» [7]

Mutterschaft ermöglicht in besonderer Weise die Entfaltung jener weiblichen Eigenschaften und Erfahrungen, die in der Berufswelt nur teilweise gefragt sind oder lediglich in fremdbestimmter Form ausgebeutet werden (z. B. in typischen Frauenberufen). Gleichzeitig ist Mutterschaft die einzige Tätigkeit, in der eine Frau als Frau mit ihren spezifisch weiblichen Fähigkeiten gesellschaftliche Anerkennung erhält, auch wenn diese nicht so umfassend ist, wie sich dies viele Mütter berechtigterweise wünschen würden.

Wie Frauen ihre Mutterrolle konkret gestalten, hängt entscheidend davon ab, ob Mutterschaft als eine zusätzliche, spezifisch weibliche Möglichkeit der Selbstverwirklichung neben Beruf und Partnerschaft angesehen wird, oder ob sie eher einen Rückzug auf traditionelles Terrain darstellt, mit dem oft auch anderweitig enttäuschte Hoffnungen kompensiert werden sollen.

Die Antworten auf die Frage an zwei teilzeitbeschäftigte Mütter, ob sie mit ihrer Mutterrolle zufrieden seien, illustrieren dies:

«Ich bin mit Leib und Seele Mutter. Meine Bestätigung finde ich hauptsächlich bei den Kindern. Sicher strengt es mich oft an, und oft nervt es mich auch. Aber im großen und ganzen könnte ich mir nicht vorstellen, keine Mutter zu sein.»

«Zufrieden bin ich mit meiner Mutterrolle schon. Ich habe manchmal aber ein schlechtes Gewissen, weil ich denke, ich bin nicht so eine Göttermutter. Ich habe manchmal das Gefühl, wenn ich andere Mütter sehe, daß mir so viele andere Sachen auch wichtig sind. Mein Kind ist wahnsinnig wichtig, aber es ist für mich nicht das, wofür ich lebe. Es ist nicht so, daß es das ist, was mich total ausfüllt. Es ist eine wahnsinnige Bereicherung, aber mein Beruf ist mir auch sehr wichtig. Zu sagen, die ersten drei Jahre bleibe ich bei meinem Kind, und dann gehe ich wieder in meinen Beruf, das wäre für mich der Horror! Ich habe noch sehr viele andere Interessen und bin auch froh, wenn irgendwer anders sich mit Isa beschäftigt und sich um sie kümmert. Trotzdem habe ich immer auch ein schlechtes Gewissen. Ich denke, ich bin nicht mütterlich genug. Oft denke ich, ich bin ein bißchen kühl oder so. Ich habe zu wenig Behütendes. Ich kann zwar auch zärtlich sein und schmuse auch mal gerne, aber oft habe ich trotzdem das Gefühl, daß ich mich in meine Tochter nicht so richtig einfühlen kann.»

Die erste Antwort macht deutlich, daß Muttersein hier mehr bestimmt wird im Sinne traditioneller Mütterlichkeit: die Kinder sind das Wichtigste im Leben. Die Mutter gewinnt ihre Bestätigung darüber, daß sie die unumstrittene Hauptperson im Leben des Kindes ist und ihm so viel Liebe wie möglich gibt. Zwar bedeutet Muttersein nicht mehr, sich aufzuopfern. Im Gespräch wurde an anderer Stelle aber immer wieder deutlich, daß die eigenen Interessen und der Beruf auch wichtig sind. Der Beruf kommt aber klar an zweiter Stelle.

Anders ist dies bei der zweiten Mutter. Für sie ist die Berufstätigkeit nicht nur unverzichtbar, sondern sie gewinnt darüber schwerpunktmäßig ihre Identität. Mutterschaft ist für ihre Identität als Frau mehr eine Ergänzung, eine «wahnsinnige Bereicherung», wie sie es ausdrückt. Berufsorientierung ist das Zentrale, dem das Muttersein in gewisser Weise untergeordnet wird. Genau an diesem Punkt machen sich aber auch ihre Selbstzweifel und ihr schlechtes Gewissen fest: sie ist sich nicht sicher, ob sie ihrem Kind wirklich eine gute Mutter ist. Ihr eigenes, verinnerlichtes Bild von einer guten Mutter deckt sich nicht damit, wie sie sich als Mutter erlebt.

So geht es vielen neuen Müttern. Der Schatten der alten Mütter ist immer gegenwärtig. Die Erziehung zur Mütterlichkeit, die sich an den alten Vorstellungen von Mütterlichkeit orientierte, hat tiefe Spuren hinterlassen. Für die neuen Mütter gilt wie für die neuen Väter, daß die radikale Umwälzung des Bestehenden nicht in einer Generation zu bewerkstelligen ist. Deshalb gibt es auch nicht *die* neuen Mütter, sondern allenfalls Frauen, die auf dem Weg der Veränderung ihrer überkommenen Rolle schon mehr oder weniger weit vorangekommen sind.

Ein Punkt, der sich bei dieser Veränderung oft als besonders zäh und langlebig erweist, ist das Bedürfnis von Müttern, im Leben des Kindes die unumstrittene Hauptperson zu sein und mit niemandem diese exklusive Stellung zu teilen:

«Obwohl ich mir heute sehr wohl der politischen und natürlich auch der psychischen Wichtigkeit der Arbeitsteilung bewußt bin, hatte ich damals häufig das Gefühl, daß mein Terrain verletzt, meine Kompetenz geschmälert wurde. In all meinen Phantasien hatte ich meine Kinder allein versorgt, und es war höchstens noch ab und zu ein Partner hinzugestoßen, um mich in meiner Machtrolle zu bewundern. Ich hatte überhaupt nicht die Absicht gehabt, mit jemand anderem gemeinsam Kinder großzuziehen.»[8]

Neue Mütterlichkeit ist genau besehen häufig eine Mischung aus Elementen alter Mütterlichkeit und emanzipierter Weiblichkeit. So gesehen ist sie der Versuch, einen Teil der alten Vorstellungen über die Mutterrolle mit der neuen Rolle der Frau zusammenzubringen. Berufstätigkeit und Autonomie sollen mit Muttersein vereinbart werden. Der harte Kern der alten Mutterrolle, die Ausschließlichkeit der Mutter-Kind-Beziehung, welche für viele Frauen einen nicht unerheblichen Teil der Attraktivität des Mutterseins ausmacht, soll aber weitgehend unangetastet bleiben.

3. Die «neuen» Rollen und die Partnerschaft

Die meisten Mütter und Väter sind sich nicht klar darüber, welches enorme Konfliktpotential für ihre Zweierbeziehung in der Neugestaltung ihrer Rollen steckt. Vordergründig scheint alles einfach: indem der Vater sich an der Kinderarbeit in möglichst großem Umfang beteiligt, kann er eine intensive Beziehung zum Kind aufbauen und gleichzeitig seine Frau soweit entlasten, daß sie außer dem Muttersein noch anderen Interessen nachgehen und auch in irgendeiner Form berufstätig sein kann. Alles scheint lediglich eine Frage der richtigen Arbeitsaufteilung und optimalen Organisation zu sein.

In der Realität stellen sich solche Vorstellungen aber meist ziemlich schnell als graue Theorie heraus. Denn inwieweit ist das, was die neuen Mütter wollen, überhaupt mit dem, was die neuen Väter wollen, vereinbar?

Neue Mütter und neue Väter können sich auf vielfältige Art in die Quere kommen. Beide konkurrieren miteinander um Mutterfunktionen. Neue Väterlichkeit bedeutet, eine intensive emotionale Beziehung zum Kind haben zu wollen. Das ist die hauptsächliche Motivation des Vaters zu einer anderen Gestaltung seiner Rolle.

Die Lust von Frauen auf Mutterschaft macht sich an demselben Punkt fest. Das Kind soll neuen Lebenssinn stiften und einen wichtigen Beitrag zur eigenen Selbstverwirklichung leisten. Die Lust auf Mutterschaft verknüpft sich außerdem oft mit der Vorstellung, im Leben des Kindes die Hauptperson zu sein.

Aus dieser Sicht wirken die Ansprüche der neuen Väter geradezu bedrohlich, da sie an etwas partizipieren wollen, das bisher ausschließlich den Frauen gehörte. Die meisten Mütter haben sich die Beteiligung des Vaters im übrigen vorher ganz anders vorgestellt: der Vater soll vor allem durch Übernahme von Arbeit entlasten. Daß er auch emotionale Ansprüche an das Kind stellt und die Ausschließlichkeit ihrer Beziehung zu dem Kind in Frage stellt, «trifft» sie unerwartet.

Die Konkurrenz zwischen Vater und Mutter wird also um so ausgeprägter sein, je höher die Erwartungen der Frau an ihr Muttersein sind. Wenn Mutterschaft für sie z. B. schwerpunktmäßig eine kompensatorische Funktion hat und wenn sie hauptsächlich Sicherheit und Orientierung auf traditionellem Terrain sucht, schließt eine so konturierte neue Mütterlichkeit neue Väterlichkeit nahezu aus.

An diesem Punkt wird deutlich, warum die Reaktionen vieler Mütter so widersprüchlich sind, wenn es um die Beteiligung der Väter geht:

> «Freunde sind bei uns zu Besuch. Die kleine Felicitas muß gewindelt werden, und Richard geht mit ihr zum Sofa, fängt etwas umständlich an, ihren Popo sauberzuwischen und einzucremen. Da steht Rita auf. ‹Geh doch nicht so grob mit den Beinchen um.› Sie schiebt Richard unwillig zur Seite; er wendet sich mit resigniertem Gesichtsausdruck ab, sagt aber nichts. Als die Kleine ordentlich verpackt ist, kommt Rita wieder an den Tisch. ‹Noch nicht mal beim Essen hat man seine Ruh. Immer muß ich alles allein machen. Wenigstens wenn du da bist, könntest du die Feli auch mal machen.›»[1]

Rita möchte zwar von Richard entlastet werden, er soll aber gleichzeitig nicht in Frage stellen, daß sie als Mutter die unumstrittene Hauptperson im Leben des Kindes ist. Das Problem dabei ist, daß Rita zwei unvereinbare Dinge miteinander vereinbaren möchte. Instinktiv spürt sie aber, daß das nicht geht.

Um sich ihre eigenen Beweggründe und die daraus resultierenden Widersprüche nicht eingestehen zu müssen, erklärt sie den Vater zum Alleinschuldigen, sie verlagert das Problem nach außen.

Der Psychotherapeut Jörg Bopp bemerkt dazu:

> «Ein negatives Vaterbild ist überaus nützlich, um mütterlichen Monopolansprüchen die höheren Weihen von Liebe, Verantwortlichkeit und weiblicher Emanzipation zu verschaffen. Die Mütter greifen zu einem Verhalten, in dem sich der seelische Abwehrmechanismus der Rationalisierung äußert. Die Psychoanalyse meint damit die Neigung zur Beschönigung: Für ein als

peinlich oder angreifbar empfundenes Handeln, dessen wahre Triebmotive man der Nachprüfung entziehen will, werden scheinbar überzeugende Begründungen vorgebracht; diese stimmen mit Moral und Verstand überein, um jenen Impulsen den Anschein von Sittlichkeit und Vernunft zu geben. Über unangenehmen Triebbedürfnissen wird ein ‹pseudorationaler Überbau› errichtet. Die negativen Vaterbilder sind auch eine Rationalisierung mütterlicher Machtbedürfnisse.» [2]

Wenn der Vater als Schuldiger deklariert wird, erübrigt sich das Nachdenken darüber, welchen Anteil man selbst an der Misere hat. Auch kann das eigene Selbstbild der emanzipierten Frau aufrechterhalten werden, obwohl offensichtlich ist, daß eine Emanzipation von der alten Mutterrolle keineswegs stattgefunden hat. Sie kann sich als Opfer des Mannes fühlen und ihm Vorwürfe machen. Daß sie ein gut Teil dazu beiträgt, daß seine innere Bereitschaft zu einer Umgestaltung der Vaterrolle nicht zum Tragen kommt, blendet sie aus.

Natürlich ist der Vater auch keineswegs «unschuldig» an der Situation. Da viele Väter nicht eindeutig entschlossen sind, aktive Vaterschaft zu praktizieren, sondern im Zweifelsfall eher zu traditionellem Männerverhalten neigen, bieten sie sich für Schuldzuweisungen geradezu an.

Wenn auch uneingestanden, gibt es etwas, was beide vorrangig wollen: Die Frau möchte im Leben des Kindes die Hauptperson sein, und der Mann möchte in seinen männlichen Interessen nicht kürzer treten. Darin besteht trotz des Wunsches des Mannes, auch ein mütterlicher Vater und der der Frau, eine emanzipierte Frau zu sein, die eindeutige wenn auch unausgesprochene Prioritätensetzung der beiden.

So gibt es im Alltag der Kinderbetreuung viele Gelegenheiten, bei denen eine Frau ihrem Mann beweisen kann, daß sie besser mit dem Kind zurechtkommt als er. Schon auf Grund ihrer Erziehung hat die Frau gegenüber dem Mann einen gewaltigen Vorsprung. Indem sie den Mann nicht darin unterstützt, diesen Vorsprung aufzuholen, sondern ihn durch ihre Dominanz ständig entmutigt und demotiviert, macht sie es ihm schwer, ein aktiver Vater zu sein:

«Als mein Sohn drei Monate alt war, mußte ich zum Arzt. Mein Mann war früher von der Arbeit gekommen, um unseren Sohn zu versorgen, während ich weg war. Als ich zurückkam, fand ich zwei Verzweifelte vor. Das Baby schrie fürchterlich. Mein Mann hatte es auf dem Arm und versuchte es mit allen Mitteln zu beruhigen. Das Baby schrie weiter. Ich nahm ihm das Baby vom Arm, legte es mir über die Schulter, es konnte aufstoßen und beruhigte sich schnell.

Mein Mann war frustriert. Er erzählte mir, daß unser Sohn nun fast eine Stunde gebrüllt hätte. Er habe ihn ständig zu beruhigen versucht, aber ohne Erfolg. Wahrscheinlich hatte das Baby durch Blähungen Bauchweh gehabt.

Ich war ein bißchen schadenfroh, denn ähnliche Situationen voller Hilflosigkeit hatte ich mit dem Baby natürlich auch schon gehabt. Gleichzeitig war ich aber sehr zufrieden. Hatten mir die beiden nicht bewiesen, daß es ohne mich nicht ging? Daß diese Rolle, die ich so oft verfluchte, im Augenblick für uns drei die richtige war? Ich wurde gebraucht und ohne mich ging alles schief.» [3]

Die Konzentration des Mannes auf seine männlichen Interessen kann folgendermaßen ablaufen: Obwohl Mann und Frau vor der Geburt vereinbaren, sich die Arbeit mit dem Kind zu teilen, beginnt der Vater einige Zeit nach der Geburt mit irgendwelchen Nebentätigkeiten.

Er fängt plötzlich irgend etwas an, was zusätzlich Zeit in Anspruch nimmt. Er bastelt zu Hause herum, oder er hat plötzlich irgendeinen Nebenjob an der Hand. Obwohl er dadurch die Frau weniger als beabsichtigt und vereinbart entlasten kann, setzt sie seinen Nebentätigkeiten keinen entschiedenen Widerstand entgegen.

Indem die Frau den Mann gewähren läßt, kommen beide zu ihrem Ziel. Der Mann zieht sich aus der ihn belastenden Situation ein Stückweit auf klassisches Männerterrain zurück, um dort etwas von der versagten Anerkennung und Bestätigung zu bekommen. Die Frau wird dadurch zwar weniger entlastet, sie wehrt sich aber nicht mit Entschiedenheit, weil sie durch den teilweisen Rückzug des Vaters mehr Einfluß bekommt und die väterliche Konkurrenz entschärft wird:

«In der freien Zeit, besonders nachts und am Wochenende, unterstützten alle Männer ihre Partnerinnen bei den anstehenden Aufgaben, so daß in der Hinsicht keine/kaum ‹Klagen› kamen. Dennoch fiel folgendes auf: drei der sechs jungen Väter, also die

Hälfte, haben seit der Geburt des Kindes eine zusätzliche Tätigkeit übernommen (Zweitstudium, Lehrauftrag, Wettbewerb), wenn auch nur vorübergehend bzw. zeitlich begrenzt. Deshalb fehlte den Frauen gerade in der ersten besonders arbeitsintensiven Zeit mit dem Kind ein Teil der (erwarteten) Hilfe durch den Partner. Alle drei Teilnehmer konnten freilich die Notwendigkeit dieser zusätzlichen Tätigkeiten rational einleuchtend begründen, ebenso ihre Frauen, die dies bereitwillig zu akzeptieren schienen.» [4]

Väter können sich auch dadurch von der neuen Rolle unbewußt distanzieren, daß sie sich besonders ungeschickt anstellen. Oder sie schieben eine berufliche Belastung vor. Manche Väter beschränken sich in ihrer Beziehung zum Kind auch wie selbstverständlich auf die angenehmen und schönen Seiten des Vaterseins. Auch führt das alte Mutterbild, welches viele Männer ebenso wie ihre Frauen verinnerlicht haben, dazu, daß sie unbewußt ihren Frauen die Hauptverantwortung für das Kind zuschieben, um möglichst unbehelligt ihre eigenen Sachen machen zu können. Dies alles kann auch dann passieren, wenn der Vater eine ziemlich hohe Motivation zu aktiver Vaterschaft hat.

Wenn es darum geht, die innere Bereitschaft des Mannes zu aktiver Vaterschaft auch praktisch umzusetzen, kommt Frauen eine Schlüsselstellung zu. Wenn sie von ihm nicht nur die Beteiligung an der anfallenden Arbeit fordert, sondern auch bereit ist, etwas von ihrer exklusiven Stellung abzugeben, wird die vorhandene Motivation des Vaters gestärkt und unterstützt. Wenn sie ihm Hindernisse entgegensetzt und ihren Monopolanspruch nicht aufgeben kann, hat die neue Väterlichkeit wenig Chancen, sich zu entfalten. Da die Frau als Mutter mehr Macht hat als der Vater, kann dieser nur den Raum einnehmen, den die Mutter ihm einräumt.

Da auch die Gesellschaft dem Vater für sein Engagement nur selten eine positive Rückmeldung gibt, kann nur die Frau ihn in seinem Verhalten bestärken. Damit ist sie meist heillos überfordert. Zum einen kann sie als Konkurrentin des Mannes nur schwerlich seine Leistung in angemessener Form würdigen, zum anderen ist diese Leistung auf Grund seiner inneren Zerrissenheit zwischen Beruf und aktiver Vaterschaft in den Augen der Frau meist unzureichend.

Beurteilt man die neuen Väter lediglich nach ihrem subjektiven Bemühen, sind die meisten besser als ihr Ruf. Denn wenn man ihr Verhalten mit durchschnittlichem Männerverhalten vergleicht, ist das, was sie leisten, enorm. Frauen sind aber nicht selten der Meinung, daß diese Leistung selbstverständlich ist und keiner besonderen Anerkennung bedarf, weil der Vater ja nur typisch männliche Privilegien aufgibt, die im Zuge der Gleichberechtigung ohnehin abgeschafft werden müssen. Und aus ihrer Sicht haben sie ja auch durchaus recht. Es ist auch durchaus verständlich, wenn es sie nervt, daß Männer so sehr auf Anerkennung aus sind und ihr Engagement für sie nicht selbstverständlich ist. Dennoch müssen sie erkennen, daß ihnen eine Schlüsselposition bei der Entfaltung der männlichen Motivation zu aktiver Vaterschaft zukommt.

Aber auch wenn die neuen Mütter bereit sind, dem Vater zumindest einen Teil ihrer exklusiven Stellung abzutreten, sind die Konkurrenzkonflikte nicht vom Tisch. Nicht selten sorgen jetzt die Väter für eine Eskalation. In Konkurrenzsituationen können sie sich oft nicht mit einer gleichberechtigten Stellung oder der zweiten Position zufriedengeben, sondern kämpfen wie unter Zwang und oft ohne daß ihnen dies selbst so klar bewußt ist, um die Vormacht. Sie wollen der Frau beweisen, daß sie eigentlich die besseren Mütter sind. Bernhard Schön stellt in diesem Zusammenhang die Frage, ob Männer ihre Unsicherheiten in der neuen Rolle durch besonderes Expertenverhalten kompensieren müssen:

«Ich beobachte bei mir einen ausgesprochenen Hang zur Besserwisserei in allen Kinderfragen. ‹Damals haben wir das bei Fabian so gemacht.› Aber auch: ‹Nach neuesten Erkenntnissen ist es günstiger, die Flasche auszukochen.› Meine Streitbereitschaft in diesen Fragen hängt sicher auch damit zusammen, daß ich meine Rolle besonders gut ausfüllen will.» [5]

Zur Disposition stehen hier freilich nicht einzelne Aspekte männlichen Verhaltens, sondern das Männerbild schlechthin. Daß Männer immer stark sein müssen. Daß Schwäche für sie etwas Minderwertiges ist. Daß sie keine guten Verlierer sind. Daß ihr Selbstbewußtsein sich über weite Strecken auf ihre Dominanz oder zumindest auf ihre scheinbare Überlegenheit gründet.

Angesichts solchen männlichen Konkurrenzverhaltens ist es

verständlich, wenn Mütter sich zu Wehr setzen und ihre Mutter-Macht wieder ausspielen.

Eine wachsende Anzahl von Männern versucht heute, sich Frauen gegenüber eher defensiv zu verhalten. Sie sind von sich aus sehr bemüht, den Ansprüchen, die Frauen an sie stellen, gerecht zu werden. Zwar lauert auch hier der alte Adam immer im Hintergrund, aber trotzdem ist es erstaunlich, wie weit ihre Bereitschaft geht, typisch männliches Verhalten in Frage zu stellen und zugunsten der Frau zurückzustecken.

Es handelt sich meist um Männer, die im Zuge der Frauenbewegung besonders für männliche Unterdrückung sensibilisiert wurden und Frauen gegenüber ein schlechtes Gewissen haben. Ihr subjektiver Veränderungsprozeß vom ehemaligen Macker zum sensiblen Mann ist dabei meist in erster Linie über den Kopf gelaufen. Ihre Einsicht in die Mechanismen männlicher Unterdrückung führte zu neuen Ansprüchen an ihr eigenes Verhalten, welches sie bewußt zu steuern versuchen. Dabei ignorieren sie, daß ihr männliches Verhalten tief in ihrer Psyche verankert ist. Bestimmte spontane Empfindungen müssen sie verdrängen, weil sie Ausdruck ihrer alten männlichen Identität sind und rein rational betrachtet in die Kategorie frauenfeindliches Verhalten fallen.

Weil sie in ihrem männlichen Verhalten verunsichert sind und sich selbst ständig über ihr neues Frauen-Über-Ich kontrollieren, fällt es ihnen sehr schwer, eigene Interessen und Bedürfnisse zu artikulieren und sich gegenüber den Interessen und Bedürfnissen von Frauen abzugrenzen.

Wenn solche Männer Väter werden, kommen zusätzliche Ansprüche auf sie zu, denen sie in gleicher Weise gerecht zu werden versuchen. Dies geht so weit, daß sie auch die mütterlichen Monopolansprüche akzeptieren und ihren Frauen auf vielfache Weise signalisieren, daß sie ihre Konkurrenz nicht zu befürchten brauchen. Da sie gleichzeitig in hohem Maße weiblich identifiziert sind und den Frauen ihr Muttersein neiden, fühlen sich Frauen von ihnen in ihrem Muttersein nicht selten in besonderer Weise bedroht. Dem versuchen sie durch Unterwerfungsgesten zu begegnen.

Der Psychotherapeut Jörg Bopp nennt solche Väter «Mappis» und beschreibt ihr Verhalten folgendermaßen;

«Die Mappis nehmen die Zwiespältigkeiten ihrer Frauen wahr und machen Angebote, die die mütterliche Unruhe dämpfen sollen. Sie bewundern die Körperlichkeit der Frauen, indem sie sich als Mütter ohne Brüste definieren. Die Psychoanalyse sieht hier den Abwehrmechanismus der Idealisierung am Werk. Wie in der traditionellen Psychoanalyse die Frau durch den Mangel, das Fehlen des Penis, bestimmt wird, so bestimmen sich jetzt auch die Väter durch einen Mangel, nämlich das Fehlen der Brüste ... Wie dort die besondere Körperlichkeit und Sexualität der Frau abgewertet wurde, so hier die des Mannes. Die Mappis neigen dazu, sich als Männer zu desexualisieren und zu depotenzieren. Sie verstecken ihren realen Penis und schielen nach imaginären Brüsten.» [6]

Die hier beschriebene Idealisierung der Frau hat neben der Beruhigung der Mutter auch noch eine andere Funktion: Sie dient der Abwehr der eigenen verdrängten Aggressionen. Da die Unterwerfung des Mannes unter weibliche Vorherrschaft eine tiefe Kränkung seines männlichen Selbstwertgefühls bedeutet, sind Haß und Wut bei ihm reichlich vorhanden. Da diese Gefühle aber nicht sein dürfen, verdrängt er sie.

Die «Mappis» sind nicht nur als Väter ziemlich konturlos, sondern oft auch als Männer und Liebespartner. Im Blick auf die Entwicklung eines neuen Mannseins führt ihre Verkopfung zudem in eine Sackgasse. Statt die Einheit von Kopf und Bauch anzustreben, verdrängen sie mit Hilfe ihrer Ratio «verbotene» Gefühle und damit auch das Leiden an ihrer Situation.

In der Beziehung von Mann und Frau werden bei dieser Konstellation alle intensiven Gefühle ausgeklammert. Untergründig und oft uneingestandenermaßen ist sowohl die Frau als auch der Mann sehr unzufrieden. Obwohl die Frau vordergründig das erreicht hat, was sie wollte, hat sie keine rechte Freude an dem Ergebnis ihrer Bemühungen. Da sie durch das Verhalten des Mannes nicht gezwungen ist, sich mit ihrer eigenen Widersprüchlichkeit auseinanderzusetzen, sitzt auch sie in einer Sackgasse fest. Daß sie den Mann zum Hauptschuldigen erklärt, bringt beide nicht weiter. Zudem ist es unmöglich, einen Menschen zu lieben, den man insgeheim für einen «Schlaffi» hält und dessen konturlose Männlichkeit alles andere als attraktiv ist.

Auch der Mann ist mit einer solchen Beziehungssituation nicht sehr glücklich. Daß er für die Frau kein wirklich attraktiver Sexualpartner ist, bekommt er deutlich zu spüren. Auch in der Beziehung zum Kind verweist sie ihn in seine Schranken.

Das Beispiel der «Mappis» zeigt überdeutlich, daß Mann und Frau ihre Konkurrenzsituation nicht leugnen dürfen, wenn ihre Zweierbeziehung nicht darunter leiden soll. Bei dem offenen Austragen der verschiedenen Interessen und Bedürfnisse müssen sie aber verhindern, daß sie die alten Waffen benutzen.

Neue Mütterlichkeit und neue Väterlichkeit erfordern, daß die Einflußsphären von Vater und Mutter neu geklärt und festgelegt werden. Da hierbei nicht mehr auf die Hilfe traditioneller Rollenbilder zurückgegriffen werden kann, muß dies in jeder Paarbeziehung neu ausgehandelt werden.

Konkurrenzkonflikte verbergen sich oft auch hinter Auseinandersetzungen über richtiges Erziehungsverhalten. Der Vater kann dabei zum notorischen Besserwisser in allen Fragen der Kinderbetreuung werden.

Genauso wie der Vater im Konkurrenzkampf die Mutter auszustechen versucht, kommt es auch umgekehrt nicht gerade selten vor: Typisch ist dabei oft, daß Mütter den Vater in die Rolle des Autoritären drängen, um den Kindern gegenüber um so mehr die Verständnisvolle und Verstehende sein zu können. Je autoritärer ein Vater sich nämlich verhält, um so mehr wird das Kind bei der Mutter Nähe und Unterstützung suchen.

Natürlich kann die Frau den Mann nur in diese Rolle drängen, wenn sein Verhalten sowieso schon autoritäre Züge aufweist. Der Konkurrenzkampf von Mutter und Vater kann, wie der folgende Bericht zeigt, aber auch noch viel weitergehend eskalieren:

Monika, Sozialarbeiterin, und Herbert, Student, waren schon sieben Jahre verheiratet, als Manfred geboren wurde. Vor der Geburt des Kindes hatten sie abgesprochen, daß Herbert nachher zu Hause bleibt und seine Frau das Abitur nachmachen kann. Herbert war nach der Geburt also den ganzen Tag mit dem Kind zusammen, und Monika kam erst abends zurück, da sie auch noch Arbeitsgruppen besuchen mußte. Monika: «Das erste halbe Jahr habe ich bei meinem Sohn überhaupt nichts mitbekommen. Ich war permanent weg. Dauernd hatte ich auch deshalb ein schlechtes Gewissen. Von allen möglichen Seiten wurde mir zudem zu verstehen gegeben, daß ich eine Rabenmutter sei.

Die Vater-Sohn-Beziehung ging immer mehr zusammen. Und ich stand immer mehr abseits. Als ich die Situation nach einem halben Jahr nicht mehr aushielt und nach der bestandenen Abiturprüfung nicht weiterstudierte, wie wir es ursprünglich geplant hatten, sondern zu Hause blieb, wurde es noch viel schlimmer. Ich hatte enorme Schwierigkeiten mit meinem Sohn. Jeden Abend war zudem der gleiche Frust. Den ganzen Tag war zwischen Manfred und mir Zank und Streit, wenn mein Mann heimkam, war Friede, Freude, Eierkuchen. Ich habe sehr darunter gelitten, daß ich es nicht geschafft habe, meinem Sohn eine wirkliche Mutter zu sein.»

Als Monika einen anderen Mann kennenlernt, trennt sie sich von Herbert. Natürlich waren die Rivalitätskämpfe zwischen beiden nicht die einzige Ursache für die Trennung. Aus der Schilderung von Monika ergibt sich aber, daß sie eine ganz wesentliche Ursache waren. Auch nach der Trennung hat sie immer noch Angst davor, wieder in eine ähnliche Situation mit ihrem Ex-Ehemann, der ihr das Kind freiwillig überließ, zu geraten und versucht deshalb, obwohl sich die Beziehung zu ihm mittlerweile entspannt hat, eine gewisse Distanz zu halten: «Ich habe immer noch Angst, daß sich das wieder aufbaut zwischen ihm und dem Kind. Daß ich wieder ausgeschlossen werde.»

Herbert hat hier im wahrsten Sinne des Wortes die Mutterrolle übernommen. So wie Monika ihn schilderte, war er überaus fürsorglich und hat seinen Sohn völlig ins Zentrum seines Lebens gestellt. Die Vater-Sohn-Beziehung wurde so eng und ausschließend, wie das sonst nur Mutter-Kind-Beziehungen sind. Für die Mutter blieb kein Raum mehr übrig. Auch die Paarbeziehung wurde von ihm völlig der Beziehung zum Kind untergeordnet. «Mein Mann war völlig auf den Jungen fixiert.» Das Paar entfremdete sich auch deswegen immer mehr.

In gewisser Weise ist dies, was hier geschildert wird, eine Karikatur der alten Mutterrolle. Nur daß bei der alten Rollentrennung von vornherein feststand, daß der Vater außen vor bleibt. Hier ist die Mutter die Betroffene. Der Vater kehrt die Situation um.

Weil es ein Vater ist, der die Mutter ausschließt, wird das Problem erst richtig deutlich: Mütterliche Monopolansprüche sind angesichts aktiver Vaterschaft widersinnig geworden. Trotzdem ist die Orientierung von Müttern und Vätern an den Monopolansprüchen der alten Mütter noch lange nicht überwunden. Aber selbst wenn solche Monopolansprüche eines Tages nicht mehr die Auseinandersetzungen von Mann und Frau nach der Geburt eines Kindes prägen sollten, ist die Konkurrenzsituation von Vater und Mutter trotzdem nicht aufgehoben, sondern allenfalls entschärft. Neue Mütter und Väter müssen also lernen, ihre Konkurrenzkonflikte in konstruktiver Weise auszutragen.

VI. Von der Zweier- zur Dreierbeziehung

Welche Veränderungen spielen sich innerhalb einer Paarbeziehung nach der Geburt ab, wenn also aus einer Zweierbeziehung eine Dreierbeziehung werden muß?

Bei diesem Prozeß der Integration des Kindes können vielfältige Schwierigkeiten auftreten, die damit zusammenhängen, daß jedes Paar zahlreiche unbewußte Arrangements getroffen hat, die so nicht aufrechterhalten werden können. Eine Paarbeziehung muß nach der Geburt auch auf der unbewußten Ebene umstrukturiert werden, denn die Beziehungsdynamik einer Zweierbeziehung ist eine ganz andere als die einer Dreierbeziehung.

Bestimmte unbewußte Arrangements, die Mann und Frau bei ihrer Partnerwahl miteinander «getroffen» haben, können zum Beispiel dadurch durcheinandergeraten, daß auf das Kind ein Teil der psychischen Funktionen übertragen wird, die bisher ein Partner wahrgenommen hat.

Auch kann das Kind bestimmte, untergründig vorhandene Konflikte in einer Paarbeziehung zum offenen Ausbruch bringen. Doch auch wenn die Beziehung der Eltern vorher nicht gestört war, stehen diese nach der Geburt des Kindes vor der Aufgabe, «innerhalb der Triade Vater–Mutter–Kind ihre Beziehung sowohl nach innen als auch nach außen neu zu definieren».[1]

Bei dieser Neudefinition spielen die von dem Ehetherapeuten Jürg Willi beschriebenen Funktionsprinzipien von Paarbeziehungen eine wichtige Rolle. Diese Funktionsprinzipien geben den Rahmen für eine befriedigende Paarbeziehung ab. Wenn sie mißachtet werden, sind Konflikte unausweichlich.

1. Funktionsprinzipien von Paarbeziehungen und die Konflikte nach der Geburt

Der Ehetherapeut Jürg Willi beschreibt drei Funktionsprinzipien von Paarbeziehungen und betont:

> «Die Beachtung dieser Prinzipien macht noch nicht die gute Ehe aus, sondern bildet vielmehr den Rahmen, in dem sich eine für beide Teile befriedigende Ehe ereignen kann. Die meisten Paare wissen rein intuitiv um diese Prinzipien. Wenn sie diese nicht einhalten, so beruht das meist weniger auf Unkenntnis als vielmehr auf tieferliegenden Schwierigkeiten, die dem Paar deren Befolgung verunmöglichen.» [1]

Die drei Funktionen sind
- das Abgrenzungsprinzip: «Eine gut funktionierende Dyade muß sich gegen außen und innen klar definieren.» [2]
- Das gleichzeitige Vorhandensein progressiver und regressiver Verhaltensweisen: Das Funktionsprinzip besagt, «daß in der Ehe regressiv-‹kindliche› und progressiv-‹erwachsene› Verhaltensweisen nicht als polarisierte Rollen auf die Partner verteilt sein sollten». [3]
- Gleichwertigkeitsbalance: Dieses Prinzip betrifft das Gleichgewicht des Selbstwertgefühls zwischen den Partnern. In einer funktionsfähigen Beziehung müssen sich die Partner einander ebenbürtig fühlen.

Die beschriebenen Funktionsprinzipien gelten natürlich nicht nur für Ehebeziehungen, sondern auch für alle die Paarbeziehungen, die auf Dauerhaftigkeit angelegt sind und von den Beteiligten nicht von vornherein als «flüchtige» Begegnung ohne Zukunftserwartungen definiert werden.

Nach der Geburt müssen die Eltern die Abgrenzung ihrer Paarbeziehung gegenüber dem Kind klären. Die elterliche Beziehung muß, soll sie nicht Schaden nehmen, als etwas Eigenständiges erhalten bleiben.

Auch die bisherige Verteilung von regressiven und progressiven Verhaltensweisen unter den Partnern wird durch das Kind in Frage gestellt. «Neue regressive und progressive Verhaltensmöglichkeiten müssen von beiden Partnern erprobt und in ein neues dynamisches Gleichgewicht gebracht werden.»[4] Gleiches gilt für das Erleben der Gleichwertigkeit. Die Rolle von Vater und Mutter beinhaltet unterschiedliche Möglichkeiten des Selbstwerterlebens. Gelingt es über einen längeren Zeitraum nicht, eine neue Gleichwertigkeitsbalance zu finden, so kann sich in einer Paarbeziehung eine große Unzufriedenheit breitmachen.

a. Die Dreierbeziehung Mutter – Vater – Kind und das Abgrenzungsprinzip

Ganz allgemein können wir heute in bezug auf die Dreierbeziehung von Mutter – Vater – Kind feststellen, daß die Abgrenzung der elterlichen Beziehung gegenüber dem Kind immer öfter diffus und undeutlich abläuft.[5] Typisch für diese Entwicklung ist, daß im Gegensatz zu früher nicht mehr nur Mütter das Abgrenzungsprinzip außer Kraft setzen, sondern daß auch Väter zunehmend aktiv beteiligt sind. Die «klassische» Konstellation, bei der die Mutter das Kind zum Ersatzbeziehungspartner macht, spielt zwar auch heute noch eine große Rolle, aber die neuen Väter sind groß im Aufholen des väterlichen Rückstands. Damit entsteht eine neue Konstellation der Dreierbeziehung nach der Geburt, die dadurch gekennzeichnet ist, daß das Kind im Zentrum steht und zur wichtigsten Person im Beziehungsdreieck wird.

Ein Ausdruck dieser Entwicklung ist die Propagierung des sogenannten Familienbetts[6]. Daß Säuglinge im elterlichen Bett mitschlafen, ist mittlerweile durchaus üblich geworden und hat sicherlich viele gute Gründe.

Trotz dieser guten Gründe muß aber angemerkt werden, daß das Schlafen des Säuglings im elterlichen Bett nicht selten mit dem Auszug des Vaters aus dem gemeinsamen Schlafzimmer endet und zwischen die Eltern einen «Keil» treiben kann. Natürlich muß das gemeinsame Schlafen im Ehebett nicht zwangsläufig solche Folgen haben.

Manche Befürworter(-innen) des Familienbetts treten im übrigen nicht nur für das Schlafen des Säuglings im elterlichen Bett ein, sondern auch für die Anwesenheit des Kleinkindes. Typisch bei den für das Familienbett vorgetragenen Argumenten ist, daß entweder die Bedürfnisse des Kindes oder die der Mutter in den Vordergrund gestellt werden und alles andere, also auch die Paarbeziehung, dieser Prioritätensetzung untergeordnet wird. Die Autorin Tine Thevenin geht in ihrem Buch ‹Das Familienbett› sogar so weit, die Einschränkung des elterlichen Sexuallebens durch die Anwesenheit des Kindes bewußt zu befürworten und von den Eltern Verzicht zugunsten des Kindes zu fordern. Denjenigen Eltern, die sich durch die Anwesenheit des Kindes eingeschränkt fühlen, wirft sie zwanghaftes Interesse am Sex vor: «Das zwanghafte Interesse von Erwachsenen an Sex und ihre Unfähigkeit, Störungen zu ertragen – dazu zählen auch die Kinder im Ehebett –, ist für unsere Gesellschaft charakteristisch.»[7]

Mir geht es nicht darum, das Gegenteil dieser Meinung zu postulieren. Eltern sollten selbst entscheiden, wie sie es mit ihrer Sexualität halten wollen. Die Forderung nach Sexualverzicht zugunsten des Kindes ist aber deswegen sehr problematisch, weil die elterliche Beziehung hier nicht mehr als etwas Eigenständiges gesehen wird, sondern nur noch in ihrer Funktion für das Kind. In der Folge wird auch das Kind die elterliche Beziehung nicht mehr als etwas Eigenständiges und Abgegrenztes wahrnehmen können. Weil das Kind zum wesentlichen Beziehungsinhalt wird und die elterliche Beziehung sich weitgehend in der gemeinsamen Sorge um das Wohlergehen des Kindes erschöpft, können die Eltern die Frage, was sie voneinander unabhängig vom Kind wollen, oft nur noch vage und unkonkret beantworten.

Daran, wie sich das Verhältnis der Eltern zum Kind gestaltet, läßt sich erkennen, wie es um die Paarbeziehung der Eltern steht. Wenn die Eltern trotz der Beanspruchung durch das Kind viel Zeit miteinander verbringen und ein ausgeprägtes Bedürfnis haben, auch mal ohne das Kind etwas zu unternehmen, werden sie dem Kind in der Dreierbeziehung einen ganz bestimmten Platz zuweisen. Ihre Beziehung existiert unabhängig von dem Kind und braucht dieses nicht für ihren Fortbestand. Da sie sich selbst genügen, braucht auch keiner der beiden Partner einen Partnerersatz.

Ganz im Gegensatz dazu steht das folgende Beispiel: Marion K., Mutter von zwei Kindern, schildert die Veränderung in ihrer Paarbeziehung nach der Geburt des ersten Kindes mit den folgenden Worten: «Nach der Geburt hatte ich so das Gefühl, ich brauche Helmut eigentlich gar nicht mehr. Meine Streicheleinheiten und das Schmusen und so, das hab ich jetzt alles mit den Kindern. Das ist alles so warm und lieb und ohne Probleme.»

Im weiteren Gespräch berichtet sie, daß ihr Mann und sie sich im Laufe der Zeit immer mehr auseinandergelebt hätten und daß auch immer weniger gemeinsame Aktivitäten gelaufen seien. Beide wären sie ihrer unterschiedlichen Wege gegangen. Auch hätten sie sich über weite Strecken kaum mehr etwas zu sagen gehabt. In der Folge hatten sie auch kaum mehr gemeinsame Freunde. Auf die Frage, wie es ihnen mit ihrer Sexualität gegangen sei, antwortet sie: «Helmut hatte da sowieso immer wenig Interesse dran, ja mal, aber nicht so häufig. Mir fehlt es auch nicht. Was mir fehlt, ist eher Wärme, Zärtlichkeit, Schmusen. Also das Miteinanderschlafen fehlt mir eigentlich gar nicht so. Es war auch in Beziehungen, die ich vorher hatte, für mich nie besonders wichtig.»

Die Frage, was beide dann eigentlich noch zusammengehalten hat, drängt sich auf. Marion K. antwortet: «In der Beziehung hält mich hauptsächlich die Angst, mit den Kindern allein zu sein. Das ist eigentlich so das Hauptmotiv. Wir haben auch schon darüber gesprochen, uns zu trennen. Da tauchte natürlich sofort als erstes die Frage auf, wer kriegt die Kinder, und jeder wollte sie haben.» Wichtig an diesem Beispiel ist, zu erkennen, daß die Probleme der beiden nicht durch die Kinder verursacht wurden, sondern latent schon vorher in ihrer Beziehung vorhanden waren. Durch die Geburt des ersten Kindes sind die Konflikte nur aufgebrochen. Sie konnten nicht mehr überspielt werden.

Marion holt sich jetzt von den Kindern, was in ihrer Partnerschaft bisher zu kurz gekommen ist. Zärtlichkeit und Schmusen ist mit ihnen unproblematischer, weicher und lieber, wie sie es nennt. Da sie ansonsten wenig Lust auf Sexualität mit einem Mann hat, können die Kinder ihre erotischen Bedürfnisse voll erfüllen. Zudem fallen die in der

Beziehung zu einem erwachsenen Partner als negativ erlebten Begleiterscheinungen weg: Sexualität läßt sich mit Kindern einfacher und unproblematischer auf Zärtlichkeit reduzieren als mit einem erwachsenen Partner. Die eigenen Ängste vor Hingabe fallen weg, weil man sich weniger ausgeliefert fühlt und das Kind abhängig ist. Geben und Nehmen lassen sich leichter in einem Gleichgewicht halten.

Die nach der Geburt eingetretene Veränderung in der Beziehung von Marion und Helmut kann man auch noch von einer anderen Seite beleuchten: da die Geburt eines Kindes immer mit einer drastischen Reduzierung der von Eltern gemeinsam verbrachten Zeit einhergeht, ist eine Beziehung, in der es schon vor der Geburt nur wenige Gemeinsamkeiten zwischen den Partnern gab, natürlich in besonderer Weise gefährdet. Damit die Eltern sich nicht vollkommen in den Kindern verlieren, muß ein starkes Bedürfnis nach Gemeinsamkeit vorhanden sein. Außerdem müssen die Eltern Bedürfnisse und Erwartungen an ihre Zweisamkeit haben, die nicht so ohne weiteres vom Kind erfüllt werden können. Dies alles ist in dem hier angeführten Beispiel nicht der Fall: wie Marion K. erzählte, war auch schon vor der Geburt zwischen beiden eine große Kluft, die aber für beide vordergründig kein großes Problem war. Wahrscheinlich, das wurde allerdings in dem Gespräch nicht ausgesprochen, war der Kinderwunsch unbewußt unter anderem auch von daher motiviert, für die in der Beziehung bestehende Distanz zwischen den Partnern eine Lösung zu finden. Das Kind soll mehr zusätzliche Gemeinsamkeit in einer Beziehung schaffen, die durch zuwenig Gemeinsamkeit der Partner tendenziell in ihrem Fortbestand bedroht ist und die zudem wichtige Bedürfnisse des einen Partners unbefriedigt läßt.
Marion und Helmut haben auch sonst sehr unterschiedliche Interessen. Er besucht gerne Ausstellungen und Konzerte, während sie solchen Unternehmungen überhaupt nichts abgewinnen kann, sondern lieber Trivialliteratur liest.

Die Abgrenzung der Elternbeziehung dem Kind gegenüber kann also nur funktionieren, wenn die Elternbeziehung intakt ist und wenn zwischen den Eltern viel Gemeinsames vorhanden ist.

Je mehr die Eltern sich selbst genügen, um so weniger brauchen sie das Kind zu ihrer eigenen Bedürfnisbefriedigung und für den Fortbestand ihrer Paarbeziehung.

Die Paarbeziehung vor der Geburt und die Paarbeziehung nach der Geburt muß in ihrer Kontinuität gesehen werden. Psychodynamisch betrachtet findet nach der Geburt lediglich eine Zuspitzung schon vorher latent vorhandener Konflikte statt.

Schon vor der Geburt ist oftmals klar, ob dem Kind eine bestimmte Funktion innerhalb der Paarbeziehung zudiktiert werden wird, oder ob es sich zu einer eigenständigen Person entwickeln kann, die nicht in den Dienst der elterlichen Beziehung gestellt wird.

Da aber die Eltern, die sich nicht mehr an traditionellen Rollenbildern orientieren, sehr viel mehr Konfliktsituationen zu bewältigen haben und die Krise der Paarbeziehung nach der Geburt bei ihnen am ausgeprägtesten ist, ist die Gefahr besonders groß, daß in den Auseinandersetzungen der Partner das Gemeinsame gegenüber dem Trennenden zurücktritt. Damit aber wird das Kind automatisch in die Rolle des Bindungsgliedes zwischen Vater und Mutter gedrängt. Eine klare Abgrenzung der elterlichen Beziehung ist dann solange nicht mehr möglich, wie die Konflikte zwischen Mutter und Vater andauern.

Aber auch in vorher intakten Beziehungen kann das Kind, wenn die Krise nach der Geburt sehr ausgeprägt ist, in die Rolle des Bindegliedes zwischen Vater und Mutter gedrängt werden. Eine klare Abgrenzung der elterlichen Beziehung ist dann so lange nicht mehr möglich, wie die Konflikte zwischen Mutter und Vater andauern. Wenn das Kind dauerhaft für irgendwelche elterlichen Zwecke eingespannt wird, ist es mit dieser Rolle vollständig überfordert. Ihm wird zuviel Verantwortung für den Fortbestand der Dreierbeziehung zugeschoben — manchmal sogar die Hauptverantwortung. Aber damit nicht genug: es kann auch zum Schiedsrichter bei den Streitereien der Eltern gemacht werden. Einer oder beide Elternteile versuchen dann, das Kind gegen den anderen einzunehmen.

Wenn das Kind sich dem einen zuwendet, muß es den Liebesentzug des anderen befürchten. Es steckt in einer Situation, wo jedes mögliche Verhalten neben den erwünschten Folgen immer auch unerwünschte nach sich zieht.

Rivalitätskonflikte können nicht nur beim Kind Unheil anrichten, sondern auch die noch verbliebenen Gemeinsamkeiten vollends zerstören. Die Beziehung der Eltern kann dann von Eifersucht bestimmt sein. Eifersucht im Verhältnis zum kindlichen Partner kann von genau den gleichen Auseinandersetzungsformen geprägt sein wie Eifersucht im Verhältnis zu einem erwachsenen Partner.

Wenn die Partner durch die gegenseitigen Alltagsgewohnheiten immer stärker genervt sind und sie die Anwesenheit des anderen in vielen Situationen als störend empfinden, ist dies ein Alarmzeichen dafür, daß sich das Trennende gegenüber dem Verbindenden in ihrer Beziehung dramatisch breitgemacht hat und daß sie es dringend nötig haben, ihre Beziehung zu klären und daran bewußt zu «arbeiten».

b. Das gestörte Gleichgewicht von regressiven und progressiven Verhaltensweisen

«Regressives Verhalten» definiert Jürg Willi als «kindlich-hilfloses, abhängiges und verantwortungsloses Verhalten».[8] Damit sind in einer Paarbeziehung zum Beispiel all jene Verhaltensweisen gemeint, mit denen an den Partner appelliert wird, um Unterstützung zu bekommen. Dabei wird die Verantwortung für eine Situation meist in mehr oder weniger großem Umfang an den Partner delegiert.

«Progressives Verhalten» ist im Gegenteil dazu das «forcierte Bemühen um starkes, überlegenes und ‹erwachsenes› Verhalten».[9] Echtes progressives Verhalten geht einher mit einem hohen Maß an Autonomie, Stabilität und mit der Bereitschaft, Verantwortung für das eigene Verhalten und für andere zu übernehmen.

«In einer gesunden Paarbeziehung profitieren die Partner von der Möglichkeit, in freischwingender Balance partiell progredieren und regredieren zu können. Bald weint sich der eine regressiv beim anderen aus, der ihn – in der Mutter-Position – tröstet, bald ist es wieder der andere, der hilflos ist und den Rat und die Unterstützung des ersteren beansprucht. Da man in der Paarbeziehung mit dem Ausgleichsverhalten des Partners rechnen kann, darf man sich eher mal regressives Verhalten leisten, ohne Angst vor sozialem Abgleiten haben zu müssen. Die Bewährung in stellvertretenden Hilfsfunktionen andererseits hebt das Selbstgefühl. Das gegenseitige Stützen und Gestütztwerden vermittelt den Partnern ein hohes Maß an Befriedigung und gibt eine wesentliche Motivation zur Paarbildung.»[10]

Eine wesentliche Voraussetzung für die «freischwingende Balance» liegt in den Geschlechtsrollendefinitionen. Wenn diese mit starren Verhaltenserwartungen einhergehen, nageln sie Mann und Frau auf bestimmte Verhaltensweisen fest. Die traditionell männliche Rolle beinhaltet die Verpflichtung, stark, verantwortungsbewußt und dominant zu sein, während die traditionelle Frauenrolle erfordert, Schwäche, Hilflosigkeit und Abhängigkeit zumindest vordergründig genauso eindrucksvoll in Szene zu setzen, wie der Mann seine Stärke demonstriert. Eine «freischwingende Balance» von Regression und Progression ist unter solchen Bedingungen nur schwer möglich.

Dennoch liegt in der weiblichen Schwäche auch eine Stärke. Die größere Nähe zu den eigenen Gefühlen, die Bereitschaft, Hilfe von anderen anzunehmen und das Bemühen um Übereinstimmung mit anderen sind «starke» weibliche Fähigkeiten, deren Ausbildung eng mit der schwächeren gesellschaftlichen Position der Frau zusammenhängt. Der Mann dagegen hat durch seine gesellschaftliche Machtposition zwar objektiv mehr Möglichkeiten der Selbstentfaltung, ist aber auch durch den Anspruch, immer der Starke und Überlegene zu sein, überlastet. Im Sinne seiner Geschlechtsrolle funktioniert er nur gut, wenn er seine Gefühle wegdrängt. Regressives Verhalten kann er sich nur noch in seiner Privatsphäre leisten. Er benutzt dabei die Emotionalität der Frau für seine Zwecke, ohne daß wirkliche Nähe entstehen kann.

Aber hat sich denn nicht mit der Aufweichung des Rollendiktats seit Beginn der siebziger Jahre etwas verändert? Sind Frauen und Männer in ihrem Verhalten nicht offener und flexibler geworden? Dies trifft nur teilweise zu. Zum einen sind die traditionellen Rollenbilder in der Erziehung so verinnerlicht worden, daß eine Verhaltensänderung nur ganz allmählich möglich ist. Zum anderen wird vermehrt Abwehrverhalten mobilisiert, das jede echte Veränderung blockiert. Denn die Angst vor einer radikalen Veränderung und vor der grundsätzlichen Infragestellung des bisherigen Lebenskonzeptes und der bisherigen Identität verhindert, daß tatsächlich etwas von Grund auf umgekrempelt wird. Mann und Frau spielen dabei oft auf unbewußte Weise zusammen. Da ihre Rollen eng aufeinander bezogen sind und der eine sich nur verändern kann, wenn auch der andere sich verändert, kann der eine leicht die Veränderung des anderen verhindern.

Die Gesprächsprotokolle, die die Publizistin Barbara Franck in ihrem Buch ‹Der Ungeliebte› veröffentlicht hat, dokumentieren diese Problematik sehr anschaulich. In dem Maße wie die Männer, die in diesem Buch von sich erzählen, in ihrem Verhalten weicher, empfindsamer und offener werden, gehen deren Partnerinnen immer mehr auf Distanz.

Die Geschlechtsstereotypen haben sich im Leben dieser Männer in fataler Weise umgekehrt. Weil sie ihre Bedürfnisse nach Liebe, Verbindlichkeit und intensivem Zusammensein unmißverständlich artikulieren, also tendenziell weibliches Verhalten zeigen, flüchten ihre Partnerinnen in die männliche Unverbindlichkeit, Abgrenzung und Sprachlosigkeit.

Das Abwehrverhalten von Frauen und Männern ergänzt sich hier «ideal». In verkehrten Rollen spielen Mann und Frau wiederum (unbewußt) so zusammen, daß der alte Zustand, die Distanz, auch im neuen Gewand gewahrt bleibt. Vordergründig haben sich beide radikal verändert. Sie ist unabhängiger und selbstbewußter, er sensibler und mitteilsamer geworden. Trotzdem ist unter dem Strich die Beziehungssituation die gleiche geblieben.

Dieses Abwehrverhalten existiert in vielen Varianten, denen allerdings eines gemeinsam ist: sie dienen zur Verhinderung von Veränderung. Und diese Verhinderung liegt in beiderseitigem Interesse, auch wenn dies nicht immer sofort erkennbar ist.

Wie sehr eine Paarbeziehung durch Abwehrverhalten und unbewußtes Zusammenspiel der Partner bestimmt ist, wird oftmals erst richtig offensichtlich, wenn sich irgendeine Veränderung ergibt. Eine solche Veränderung stellt auch die Geburt eines Kindes dar. Wie sich das regressiv-progressive Zusammenspiel der Partner dann verändern kann, verdeutlicht das folgende Beispiel.

Vicky B. und Frank B. haben vor der Geburt ihres Sohnes Danni in verschiedenen Wohnungen gewohnt. Vicky B. wohnte mit einer Freundin zusammen und Frank B. alleine. Vicky B. ist das, was man eine emanzipierte Frau nennt. Männern gegenüber betont sie ihre Selbständigkeit und stellt ihre eigene, weibliche Sichtweise der Sichtweise von Männern selbstbewußt entgegen. Sie ist nicht mehr bereit, Männern irgendwelche Vorrechte einzuräumen. Selbständig zu sein bedeutet für sie nicht nur, sich einen eigenen Lebensbereich zu schaffen und zu erhalten und in ihren eigenen Interessen nicht zugunsten des Zusammenlebens mit einem Mann zurückzustecken, sondern auch, sich von einem Mann in keiner Weise unter Druck setzen zu lassen.

Vicky und Frank haben längere Zeit vor der Geburt ihres Sohnes das praktiziert, was man als eine offene Zweierbeziehung bezeichnet. Dadurch, daß sie nicht zusammen wohnten, war es ihnen möglich, auch Beziehungen zu anderen Partnern zu haben und sich in ihrer Beziehung nicht festzulegen. Erst ein halbes Jahr vor der Zeugung von Danni entwickelte sich ihre Beziehung zu einer «festen Beziehung». Beide behielten aber auch in dieser Situation ihre getrennten Wohnungen bei. Eine feste Beziehung zu haben, bedeutete für sie nicht, sich auf viele Jahre im voraus festzulegen oder Beziehungen zu anderen Partnern prinzipiell auszuschließen. Eine feste Beziehung wird von ihnen hauptsächlich negativ definiert: solange nicht einer der beiden Partner die Beziehung aufkündigt, ist sie für beide verbindlich. Verbindlichkeit in diesem Sinne beinhaltet auch den Anspruch der Partner, sich über ihre Beziehung auseinanderzusetzen und wichtige Entscheidungen aufeinander abzustimmen. Ob es eine gemeinsame Zukunft geben wird oder nicht, wird aber allein davon abhängig gemacht, ob die Beziehung die Bedürfnisse der Partner befriedigt oder nicht. Eine irgendwie geartete Verpflichtung auf Dauer gibt es also nicht. Die Partner wollen nur so lange zusammenbleiben, wie ihre individuellen Interessen nicht zueinander in Widerspruch geraten.

Dieses Beziehungsarrangement ist heute nicht untypisch. Dahinter steht die Absicht, beiden Partnern einen größtmöglichen Grad von Unabhängigkeit zu gewähren, sie in ihrer individuellen Selbstverwirklichung möglichst wenig einzuschränken und von außen kommende Beziehungsansprüche, zum Beispiel solche nach lebenslanger Treue, als Einmischung in die persönliche Freiheit abzulehnen.

Vordergründig betrachtet haben beide in der Beziehung die progressive Position inne. Beide haben zwar den Anspruch, sich gegenseitig zu stützen und sich auch regressive Verhaltenswünsche zuzubilligen, dies ist aber nur legitim, wenn dadurch nicht die Unabhängigkeit eines oder beider Partner über längere Zeit eingeschränkt wird. Alle darüber hinausgehenden regressiven Wünsche müssen abgewehrt werden, weil sonst das Beziehungsarrangement insgesamt fragwürdig würde.

Dieses Arrangement drückt sich auch darin aus, wie beide die Entscheidung für ihr Kind getroffen haben. Frank schildert die Entscheidungssituation, nachdem Vicky ungewollt schwanger war, folgendermaßen: «Ich wollte das Kind eigentlich nicht. Ich war aber der Ansicht zu der Zeit, daß es vor allem Sache von Vicky ist, das zu entscheiden. Damals habe ich gesagt, ich bestärke sie nicht darin und rate ihr auch nicht ab. Aber eigentlich hatte ich gehofft, daß sie das Kind nicht kriegen würde. Vielleicht wollte ich, wenn ich heute zurückblicke, sie durch diese Art und Weise auch dahindrängen, daß sie so entscheidet, wie ich es gerne gehabt hätte.»

Vicky meint dazu: «Eigentlich wollte Frank damals kein Kind haben, aber er hat sich nicht getraut, das zu sagen, weil er mich nicht unter Druck setzen wollte.» Da es zwischen Frank und Vicky ein ungeschriebenes Gesetz gibt, daß der Mann seine Meinung nicht durch Druck auf die Frau durchsetzen darf, bleibt ihm wenig Möglichkeit, ihre Entscheidung in seinem Sinne zu beeinflussen. Gleichzeitig zieht er aber auch einen Vorteil aus dieser Situation: er delegiert die Verantwortung für seine Vaterschaft an seine Frau und kann sich damit psychisch entlasten. Die Verbindlichkeit, die das Kinderkriegen bedeutet, wird relativiert. Er fühlt sich zwar verpflichtet gegenüber Vicky, aber er bewahrt sich gleichzeitig auch ein Stück Unabhängigkeit. Außerdem kann er später, wenn es schwierig wird, auch darauf verweisen, daß sie die Entscheidung allein getroffen habe. Und aus eben diesem Grund kann sie ihr Gefühl von Unabhängigkeit aufrechterhalten.

Nach der Geburt sieht alles anders aus. Die Veränderung, die das Kind mit sich bringt, wirft die bisherige Übereinkunft über den Haufen. Nach der Geburt behielt Frank zwar seine eigene Wohnung bei, faktisch wohnte er aber nur noch bei Vicky. Beide zogen sich immer mehr auf ihre Zweierbeziehung zurück. Frank macht vor allem Vicky für diese Entwicklung verantwortlich. «Ich habe eine ganze Menge meiner Außenkontakte für Vicky aufgegeben.» Er erlebt die neue Situation auch massiv als Einschränkung seiner bisherigen Möglichkeiten. «Ich konnte nicht mehr das machen, was ich wollte. Es hat mit Pflichten zu tun gehabt, nicht so viel mit Freuden.»

Während vor der Geburt beide in der progressiven Position waren, setzt sich jetzt eine neue Verteilung durch. Frank fühlt sich dabei von Vicky bestimmt. Sie zieht sich auf die regressive Position zurück und diktiert ihm, so wie er es erlebt, die progressive Position zu.

Frank erzählt: «Ich hatte das Gefühl, daß ich viel gegeben habe, nicht nur an Arbeitskraft, auch an Zuwendung, wenn es ihr nicht so gut ging: Tee kochen, Arzneimittel besorgen, einkaufen, diese ganzen Sachen, die hab ich alle gemacht. Obwohl ich, glaube ich, viel gemacht habe, fing Vicky bei jeder Gelegenheit erst mal an, mir ein schlechtes Gewissen zu machen. Ich würde meine Pflicht vernachlässigen.»

Die neue Situation bietet Vicky die Gelegenheit, ohne daß sie sich das eingestehen kann, ihre regressiven Verhaltenswünsche, die sie lange abwehren mußte, endlich auszuleben. Jetzt in dieser Situation ist das legitim. Deshalb unternimmt sie auch eine ganze Menge, um diese Situation aufrechtzuerhalten. Das Gefühl von Frank, daß Vicky ihn in etwas hineinzwingt, hat also eine reale Entsprechung.

Er fühlt sich zwar von ihr funktionalisiert, aber auch er zieht Gewinn aus der Situation: daß er gebraucht wird, hebt sein Selbstwertgefühl. Außerdem macht er Vicky, die Unabhängige, von sich abhängig.

Das unbewußte Zusammenspiel der beiden hat aber auch eine Kehrseite: Vicky gerät in Widerspruch zu ihrem Selbstbild, der autonomen, emanzipierten Frau. Dieser Widerspruch führt dazu, daß sie sich an bestimmten Punkten ihre Unabhängigkeit krampfhaft selbst beweisen muß. So zum Beispiel in der Frage der Beteiligung von Frank an den anfallenden Hausarbeiten.

Nachdem Frank einige Zeit nach der Geburt eine Stelle als Lehrer angetreten hat, kommt es zwischen beiden immer öfter zu Streit über die Aufteilung der anfallenden Arbeit. Frank erzählt: «Das finde ich bei Vicky halt extrem, daß sie nicht registriert, was ich für eine Belastung habe und mir mal einen gewissen Freiraum gewährt. Ihr Hauptspruch war immer: du machst dich vom Acker, und ich sitze mit dem Kind da. Nun komme ich aber nach neun Stunden Arbeit nach Hause, da bin ich erst mal müde und kann mich nicht sofort ums Kind kümmern.»

Wohlgemerkt, es ging bei dem Streit der beiden nicht darum, daß Frank nichts zu Hause machen wollte. Es ging lediglich um die Frage, ob Vicky ihm überhaupt Zeit zum Abschalten zugestand oder nicht. Sie forderte zwar freie Zeit für sich, konnte ihm aber seine freie Zeit aus Angst, völlig in die alte Frauenrolle zurückzufallen, nicht zubilligen. Frank hat in der Beziehung also keinen Raum mehr für seine regressiven Bedürfnisse, weil Vicky ihre regressiven Wünsche nur dann einigermaßen angstfrei ausleben kann, wenn er kompromißlos und eindeutig in der progressiven Position festgenagelt ist.

Die Folge dieses Arrangements ist, daß Geben und Nehmen, Stützen und Unterstütztwerden für Frank in seiner Beziehung zu Vicky vollkommen aus dem Gleichgewicht geraten. Frank löst den Konflikt so, daß er die Befriedigung seiner regressiven Bedürfnisse nach außerhalb verlagert. Er trifft sich mit einer anderen Frau, ohne daß er dies Vicky erzählt. In der anderen Beziehung bekommt er all das, was er in seiner Beziehung zu Vicky vermißt. «Heidrun ist im Gegensatz zu Vicky ein unheimlich mütterlicher Typ. Sie ist jemand, der einen sehr umsorgt. Heidrun verkörpert für mich all das, was bei Vicky zu kurz kam.»

Das Beispiel von Vicky und Frank zeigt, wie durch die Geburt eines Kindes das bisherige Beziehungsarrangement in Frage gestellt wird.

Diese Schwierigkeiten treten heute bei nicht wenigen Paaren in ähnlicher Weise auf. Nicht selten wird der Mann nach der Geburt von der Frau in eine extrem progressive Position gedrängt. Obwohl die Frau dabei vordergründig die Aktive ist, weil sie mit Hilfe des Kindes ihre lang verdrängten regressiven Tendenzen auslebt, handelt es sich dabei um ein Arrangement, aus dem auch der Mann seinen Vorteil zieht. Die Gefahr nimmt zu, daß sie endgültig in alte Rollenschemata zurückfallen. Die Frau reduziert dann nach und nach ihre Ansprüche an sich selbst und verabschiedet sich innerlich vom Selbstbild der emanzipierten Frau. Der Mann entschädigt sich für seinen Zwang zur Progression dadurch, daß er die Frau von sich abhängig macht. Beide sind mit ihrem neuen Arrangement meist keineswegs glücklich.

Doch es gibt auch andere Möglichkeiten: Viele Paare, bei denen beide Partner vor der Geburt des Kindes eine progressive Position innehatten, bemühen sich nach der Geburt krampfhaft, eben diese Position aufrechtzuerhalten. Keiner billigt dabei dem anderen und sich selbst zu, regressive Wünsche auszuleben. Dieses Zusammenspiel kommt bevorzugt bei Paaren vor, wo beide außer Haus arbeiten und die Kinderbetreuung untereinander aufteilen. Zum einen hat dies natürlich damit zu tun, daß beide sehr wenig Zeit haben, sich gegenseitig zu bemuttern und sie gezwungen sind, dem reibungslosen Funktionieren absolute Priorität einzuräumen. Zum anderen aber hat insbesondere die Frau oft das uneingestandene Gefühl, daß sie auf ihr mit der Mutterrolle verknüpftes Privileg zur Regression verzichtet. Von daher ist sie nicht bereit, dem Mann regressives Verhalten zuzubilligen, zumal für sie die alte Rolle, für das emotionale Auftanken des Mannes und sein psychisches Gleichgewicht zuständig zu sein, immer suspekter geworden ist.

Für die hier dargestellten Beziehungsarrangements nach der Geburt eines Kindes scheint typisch zu sein, daß die regressiven Bedürfnisse eines oder beider Partner über einen längeren Zeitraum zu kurz kommen. Da eine der wesentlichen Motivationen für die Paarbildung darin besteht, sich fallenlassen zu können und vom Partner Unterstützung zu erfahren, bleibt ein solches Ungleichgewicht in der Paarbeziehung nicht ohne schwerwiegende Folgen. Nicht selten führt es auch dazu, daß die Abgrenzung der elterlichen Beziehung dem Kind gegenüber nicht gelingt, weil einer oder beide Partner das Kind für die Befriedigung ihrer regressiven Bedürfnisse brauchen.

Gleichwertigkeitsbalance

Unter Gleichwertigkeit versteht Jürg Willi nicht «das Gleichsein in Verhalten und Funktionen, sondern die Ebenbürtigkeit im Selbstwertgefühl.»[11] Eine solche Ebenbürtigkeit im Selbstwertgefühl ist in vielen Paarbeziehungen heute nicht mehr leicht herstellbar. Im Zuge des Kampfes um Gleichberechtigung und mit der Aufhebung verbindlicher Geschlechtsrollen messen Mann und Frau sich zunehmend an den gleichen Maßstäben und können sich infolgedessen nur noch dann gleichwertig fühlen, wenn ihre Chancen zu Selbstbestimmung, Selbstverwirklichung und in beruflicher Hinsicht nicht allzu sehr voneinander abweichen.

Das geltende Wertsystem verunmöglicht heutigen Frauen, auf die alten «Hilfsmittel» zurückzugreifen, die früher von Frauen «benutzt» wurden, um Gleichwertigkeit herzustellen: Sie können ihr Selbstwertgefühl nicht mehr darüber gewinnen, daß sie die Frau eines gutverdienenden, erfolgreichen und sozial angesehenen Mannes sind. Im Zuge der Emanzipation messen sich Frauen nicht nur selbst an ihren eigenen beruflichen Erfolgen und an ihrer eigenen gesellschaftlichen Position, sondern sie werden auch von ihrer Umgebung daran gemessen, was sie an Eigenständigem erreicht haben. Auch Frauen bewerten das Verhalten anderer Frauen unter diesem Gesichtspunkt: nur eine berufstätige, materiell unabhängige Frau kann eine emanzipierte Frau sein. In der Abwertung der Hausfrauenarbeit sind sich im übrigen weite Teile der Frauenbewegung mit der Männergesellschaft durchaus einig, auch wenn hinter dieser Abwertung unterschiedliche Motive stecken.

Es geht darum, daß sich die Maßstäbe dafür, unter welchen Bedingungen sich eine Frau in einer Partnerschaft als gleichwertig erlebt, im Verlauf der letzten fünfzehn Jahre ziemlich grundlegend geändert haben. Männliche und weibliche Wertmaßstäbe haben sich, bei aller nach wie vor bestehenden Unterschiedlichkeit, aneinander angeglichen. Selbstwertgefühl entwickelt eine Frau nicht mehr dadurch, daß sie sich für Mann und Kinder aufopfert, sondern durch ihre Leistung in Beruf und Öffentlichkeit. Wenn die Frau nicht mehr berufstätig ist, entsteht ähnlich wie beim Mann ein Vakuum, das nur schwerlich durch irgend etwas anderes ausgeglichen werden kann. Auch Mutterschaft kann für viele Frauen dieses Vakuum nur ungenügend und vor allem nicht auf Dauer kompensieren. Die heutige Situation ist also dadurch gekennzeichnet, daß Mann und Frau sich auch in ihrer Paarbeziehung nur dann als gleichwertig erleben können, wenn ihre gesellschaftliche Position ähnlich ist, wenn sie vergleichbare Lebenschancen haben und wenn keiner vom anderen abhängig ist.

Auch die Verteilung von Macht spielt heute in Paarbeziehungen eine ganz andere Rolle als früher. Während früher der Mann die von ihm materiell abhängige Frau mit einer gewissen Selbstverständlichkeit bevormundete, in der Beziehung das Sagen hatte und die Frau sich nur mit ihren «weiblichen Waffen» (emotionale Beherrschung des Mannes, Schuldgefühle hervorrufen usw.) zur Wehr setzen konnte, geht es heute in Beziehungen darum, daß jeder gleichen Einfluß auf die anstehenden Entscheidungen haben will. Beide kämpfen darum, daß nicht ein Partner die Oberhand gewinnt und dem anderen seinen Willen aufzwingt. Weil die Einflußsphären der Partner nicht mehr durch ein starres Rollenreglement festgelegt sind, müssen sie ständig neu ausgehandelt werden.

Hinzu kommt, daß Frauen oft ihre alten Machtmittel auch unter den veränderten Bedingungen beibehalten, die traditionellen Machtmittel des Mannes (direkten Druck ausüben, körperliche Überlegenheit ausspielen usw.) aber mittlerweile entweder als unmoralisch oder unakzeptabel gelten oder durch die materielle Unabhängigkeit der Frau zu stumpfen Waffen im Geschlechterkampf wurden. Dies führt dazu, daß die Frau heute in Paarbeziehungen erheblich mehr Macht besitzt als der Mann, weil ihre Machtmittel auf der emotionalen Ebene ansetzen und der Mann der Frau hier nichts Gleichwertiges entgegensetzen kann.

Mit anderen Worten: schon unter normalen Bedingungen ist es heute oftmals sehr schwierig, in einer Paarbeziehung die Gleichwertigkeitsbalance aufrechtzuerhalten. Die Schwierigkeiten nehmen häufig zu, wenn ein Kind dazukommt.

Da der Beruf für das Selbstwertgefühl von Frauen so wichtig ist, läßt sich Gleichwertigkeit in einer Paarbeziehung mit Kind am ehesten dadurch aufrechterhalten, daß beide Partner halbtags arbeiten gehen und keiner seine Berufstätigkeit aufgeben muß. Dies ist aber ein Ideal, was oft an den äußeren Bedingungen scheitert. Der häufigste Fall ist nach wie vor, daß die Frau nach der Geburt zu Hause bleibt und der Mann arbeiten geht.

Da aber die Frau selbst ihre Hausfrauentätigkeit meist sehr niedrig bewertet und daraus nur wenig oder kein Selbstwertgefühl gewinnen kann, fühlt sie sich ihrem Partner nicht mehr ebenbürtig. Wenn der Mann der Tätigkeit der Frau dann auch noch mit Geringschätzung begegnet, wird ihrem Selbstwertgefühl vollends der Boden entzogen. Ähnliches passiert übrigens auch vielen Hausmännern.

Die Ebenbürtigkeit der Partner wird aber nicht nur durch eine bestimmte Arbeitsaufteilung in Frage gestellt, sondern auch dadurch, daß Vater- und Mutterrolle unterschiedliche Chancen beinhalten, Bestätigung zu erleben. Eine Mutter wird leicht auch über die Stillzeit hinaus zur Hauptbeziehungsperson des Kindes. In der Konkurrenz um die Zuneigung des Kindes zieht der Vater meist den kürzeren.

Ein Kind kann auch eingesetzt werden, um das eigene Selbstwertgefühl aufzuwerten. Wenn sich die Partner nicht als ebenbürtig erleben, kann der unterlegene Elternteil auch die Erfüllung seines eigenen Ich-Ideals an das Kind delegieren. Das Kind soll dann all das leisten und verkörpern, was ihm versagt bleibt. Fühlt er sich zum Beispiel als Versager, soll das Kind in besonderer Weise erfolgreich sein. Das Kind hat allerdings in der Rolle des Stellvertreters kaum Chancen auf eine eigenständige Entwicklung.

Wenn die Gleichwertigkeitsbalance in einer Beziehung gestört ist, hat derjenige Partner, dessen Selbstwertgefühl nicht gleichrangig ist, kaum Möglichkeiten, in positiver Weise innerhalb der Beziehung einen Ausgleich zu schaffen. Mit anderen Worten: ist das Gefühl der Gleichrangigkeit gestört, sind Störungen auch in anderen Bereichen der Partnerschaft die zwangsläufige Folge.

Dabei verstärken sich oftmals die einzelnen Störungen gegenseitig.

Dies verdeutlicht das folgende Beispiel von Klaus R. und Monika R. Sie hat mit der Geburt der Tochter ihren Beruf als Erzieherin aufgegeben, studiert aber noch nebenher an der Universität. Er ist als Rechtsanwalt tätig. Monika ist stark von der Frauenbewegung beeinflußt und möchte gern, wenn sie ihr Studium abgeschlossen hat, in einem Frauenprojekt im sozialen Bereich arbeiten. Ihrer Hausfrauenrolle steht sie sehr gespalten gegenüber. Einerseits genießt sie die Vorteile dieser Rolle, andererseits kann sie sich mit ihrer Hausfrauentätigkeit überhaupt nicht identifizieren und hat das Gefühl, daß sie eigentlich «nichts Richtiges macht».

Mit Klaus streitet sie ständig, weil er ihre Arbeit zu Hause zu wenig anerkennt. Monika: «Die Sachen, für die ich zuständig bin, für den Haushalt und für Ariane, das wird von ihm nicht anerkannt. Auch mein Studium nimmt er eigentlich nicht ernst.»

Bei ihren Streitigkeiten geht es vor allem um Selbstbehauptung. Kleinigkeiten gewinnen dabei eine enorme Bedeutung. Oft kämpfen beide um Sieg oder Niederlage. Monika setzt dabei ihre emotionalen Machtmittel voll ein, um Klaus in die Rolle des Unterlegenen zu bringen. Sie erzählt: «Ich bin in unserer Beziehung ziemlich dominant. Ich mache ihn oft an wegen irgend etwas. Klaus ist ziemlich ruhig und kann schlecht streiten. Ich reagiere mich dann richtig an ihm ab, so daß mir die Situation nicht mehr so viel ausmacht. Er zieht sich zurück und leidet.»

Dadurch, daß sich Monika Klaus gegenüber nicht gleichwertig fühlt, hat sie ständig das Gefühl, sich ihm gegenüber behaupten zu müssen. Dies wird noch dadurch verstärkt, daß er ihre Arbeit kaum anerkennt. Hier ist aber auch Projektion am Werk: da sie ihre Arbeit selbst abwertet, trifft sie die Abwertung von Klaus in besonderer Weise. Außerdem ist sie durch ihre eigene Abwertung auch besonders hellhörig und registriert übersensibel, wie Klaus sich verhält.

Er selbst hat das Gefühl, daß er es ihr nicht recht machen kann, egal, was er unternimmt. Er schildert, daß sie selbst dann unzufrieden ist, wenn er sich sehr bemüht.

Da Monika nicht das Gefühl hat, Klaus ebenbürtig zu sein, setzt sie ihre emotionalen Machtmittel ein, um mit Klaus gleichzuziehen. Indem sie sich ihre Dominanz immer wieder beweist, versucht sie, ihr Selbstwertgefühl «aufzubauen». Indem sie Klaus von seinem hohen Roß herunterholt, verschafft sie sich Genugtuung.

Für die Beziehung der beiden ist der Ablauf ihrer Streitigkeiten destruktiv. Klaus zieht sich immer mehr zurück und hat das Gefühl, ihren emotionellen Ausbrüchen ausgeliefert zu sein. Um nicht der Unterlegene zu sein und nicht verletzt zu werden, verschließt er sich immer mehr. Gleichzeitig versucht er sie aber auch zu treffen, wo sie zu treffen ist. Indem er ihr Studium und die von ihr geleistete Hausarbeit abwertet, rächt er sich an ihr für die Demütigungen, die sie ihm zufügt. Beide spielen in destruktiver Weise unbewußt zusammen. Das eine Verhalten verstärkt das andere und umgekehrt. Solange beide sich nicht gleichwertig erleben, kann das destruktive Zusammenspiel wahrscheinlich nicht durchbrochen werden. Wirklich gleichwertig könnten sich beide aber nur erleben, wenn beide berufstätig wären. Wenn Klaus ihre Arbeit anerkennen würde, wäre die Situation zwar etwas entschärft, da sie selbst ihre Arbeit aber nicht als gleichwertig empfindet, könnte sie ihre Beziehungssituation auch bei verändertem Verhalten von Klaus nicht grundlegend anders erfahren.

Jürg Willi bemerkt dazu:

«Wenn offene Gleichwertigkeit herrscht, besteht die Chance, daß Streitigkeiten und Auseinandersetzungen direkt und einigermaßen sachbezogen geführt werden. Kippt nun die Balance einseitig um und merkt einer der Partner, daß er dem anderen mit direkten Mitteln unterliegt, so kann er in einer Paarbeziehung auf ein großes Waffenarsenal zurückgreifen, mit dem er sich trotz scheinbarer Unterlegenheit dem Partner gegenüber behauptet und wieder in ein – allerdings destruktives – Gleichgewicht bringen kann. Die dazu eingesetzten Mittel sind etwa: Weinen, depressive Vorwurfshaltung, Davonlaufen, trotziges Schweigen, Märtyrer- und Heiligenhaltung, psychosomatische Symptombildung, Suizidversuche, Alkoholräusche, Arbeitsstreik, Einbezug von Drittpersonen usw. Viele Ehequalen entstehen daraus, daß Konflikte nicht mehr direkt mit ‹gleichen Waffen› ausgetragen, sondern daß solche destruktiven Reserven mobilisiert werden, die eine faire Konfliktlösung verunmöglichen und zu einer Eskalation führen, in der jeder nur noch darauf bedacht ist, dem anderen Schmerzen zuzufügen oder den anderen zu zerstören, ohne Beachtung der Tatsache, daß er dann sich selbst mitschädigt.»[12]

Dies alles gilt uneingeschränkt auch dann, wenn die Gleichwertigkeitsbalance durch die Geburt eines Kindes durcheinandergerät.

VII. Beziehungssackgassen

«Also im Moment find ich unsere Situation so richtig verrannt, da kommt man kaum raus», äußerte eine Mutter über ihre Beziehungssituation. Dies charakterisiert kurz und präzise, was eine Beziehungssackgasse ist. Wie bei einer Sackgasse im Straßenverkehr geht es in einer Beziehung dann in der eingeschlagenen Richtung nicht mehr weiter. Will man nicht festsitzen, muß man umkehren und einen anderen Weg suchen. Die in diesem Kapitel beschriebenen Beziehungssackgassen sind typisch für Paarbeziehungen nach der Geburt.

1. Rückzug

Im Verlauf von Auseinandersetzungen in Paarbeziehungen nach der Geburt kommt es sehr häufig dazu, daß sich einer oder beide Partner immer mehr zurückziehen. Solcher Rückzug kann viele Formen annehmen und sich in den unterschiedlichsten Bereichen bemerkbar machen. So kann ein Partner sich beispielsweise aus der gemeinsamen Sexualität «zurückziehen», oder die in einer Beziehung vorhandene Frustration kann darin zum Ausdruck kommen, daß die Partner in ihrer Freizeit nichts mehr gemeinsam unternehmen.

Der Rückzug eines oder beider Partner geschieht meist wortlos. Das heißt, er ist in vielen Fällen nicht das Ergebnis offener Auseinandersetzungen, sondern eher das Ergebnis der Unfähigkeit, miteinander zu reden. Jeder registriert das Verhalten des anderen, deutet es in bestimmter Weise und zieht stillschweigend seine Konsequenzen. Rückzug ist also Ausdruck und oft zwangsläufiges Ergebnis von Kommunikationsschwierigkeiten.

Dies gilt auch dann, wenn der Rückzug von hitzigen Wortgefechten begleitet ist. Auch die offene Eskalation von Konflikten kann die Kommunikation unter den Partnern abwürgen. Dies trifft besonders dann zu, wenn ein Partner sich dem anderen nicht gewachsen fühlt und sein Rückzug die letzte Rettung vor der drohenden Niederlage im Streit darstellt.

Daß nach der Geburt eines Kindes der Rückzug eines oder beider Partner so häufig zu beobachten ist, ist nicht zufällig:

«Ich fühlte mich ziemlich ausgeschlossen im ersten Jahr von Anna. Ich bin arbeiten gegangen, und Herta war den ganzen Tag mit Anna zu Hause. Ich hatte so das Gefühl, daß ich an Anna gar nicht rankam und bei beiden außen vor stand. Mir ging es dabei immer schlechter.

Damals dachte ich, ich muß jetzt was tun, damit es mir wieder besser geht und auch um zu einem besseren Zusammenleben zu finden. Ich habe dann eine Therapie angefangen. Dadurch, daß ich mich so viel mit mir beschäftigt habe, bin ich aber zu Hause noch mehr ausgestiegen und habe mich immer mehr auf mich zurückgezogen.

Herta hat sich durch mein Verhalten ungeheuer provoziert gefühlt und hat begonnen, mir ihre Unabhängigkeit zu demonstrieren. Unsere Auseinandersetzungen wurden immer härter. Sie hat immer öfter gefragt, warum ich eigentlich nicht ausziehe. Das war ziemlich frustrierend für mich.

Zu einem normalen Gespräch waren wir da überhaupt nicht mehr fähig. Wenn wir überhaupt noch miteinander redeten, haben wir uns nur noch gegenseitig angemacht.»

Der ursprüngliche Auslöser für den Rückzug dieses Vaters war die Mutter-Kind-Symbiose. Typisch ist dabei, daß sich der Vater seine daraus resultierende Wut, Enttäuschung und auch seine Eifersucht nicht eingestehen kann. Deswegen benennt er die Gefühle, die ihn damals bewegt haben, auch nicht konkret. Zorn, Wut und untergründige Aggression, die die meisten Väter gegenüber dem Kind als Konkurrenten empfinden, gehören in unserer Gesellschaft zu den sehr stark tabuisierten Empfindungen. Ich habe kaum Väter kennengelernt, die sich solche Gefühle eingestehen konnten. Die meisten verdrängen solche Gefühle: weil nicht sein darf, was nicht sein kann. Ein Vater soll sein Kind lieben. Daß er sein Kind nicht nur liebt, sondern ihm gegenüber als Konkurrent um die Zuwendung der Mutter auch feindselige Gefühle hegt, bleibt auch ihm selbst meist verborgen; sie werden transformiert in Liebe zum Kind.

Was wirklich in diesen Vätern gärt, wird gar nicht mehr offensichtlich, doch ihre Vaterliebe wirkt irgendwie unecht und überzogen. Trotzdem ist die Wut nicht einfach verschwunden. Die scheinbar unkontrollierbaren Wutanfälle, über die viele Väter berichten, lassen allerdings erahnen, was alles an zwiespältigen Gefühlen in ihnen steckt.

Bei der Verdrängung der Ambivalenz des Vaters zu seinem Kind spielen freilich nicht nur gesellschaftliche Normen eine Rolle, sondern auch die Bedrohlichkeit, die solchen väterlichen Gefühlen innewohnt. Die Frau spürt nämlich meist «instinktiv» die untergründige Feindseligkeit des Vaters und unterstützt diesen bei seiner Verdrängung. Da sie ihre Beziehung zum Kind nur angstfrei und ohne Schuldgefühle in so enger und ausschließender Weise leben kann, wenn sie mit der Brisanz der väterlichen Gefühle nicht konfrontiert wird, hat sie ein massives Interesse, die väterlichen Liebesgefühle zu kultivieren.

Wenn der Vater bestimmte, sowohl von der Gesellschaft als auch von der Mutter tabuisierte Gefühle verdrängt und aus der Paarkommunikation ausklammert, klammert er gleichzeitig auch einen wesentlichen Teil dessen aus, was ihn in dieser Situation bewegt. Indem er mit sich selbst auf rational betonte Weise umgeht und sich zurücknimmt, zieht er sich gleichzeitig, ob er will oder nicht, auch ein Stück aus der Beziehung zurück. Da er seine untergründige Verletztheit mit sich selber ausmachen und nicht in die Beziehung einbringen will, muß er sich abschotten.

Dies ist der erste Schritt, der eine Kette von Reaktionen und Gegenreaktionen auslösen kann. Indem der Vater sich nämlich zurückzieht, vermeidet er zwar den offenen Konflikt mit seiner Partnerin, seine Enttäuschung und Wut wird aber nicht kleiner, sondern sein unausgesprochener Groll, den er gegenüber seiner Partnerin wegen der Zurückweisung hegt, wird immer größer.

Im übrigen erreicht er mit seinem Rückzug das genaue Gegenteil dessen, was er eigentlich erreichen wollte. Da sie seinen Rückzug nicht als Appell nach mehr Zuwendung und Nähe versteht, sondern das Gefühl hat, daß er sich aus der gemeinsam geschaffenen Situation immer mehr entfernt und für sie immer weniger erreichbar ist, reagiert auch sie mit Enttäuschung und Wut.

Rückzug als Strategie zur Vermeidung offener Auseinandersetzungen kann die Möglichkeiten zur Verständigung in einer Paarbeziehung immer mehr verbauen. In dem Moment, wo ein Partner sich zurücknimmt und die Probleme, die er mit dem anderen Partner hat, für sich allein lösen möchte, koppelt er sich von der gemeinsamen Ebene ab. Wenn sein Partner auf seinen Rückzug nicht mit verstärkter Anstrengung, sondern seinerseits mit Enttäuschung und wiederum mit Rückzug reagiert, kann leicht eine Reaktionskette in Gang gesetzt werden, bei der eine Enttäuschung die andere bedingt und die Partner sich immer weiter voneinander entfernen.

Natürlich entsteht eine solche Reaktionskette nicht zwangsläufig. Wenn ein Paar allerdings schon vor der Geburt des Kindes Schwierigkeiten hatte, Konflikte offen auszutragen, wird es dafür besonders anfällig sein.

Eines darf dabei in seiner Bedeutung nicht verkannt werden: die Beziehungssituation, in die ein Vater nach der Geburt eines Kindes gerät, fordert von ihm geradezu den Rückzug. Er soll nämlich zugunsten des Kindes verzichten und soll nicht zum Störenfried der Mutter-Kind-Beziehung werden. Außerdem sind ihm andere als liebevolle Gefühle gegenüber seinem Kind nicht erlaubt. Dies alles geht nur, wenn der Vater seine Gefühle verdrängt und betont rational mit ihnen umgeht.

Wenn die Frau jetzt auch noch über längere Zeit keine Lust hat, mit ihm zu schlafen, kann sich das Gefühl, zurückgewiesen zu werden, noch verstärken. Viele Frauen neigen nach der Geburt zudem dazu, vom Vater zu fordern, daß er mit seinen Problemen allein klarkommen soll, und fühlen sich von den Ansprüchen des Mannes überfordert.

So kann eine Entwicklung in Gang gesetzt werden, die später nicht mehr ohne weiteres umkehrbar ist: in dem Versuch, sich allein wieder zu stabilisieren, greift der Vater auf «bewährte» männliche Techniken zurück. Da Männer allein sich schwierig emotional stabilisieren können und Männerfreundschaften sich oft dadurch auszeichnen, daß über Gefühle wenig gesprochen wird, bleiben ihnen nur noch ihre typisch männlichen Verarbeitungsformen.

Dazu gehört neben der Verdrängung vor allem die Flucht in die Arbeit. Durch Arbeit sind die meisten Männer in der Lage, den Leidensdruck, der in anderen Bereichen entsteht, zu mindern.

Eine andere Form männlichen Rückzugs ist auch, eine Beziehung mit einer anderen Frau zu beginnen, um dort all das zu bekommen, was bei ihm im Moment zu kurz kommt.

Wenn der Mann sich auf die eine oder andere Weise zurückzieht, bleibt dies für die Frau nicht ohne spürbare Folgen: der Rückzug des Mannes in seine Arbeit hat zum Beispiel die Konsequenz, daß sie die Belastungen der Kinderarbeit weitgehend allein bewältigen muß und daß sie von ihm auch wenig emotionale Unterstützung erwarten kann. Wenn der Mann seine Arbeit zur Leidabwehr einsetzt, geht das außerdem damit einher, daß er auf Gefühle nicht mehr ansprechbar ist. Stabilisierung durch Arbeit funktioniert nur, wenn alle Zwiespältigkeiten und Ambivalenzen und auch die eigene Verwundbarkeit aus dem Bewußtsein ausgeklammert werden.

Da dieses männliche Verhaltensschema für die Frau nicht akzeptabel ist, wird sie sich in irgendeiner Weise zur Wehr setzen. Oder sie zieht sich auf das Kind als Ersatzbeziehungspartner zurück. In Reaktion und Gegenreaktion werden sich beide dann unter Umständen immer weiter voneinander entfernen.

Der Rückzug von beiden kann sich auch darin ausdrücken, daß immer mehr Probleme aus dem Gespräch ausgeklammert werden. Das gemeinsame Gespräch zwischen den Partnern erstirbt dann nach und nach. Scheinbar haben sich die Partner dann nichts mehr zu sagen:

«Damals, nach der Geburt von Sylvia, haben wir immer weniger miteinander gesprochen. Ich war froh, wenn er morgens aus dem Haus ging. Abends verschwand er dann oft nach kurzer Beschäftigung mit Sylvia in seinem Arbeitszimmer. Ich wußte sowieso nicht, was ich ihm erzählen sollte. Mein Alltag mit dem Kind erschien mir trivial und interessierte ihn auch nicht besonders.»

In Wirklichkeit hätten sich die beiden natürlich sehr viel zu sagen, da sie aber den offenen Konflikt scheuen, sitzen sie in der Sackgasse ihrer Konfliktvermeidung fest.

Mann und Frau tun sich nach der Geburt ihres Kindes also keinen Gefallen, wenn sie ihren Groll und ihre Enttäuschung hinunterschlucken und damit allein fertig werden wollen. Zorn und Wut aufeinander sind nach der Geburt eines Kindes in einer Paarbeziehung praktisch unvermeidbar.

Wenn der Rückzug als Auseinandersetzungsform in einer Paarbeziehung dominiert, stellt sich immer auch die Frage, warum gerade dieses Verhalten bevorzugt wird.

Rückzug ist Abwehrverhalten. Welche tieferliegenden Schwierigkeiten motivieren ein Paar zu dieser Form der Abwehr? Unter Umständen kann das Verhalten eines Paares völlig von der unbewußten Paardynamik bestimmt sein. Der Sinn des Rückzugsverhaltens erschließt sich dann nur aus der Kenntnis des spezifischen Beziehungsarrangements eines Paares.

2. Der Kampf um die Macht

Neben und parallel zum Rückzugsverhalten kommt es in vielen Paarbeziehungen nach der Geburt auch zu mehr oder weniger ausgeprägten Machtkämpfen. Da die Paarbeziehung sich in einem völligen Umbruch befindet, muß die Verteilung von Rechten, Pflichten und Einflußsphären neu geregelt werden. In einer solchen Situation sind Machtkämpfe unvermeidbar. Erschwerend kommt dabei hinzu, daß die gegenseitige Abhängigkeit durch das Kind größer geworden ist und ein Paar sehr viele Entscheidungen, die vorher nur die Angelegenheit des einzelnen gewesen waren, jetzt zusammen treffen muß.

Daß es heute in Paarbeziehungen mehr offene Machtkämpfe als früher gibt, liegt auch daran, daß Frauen sich mit ihrer nachgeordneten Position nicht mehr zufriedengeben und Gleichberechtigung in allen Angelegenheiten fordern. Auch weil der Mann in einer partnerschaftlichen Beziehung von vielen Privilegien Abstand nehmen muß, sind Machtkämpfe unvermeidbar. Im Gegen-

satz zu einer Beziehung ohne Kind kann zum Beispiel der Arbeits-
bereich nicht mehr aus der gemeinsamen Entscheidung ausgeklammert werden, aber gerade hier in seiner Männerdomäne muß
der Mann zurückstecken, wenn Gleichberechtigung möglich sein
soll.

Aber auch Frauen müssen zurückstecken: soll neue Väterlichkeit nicht ein Torso sein, müssen Frauen von ihrer Müttervor-
macht abrücken und dem Vater eine gleichberechtigte Beziehung
zum Kind ermöglichen. Auch hier ist zweifellos ein Kampf um die
Klärung von Einflußsphären nicht vermeiden.

Machtkämpfe in Paarbeziehungen sind zu akzeptieren, wenn sie
unter der Prämisse geführt werden, daß es um gleiche Verteilung
von Macht geht. Sie werden erst zu einer Beziehungssackgasse,
wenn es den Beteiligten um Sieg oder Niederlage geht. Dann kann
nämlich keiner mehr nachgeben, ohne sein Gesicht zu verlieren.
Da niemand in der Rolle des Ohnmächtigen sein will, müssen die
Auseinandersetzungen mit ständig steigender Erbitterung und unter immer massiverem Einsatz von Machtmitteln «endlos» weiter-
geführt werden. Im Prinzip können sie dann nur durch die Trennung der Partner beendet werden. Aber selbst im Hinblick auf eine
Trennung kämpfen beide oft noch um den «Endsieg». Die erbitter-
ten Streitereien um das Sorgerecht, wo es nicht selten auch darum
geht, dem anderen eine letzte Schlappe zuzufügen, sind dafür ein
Beispiel. Nicht der Streit als solcher ist also destruktiv für eine
Beziehung, sondern nur die Absicht, den anderen zu unterwerfen.

Ein Problem bei Machtkämpfen sind auch die angewandten
Mittel. Machtmittel sind zum Beispiel das Hervorrufen von
Schuldgefühlen, das Ausspielen materieller oder emotionaler Abhängigkeit und die Einbeziehung des Kindes in die elterlichen
Auseinandersetzungen. Auch der Rückzug, das Schweigen oder
die Sexualität können eingesetzt werden, um den anderen zu beeinflussen oder gar zu beherrschen. Das verfügbare Repertoire
scheint unerschöpflich.

Wie sehr Machtkämpfe nach der Geburt eines Kindes eskalieren können, zeigt das folgende Beispiel:

Ariane K. und Peter M. kannten sich gerade anderthalb
Jahre, als ihr Sohn Hannes geboren wurde. Peter arbeitet als
Ingenieur und Ariane als Krankengymnastin. Nach der Ge-

burt, so war verabredet, sollte Peter nur noch Teilzeit arbeiten, um Ariane zu entlasten und ihr nach dem Mutterschaftsurlaub auch eine Halbtagstätigkeit zu ermöglichen. In seinem Beruf war es für Peter sehr schwierig, eine halbe Stelle zu finden. Da er aber sehr hartnäckig war, gelang es ihm schließlich doch.

Als er dann nach der Geburt nur noch halbtags arbeitete, machte ihm seine Arbeit im Gegensatz zu früher nur noch wenig Spaß. «Mein Chef rächte sich an mir dadurch, daß er mir sehr viele uninteressante und unbeliebte Arbeiten zuteilte. Auch konnte ich durch meine reduzierte Anwesenheit kaum größere, zusammenhängende Projekte übernehmen, weil diese mit meinem verringerten Engagement nicht zu bewältigen waren. Da ich früher sehr gerne größere Projekte übernommen habe, war ich sehr unzufrieden mit meiner Arbeit. Die Zurücksetzung auf meiner Arbeit konnte ich nicht einfach so wegstecken. Ich merkte, wie sehr ich von der Bestätigung durch meine Arbeit abhängig bin.»

Zu Hause lief gleichzeitig auch nicht alles nach seinen Erwartungen. Er hatte sich sein Vaterdasein anders vorgestellt. Er hatte das Gefühl, daß Hannes ihn noch gar nicht registrierte und völlig auf den Busen von Ariane fixiert war. Auch von Ariane fühlte er sich zurückgesetzt. Sie konzentrierte ihre ganze Energie auf Hannes und war ansonsten müde, erschöpft und ausgelaugt. Peter ging es immer schlechter. Er redete aber mit Ariane kaum darüber. Nur gelegentlich, wenn er besonders schlechter Laune war, platzte ihm der Kragen, und er überschüttete Ariane mit Vorwürfen. Für sein schlechtes Befinden machte er sie verantwortlich, denn sie hatte ihn zu einer halben Stelle überredet.

Da seine Situation ihm immer unerträglicher erschien, reifte in ihm allmählich der Entschluß, wieder ganztags arbeiten zu gehen. Als er Ariane das erste Mal von seinen Überlegungen erzählte, argumentierte sie heftig dagegen und berief sich auf ihre gemeinsame Absprache. Er aber ließ sich, je länger die für ihn unbefriedigende Situation andauerte, immer weniger von seinem Entschluß abbringen. Schließlich gab Ariane nach. «Ich hatte ein schlechtes Gewissen ihm gegenüber. Gleichzeitig fühlte ich mich ihm gegenüber machtlos. Was wollte ich denn machen, wenn er seinen Entschluß einfach durchsetzte? Ich hätte nur weggehen können, aber das kam nicht in Frage. Dafür mochte ich ihn immer noch viel zu gern. Außerdem hatte ich einen Horror, für Hannes ganz allein zuständig zu sein.» Widerstrebend fügt sich Ariane schließlich in ihr «Schicksal». Die Erfahrung, daß Peter sich in ihrer Beziehung mit seinem Willen durchsetzt, hat sie im übrigen nicht das erste Mal gemacht. Schon vor der Geburt von Hannes gab es immer wieder Situationen, in denen Peter ihr seinen Willen aufgezwungen hatte.

Jetzt, nach der Geburt, fühlt sie sich Peter aber viel ausgelieferter als vorher.

«Daß er seine Entscheidung nach einiger Zeit auch offensiv verteidigte und meinte, daß es ja schließlich nur darum ginge, daß ich ein bis zwei Jahre zurückstecke, dann könnte ich ja wieder arbeiten gehen, hat mich vollends aufgebracht. Ich hatte das Gefühl, daß er mich immer weiter in eine bestimmte Rolle hineindrängen will, die ich nicht haben möchte.»

Da sie das Gefühl hat, mit dem Rücken zur Wand zu stehen, verteidigt sie sich in der Folge immer energischer und demonstriert ihm bei jeder günstigen Gelegenheit, daß er mit ihr nicht machen kann, was er will.

Er wiederum beklagt, daß «sie sowenig bereit ist, ihm entgegenzukommen». Da er insgeheim Angst hat, daß sie am Ende die Durchsetzungsfähigere sein könnte, versucht er vorzubauen. In der Beziehung wird er immer tyrannischer. «Er macht mir über alles mögliche Vorschriften. Nichts kann ich ihm recht machen. Ständig nörgelt er an irgend etwas herum und äußert seine Unzufriedenheit.»

Da er Angst hat, seine Macht zu verlieren, muß er Ariane immer weitergehender unterdrücken, weil er sich nur so sicher sein kann, daß sich das Machtverhältnis nicht irgendwann umkehrt. Jede Auseinandersetzung zwischen den beiden steht so im Schatten des Ringens um Macht.

Ariane erzählt: «Wenn ich irgend etwas möchte, hört er oft gar nicht richtig hin und fragt auch nicht, was ich mir dabei denke. Er reagiert dann so, daß er mir vorwirft, was für ein unmöglicher Mensch ich bin, anstatt sich mal die

Gründe zu überlegen, warum ich mich so verhalte. Ich werde dann immer aggressiver. Manchmal ist es so, daß ich seine Hintergründe verstehe und ihn trotzdem weiterhin anmache. Einfach so. Und wenn ich dann merke, daß ich die besseren Karten habe, dann mache ich natürlich weiter, damit ich auch mal der Sieger bin in so einem Kampf. Keiner kann mehr auf eigene Standpunkte verzichten. Jeder hat Angst, er gibt einen Trumpf aus der Hand.»

Daß Peter kein Verständnis mehr zeigen kann, ist typisch für fortgeschrittene Machtauseinandersetzungen. Verständnis kann nämlich nur derjenige zeigen, der auch nachgeben kann. Bei Peter und Ariane haben sich die Machtkämpfe aber bereits so eskaliert, daß keiner mehr nachgeben kann, ohne sich eine Blöße zu geben, die der andere dann – so müssen beide befürchten – als «Waffe» gegen ihn benützen könnte.

In einer solchen Situation können selbst alltägliche Entscheidungen zu einem Kampf um Sieg oder Niederlage werden. Immer geht es darum, wer recht behält. Ariane schildert dies an dem folgenden Beispiel: «Manchmal schieben wir die Arbeit hin und her. Zum Beispiel ging es vor kurzem darum, wer von uns beiden ein Regal in der Küche anbringt. Ich habe gesagt, wenn ich sowieso alles machen muß, was eine Frau macht, übernehme ich nicht auch noch den männlichen Teil. Er hat dazu gesagt, ‹du willst emanzipiert sein und nimmst noch nicht einmal die Bohrmaschine in die Hand›. Da jeder auf seinem Standpunkt beharrt hat, ist dann das Regal über Wochen hin nicht angebracht worden.»

Da die Situation zwischen beiden so verfahren ist, haben sie auch wenig Lust, etwas gemeinsam zu unternehmen. Wenn sie abends allein zu Hause sind, entwickeln sich zudem oft Streitgespräche, die von beiden als belastend erlebt werden und die gemeinsame Basis immer mehr aushöhlen. Um solche Streitgespräche zu vermeiden, bei denen keiner mehr dem anderen zuhören kann, unternehmen beide auch viel allein. Wobei Peter wiederum mehr verfügbare Zeit für sich beansprucht. So entstehen ständig neue Ausgangspunkte für Auseinandersetzungen.

Da Ariane das Gefühl hat, daß sie gegen Peter im offenen Kampf wenig oder gar nichts ausrichten kann, führt sie den Kampf zunehmend mit verdeckten Waffen. So zum Beispiel in der Frage, ob und wann sie wieder arbeiten gehen wird. «Obwohl ich eigentlich im Moment gar nicht wieder zur Arbeit gehen möchte, bleibt mir trotzdem gar nichts weiter übrig, weil ich Peter nur dadurch zwingen kann, sich in größerem Umfang an der Kinderarbeit zu beteiligen. Im Moment fühle ich mich da von ihm schlichtweg ausgenutzt. Der powert einfach seine Ideen durch, und ich bleibe da auf der Strecke. Und ich kriege ihn nur dazu, meine Interessen wahrzunehmen, wenn ich wieder arbeiten gehe. Dann muß er, ob er will oder nicht, mehr machen. Dann muß er all die Pflichten mitübernehmen, vor denen er sich im Moment drücken kann, weil ich ja zu Hause bin. Jetzt übernimmt er meist nur das, was er übernehmen will, und kann sich darauf berufen, daß alles andere mein Job ist, weil er ja allein arbeiten geht.»

Die Sackgasse von Machtkämpfen, bei denen es um Sieg oder Niederlage geht, kann nur überwunden werden, wenn in konstruktiver Weise mit Macht umgegangen wird. Solange in einer Beziehung der eine die Rolle des Mächtigen und der andere die Rolle des Ohnmächtigen innehat, kann sich wenig verändern. Da der Mächtige Angst davor haben muß, seine Macht zu verlieren, und der Ohnmächtige oft lediglich anstrebt, genauso mächtig zu werden, können beide aus ihren polarisierten Rollen nicht herauskommen.

Die Psychologen Hartmut Albath und Jörg Eikmann zeigen in ihrem Buch ‹Laß dich nicht unterkriegen. Macht und Ohnmacht in der Familie› den folgenden Ausweg aus der Macht-Sackgasse:

«Konstruktive Macht beteiligt den anderen an der Problemlösung und gibt ihm das Gefühl, wichtig und geschätzt zu sein. Das Gegenteil dazu ist die gebräuchliche, die harte Macht. Sie macht den anderen klein, bricht seinen Willen und läßt ihn seine Niederlage fühlen. Konstruktive Macht möchte beeinflussen – aber nicht besiegen. Sie läßt dem anderen Chancen. Wer flexibel mit ihr umgehen kann, macht auch Kompromisse möglich.»[1]

Nur: ein flexibler Umgang mit Macht ist nicht allen Paaren so ohne weiteres möglich.

Macht wird nicht selten in Beziehungen eingesetzt, um Abhängigkeiten herzustellen, die vor Einsamkeit und Isolation bewahren sollen. Dann kann nicht flexibel mit Macht umgegangen werden, weil die eigenen Ängste erst überwunden werden müssen, bevor auf Machtstrategien verzichtet werden kann.

Trotz all dieser Schwierigkeiten kommen wir aber im Umgang mit Macht an der folgenden Erkenntnis nicht vorbei:

«Gerade diejenigen Gefühle, die man von seinen Mitmenschen am meisten braucht: Anerkennung, Zuneigung, Liebe, sichere Geborgenheit (um nur einige zu nennen) kann man nicht erzwingen. Sie beruhen auf Gegenseitigkeit! Und ist diese Gegenseitigkeit nicht gegeben, so sind auch diese Gefühle nicht gegeben. Wer versucht, einen anderen zu zwingen, der bietet keine derart gleichwertige und gegenseitige Beziehung an. So kommt es zu der paradoxen Situation, daß der Mensch sich seiner Beziehung am sichersten sein kann, wenn er *nicht* versucht, sie abzusichern.»[2]

3. Zweites Kind als Lösungsversuch

Wenn das zweite Kind mit einem Abstand von zwei bis drei Jahren auf die Welt kommt, ist es meist auf dem Höhepunkt der Beziehungskrise nach der Geburt gezeugt worden.

Da nicht angenommen werden kann, daß die meisten Paare, die sich zu einem zweiten Kind entschließen, weniger Probleme als andere haben, liegt die Frage nahe, ob es irgendeinen Zusammenhang zwischen dem zweiten Kind und der Krise nach der Geburt gibt. Das hier vorliegende Material gibt hier eine eindeutige Antwort: In vielen Fällen ist für einen Außenstehenden sofort erkennbar, daß ein zweites Kind unter anderem *auch* den Versuch darstellen kann, für die Krise eine Lösung zu finden. Diesem Aspekt kommt natürlich in den jeweiligen Paarbeziehungen ein unterschiedliches Gewicht zu, und er muß nicht das alleinige Motiv für ein zweites Kind darstellen. Der Kinderwunsch ist ja immer vielfältiger motiviert, wobei allerdings meist die unbewußten Motive überwiegen und oft die eigentliche Triebkraft für den Kinderwunsch abgeben.

Sofern das zweite Kind auch den Versuch darstellt, für die Schwierigkeiten der Paarbeziehung eine Lösung zu finden, ist dies den Eltern meist nicht im wirklichen Umfang bewußt. Nicht wenige Eltern werden deshalb diesen Gedanken von der Hand weisen und andere, häufig rationale Gründe anführen, weshalb sie sich für ein weiteres Kind entschieden haben.

Die Frage, weshalb sie gerade zu einem Zeitpunkt, zu dem es in ihrer Paarbeziehung kriselt und ihre Beziehung sich in einem grundlegenden Veränderungs-Anpassungsprozeß befindet, ein zweites Kind bekommen, bleibt dabei aber meist unbeantwortet. Wenn es den Eltern nämlich hauptsächlich darum ginge, ihre Paarbeziehung wieder zu intensivieren und ihre Probleme gemeinsam aufzuarbeiten, wäre ein zweites Kind zwangsläufig unerwünscht. Es kommt nämlich genau zu dem Zeitpunkt, wo die Eltern wieder etwas mehr Zeit für sich haben, sich über das wahre Ausmaß der Veränderung bewußt werden und beginnen, ihre Paarbeziehung wieder mehr in den Vordergrund zu stellen. Ohne Übertreibung kann man sagen, daß ein zweites Kind diesen unverzichtbaren Prozeß der Neuorientierung verhindert und unmöglich macht. Wenn ein Kind trotzdem zu eben diesem Zeitpunkt von den Eltern «erwünscht» ist,[*] kann dies nicht unabhängig von ihrer Situation betrachtet werden. Es ist dann, ob es den Eltern bewußt ist oder nicht, *ihre* «Antwort» auf die neue Situation.

Allerdings ist es eine «Antwort», die für die Beziehung eine Sackgasse bedeutet. Ein zweites Kind «löst» nämlich keine der Schwierigkeiten der Eltern, es potenziert sie vielmehr.

Dies wird an dem folgenden Beispiel von Birgit und Rolf S. deutlich. Annabelle, das zweite Kind, wurde geboren, als Sascha gerade 2 ½ Jahre alt war. Birgit und Rolf hatten nach der

---

[*] Ich gehe von der Hypothese aus, daß eine Frau nicht zufällig schwanger wird. Wenn es zu einer «ungewollten» Schwangerschaft kommt, hat dies viele Hintergründe und Ursachen, die aber den Beteiligten selbst weitgehend verborgen sein können. Siehe hierzu Helfferich, Cornelia: «Mich wird es schon nicht erwischen». Risikoverhalten und «magisches» Denken bei der Verhütung. In: Häussler, Monika, u. a.: Bauchlandungen. Abtreibung – Sexualität – Kinderwunsch. München 1983.

Geburt von Sascha viele Konflikte miteinander. Es fing damit an, daß Rolf in den ersten Monaten nach der Geburt eine Beziehung mit einer anderen Frau anfing, von der Birgit sehr betroffen war. Daß Rolf so kurz nach der Geburt eine andere Beziehung aufnahm, empfand sie «als Verrat an der gemeinsam geschaffenen Situation». Obwohl Rolf die Nebenbeziehung nach einiger Zeit von sich aus abbrach, blieb bei ihr ein großes Mißtrauen ihm gegenüber zurück. Die Atmosphäre zwischen beiden war geladen. Oft stritten sie in aggressiver Weise miteinander. Zwischendurch gab es allerdings auch immer wieder entspanntere Momente zwischen beiden, wo sie sich wieder etwas näher kamen. Untergründig war bei beiden aber sehr viel Groll vorhanden.

Da Rolf die Arbeit von Birgit, die für Haushalt und Kind zuständig war, wenig anerkannte und auch dazu neigte, ständig an Birgit herumzunörgeln, fand Birgits Groll immer wieder neue Nahrung. Dies alles gab den Hintergrund dafür ab, daß sie, als Sascha ein Jahr alt war, sich auch in einen anderen Mann verliebte.

Für Rolf war diese Beziehung eine starke Bedrohung. Er war, wie Birgit es ausdrückte, «vollkommen durch den Wind». Als Birgit dann auch noch von ihrem neuen Freund schwanger wurde, drehte er fast durch. Birgit entschied sich für eine Abtreibung. Diese Entscheidung war für sie gleichzeitig verbunden mit der Trennung von ihrem Freund.

Obwohl Birgit sich in dieser Situation klar für Rolf entschieden hat, ist dieser tief verunsichert. Da sie sowieso Probleme haben, miteinander offen zu reden, gelingt es ihnen nicht, das Erfahrene miteinander aufzuarbeiten. Birgit: «Das sind zwei wesentliche Knackpunkte in unserer Beziehung, daß ich Rolf betrogen habe und daß er mich betrogen hat. Das steckt uns nach wie vor in den Gliedern. Wir haben das beide gar nicht überwunden.»

Ein Versuch, die schwierige Beziehungssituation zu überwinden, die in erster Linie von Rolf ausging, war das zweite Kind. Birgit: «Ein Überwindungsversuch von Rolfs Seite her war die Sache mit dem zweiten Kind. Das war mir dann irgendwann klar, daß Rolf von mir noch ein zweites Kind haben wollte. Quasi, um mich zurückzuerobern. Um meinen Körper mit sich zu besetzen. Also daß ganz klar ist, wem ich gehöre, nämlich ihm.»

Indirekt, und beiden gar nicht so bewußt, nagelt Rolf mit dem zweiten Kind Birgit aber auch auf ihre Hausfrauenrolle fest. Während vorher beide miteinander noch um die Rollenverteilung in ihrer Beziehung gekämpft haben, ist dieser Kampf jetzt erst mal vom Tisch. Rolf, der nicht wollte, daß Birgit in absehbarer Zeit wieder arbeiten geht, hat sich durchgesetzt.

Ein weiterer Punkt kommt hinzu: Nach der Geburt von Sascha ging es in den Auseinandersetzungen der beiden auch um die Frage von Autonomie und Abhängigkeit. Rolf wollte möglichst viel von seiner Autonomie, die er vorher für sich beansprucht hat, bewahren. Birgit hatte das Gefühl, daß er seine Autonomie «auf ihre Kosten» behauptet. Beide kämpften miteinander vehement um die Neuverteilung von Autonomie und Abhängigkeit. Ein Ausdruck dieses Kampfes war auch, daß beide Nebenbeziehungen begonnen haben, die unter anderem auch den Sinn hatten, dem anderen die eigene Unabhängigkeit zu demonstrieren.

Auch diesen Konflikt hat Rolf durch das zweite Kind in seinem Sinne entscheiden können. Birgit ist jetzt viel umfassender als vorher von ihm abhängig. Dies gilt einmal in materieller Hinsicht, weil die Aufnahme einer eigenen Erwerbstätigkeit für sie vorerst nicht in Frage kommt. Zum anderen schränkt das zweite Kind ihre Chancen zu autonomer Lebensgestaltung in ungleich größerem Umfang ein als seine. Die vorhandene Rollenverteilung läßt ihr insgesamt weniger Spielraum als ihm, wenn es zum Beispiel um verfügbare Zeit für eigene Aktivitäten geht. Überhaupt reduziert sich die für eigene Aktivitäten zur Verfügung stehende Zeit durch das zweite Kind noch einmal um ein Vielfaches. Birgit: «Unser zweites Kind hat das noch gesteigert, daß ich für mich selber eigentlich gar keine Zeit mehr habe.»

Die Überlastung führt auch dazu, daß eine aktive Auseinandersetzung mit der eigenen Situation kaum mehr stattfindet und das Nachdenken über mögliche Veränderungen zum Luxus wird. «Mit zwei Kindern bin ich so in Anspruch genommen, daß ich mir über mein Hausfrauendasein kaum mehr Gedanken mache. Nur manchmal, wenn ich mal etwas Zeit zum Nachdenken habe und mich frage, warum ich eigentlich so unzufrieden bin, dann komme ich irgendwie drauf, daß mir der Kontakt mit anderen Erwachsenen fehlt. Aber ich kann mich mit den zwei Kindern so beschäftigen, daß ich nicht mehr zum Nachdenken komme.»

Auch für gemeinsame Unternehmungen der beiden bleibt noch weniger Zeit. Abends ist Birgit oft so erschöpft und ausgelaugt, daß sie im Gegensatz zu früher wenig Lust hat, noch wegzugehen oder etwas mit Rolf zu unternehmen.

Auch sexuell läuft zwischen beiden weniger als nach der Geburt des ersten Kindes. Birgit: «Die zweite Geburt hat mich körperlich mehr mitgenommen als die erste. Die Folgen der Geburt sind viel stärker. Alles ist viel ausgeleierter. Sexuell spüre ich viel weniger als nach der ersten Geburt. Wie wenn einige Nerven eingeschlafen wären. Es dauert viel länger, bis irgend etwas bei mir ankommt. Wenn Rolf mich in den Arm nimmt, könnte er von meinen Empfindungen her auch mein Bruder sein. Ich hoffe, daß sich das noch irgendwie gibt. Ich weiß nicht, ob das normal ist. Ich weiß auch nicht, ob die Unzufriedenheit über die Beziehung sich auch so auswirkt.»

Insgesamt läßt sich feststellen, daß das zweite Kind alle Probleme, die die beiden miteinander haben, erheblich verstärkt hat. Auch ihre Auseinandersetzungen haben sich gewaltig eskaliert. Ein Jahr nach der Geburt des zweiten Kindes stecken sie in einer größeren Krise als nach der Geburt des ersten Kindes. Die Kommunikation zwischen beiden ist noch schwieriger geworden. Wenn sie mal füreinander Zeit haben, streiten sie sich meist. Zuviel gibt es mittlerweile in ihrer Beziehung, was sie beiseite geschoben haben, was aber im Untergrund gärt und eine Verständigung zwischen beiden unmöglich macht.

Im Grunde genommen hofften beide, vor ihren Schwierigkeiten mit Hilfe des zweiten Kindes flüchten zu können. Ein Jahr nach der Geburt von Annabelle sind aber alle Schwierigkeiten wieder da. Alles was damals ungeklärt blieb, ist nach wie vor ungeklärt.

Mit Hilfe des zweiten Kindes ist es Rolf allerdings gelungen, Birgit seine Vorstellungen über die Aufgabenverteilung in der Beziehung aufzuzwingen. Er hat seinen Spielraum also auf ihre Kosten erweitern können.

Aber auch Birgit gewinnt etwas, sonst würde sie nicht mitspielen: sie ist der Auseinandersetzung über ihre Frauenrolle vorerst enthoben. Sie ist zudem unumstrittene Hauptperson im Leben ihrer Kinder und kann die Vorteile ihrer neuen Abhängigkeit genießen, ohne in totalen Widerspruch zu ihrem Selbstbild der emanzipierten Frau zu geraten. Da Rolf ihr die Situation aufgezwungen hat, die Situation also nicht von ihr selbst verantwortet werden muß, muß sie sich nicht mit ihrer eigenen Widersprüchlichkeit auseinandersetzen, sondern kann sich als Opfer von Rolf fühlen.

Beide ziehen aus ihrer Situation aber noch einen zweiten, wesentlicheren Gewinn: sie haben sich vor der sie ängstigenden, ungelösten Autonomieproblematik in die Sicherheit einer (zumindest tendenziell) an traditionellen Rollenbildern orientierten Paarbeziehung geflüchtet. Mit dem zweiten Kind schaffen sie in ihrer Beziehung mehr Sicherheit. Ihre Beziehungsangst wird gemildert, weil sie einander durch das zweite Kind mehr verpflichtet sind. Vor allem Rolf, den die Autonomiebestrebungen von Birgit sehr tiefgehend verunsichern, schafft sich über das zweite Kind eine Absicherung gegen ihre Ausbruchsversuche.

Das Beziehungsarrangement der beiden hat aber auch entscheidende Nachteile: ihre Probleme mit Autonomie und Abhängigkeit werden nicht aufgearbeitet; sie haben ihre Probleme durch die Schaffung neuer Zwänge nur zugedeckt.

Da ihr Zusammenleben sich an den traditionellen Rollenbildern orientiert, beide aber ein der Emanzipation verpflichtetes Selbstbild haben, leben sie in permanentem Widerspruch mit sich selbst. Sie können den Widerspruch nur aushalten, indem jeder dem anderen die Schuld für die Misere gibt. Dieser Mechanismus aber blockiert jede echte Veränderung.

Das Beispiel von Rolf und Birgit zeigt, daß ein zweites Kind die Probleme eines Paares zwangsläufig verstärken muß, wenn die Krise der Beziehung nach der Geburt des ersten Kindes nicht positiv verarbeitet werden konnte.

Die Paartherapeuten Anita und Karl-Herbert Mandel bemerken dazu:

> «Konflikte nicht offen auszutragen, die Auseinandersetzung zeitlich zu verschieben, lohnt sich nicht: die Grundprobleme bleiben, ihre Lösung wird jedoch durch die Bildung von Teufelskreisen in der Beziehung der Partner immer komplizierter ...»[3]

Das alles spricht nicht grundsätzlich gegen ein zweites Kind. Wichtig ist nur, daß das Paar vor diesem Entschluß die Krise nach der Geburt des ersten Kindes überwunden hat.

4. Patt

Wenn die Krise der Paarbeziehung nach der Geburt über einen längeren Zeitraum andauert und die Partner in ihren Auseinandersetzungen auf der Stelle treten, stellen sich häufig Patt-Situationen ein. Eine Patt-Situation entsteht immer dann, wenn jeder der Partner sein Verhalten vom Verhalten des anderen abhängig macht. Der eine sagt dann etwa: «Wenn wir mehr gemeinsam miteinander unternehmen würden, könnte ich auch mehr auf dich zugehen.» Der andere antwortet: «Wenn wir uns näher wären, hätte ich auch Lust, mehr mit dir zu unternehmen.»

Jeder fordert vom anderen den ersten Schritt. Er ist erst bereit, sich anders zu verhalten, wenn der andere seine Forderung erfüllt hat. Statt aber die Forderung zu erfüllen, reagiert dieser wiederum mit einer Gegenforderung. Zwei Forderungen stehen sich dann kompromißlos gegenüber.

Es verhält sich dabei ähnlich wie beim Patt in einem Schachspiel. Weitere Züge sind nicht mehr möglich. Das Spiel kann nicht mehr von einem der beiden Spieler gewonnen werden. Man sitzt fest. Es geht nicht mehr weiter. Es sei denn, man beginnt ein neues Spiel.

In einer Paarbeziehung aber kann man nicht so einfach von vorn anfangen und eine neue Partie miteinander «spielen». Der Prozeß, der nötig ist, um aus der Beziehungssackgasse des Patts herauszukommen, ist oft langwierig. Manchmal reicht auch die eigene Anstrengung nicht aus, um der Patt-Situation zu entrinnen. Es muß dann die Hilfe Dritter in Anspruch genommen werden. Mitunter hilft auch das nicht unbedingt weiter. Dann ist das Patt so lähmend und das vorausgegangene «Spiel» war so enttäuschend, daß ein neues «Spiel» nicht mehr in Frage kommt.

Patt-Situationen in Beziehungen ergeben sich, wenn keiner mehr nachgeben will oder kann. Sie haben deswegen immer eine lange Vorgeschichte. Patt-Situationen können sowohl das letzte Stadium von Machtkämpfen als auch eine bestimmte Form von Rückzugsverhalten darstellen. In Machtkämpfen geht es – ähnlich wie im Schach – oft um Sieg oder Niederlage. Dabei kann es auch zu Patt-Situationen kommen, wenn jeder den Schritt des anderen immer wieder angemessen zu kontern weiß und die Partner sich deswegen irgendwann dermaßen in ihre Auseinandersetzungen verrannt haben, daß keiner mehr siegen kann. Beim Macht-Patt sind beide die Verlierer.

Eine Patt-Situation kann auch dadurch gekennzeichnet sein, daß die Partner sich in der Reaktions-Gegenreaktions-Kette von sich gegenseitig bedingendem Rückzugsverhalten festgefahren haben. Rückzug kann dann nur mit neuem Rückzug beantwortet werden. Bis zu dem Punkt, wo kein weiterer Rückzug mehr möglich ist.

Beim Patt handelt es sich nicht selten auch um eine Form des unbewußten Zusammenspiels zwischen den Partnern. Es kann zum Beispiel eingesetzt werden, um wirkliche Nähe zu verhindern. Auch kann es zur Verminderung von Beziehungsangst dienen. Ebenso können ungelöste Probleme mit Autonomie und Abhängigkeit den Grund dafür abgeben, daß es zu einer Patt-Situation kommt. Beide Partner drängen dann einander immer wieder gegenseitig in die Patt-Situation hinein.

Um anschaulicher zu machen, wie Patt-Situationen entstehen können, möchte ich das Beispiel von Helga M. und Hans S. anführen.

Helga und Hans kannten sich schon acht Jahre, bevor ihre Tochter Lisa geboren wurde. Sie sind nicht verheiratet, weil ihre Beziehung «ihre Privatangelegenheit ist und der Staat da nichts zu suchen hat». Während der acht Jahre, bevor Helga schwanger wurde, machte sich zwischen ihnen zunehmend Langeweile breit. Sie hatten sich immer weniger zu sagen. Auch überlegten beide, jeder allerdings «im stillen Kämmerlein», ob es nicht besser wäre, sich zu trennen. Sexuell hatten sie sich zu Beginn ihrer Beziehung «ganz toll» verstanden. Im Laufe der Jahre gestaltete sich ihre Sexualität aber immer schwieriger. Helga erzählte, daß sie kaum mehr Lust verspürte, mit Hans zu schlafen.

Während der Schwangerschaft intensivierte sich ihre Beziehung allerdings wieder. Auch ihre Sexualität gestaltete sich für beide wieder etwas befriedigender, obwohl es, wie sie beide übereinstimmend meinten, lange nicht so unkompliziert und lustvoll wie am Anfang ihrer Beziehung gewesen sei.

Während der acht Jahre vor der Schwangerschaft hatte es selten größere Auseinandersetzungen zwischen beiden gegeben. Helga erzählt von sich, daß sie nicht viel über Probleme reden würde und dazu neige, Konflikte eher zu verdrängen. Auch Hans ist offensichtlich nicht sehr konfliktfreudig, obwohl es nach seinem Bekunden schon mal vorkommt, daß er «aus der Haut fährt». Einige Zeit nach der Geburt von Lisa trat dieses Verhalten bei ihm allerdings verstärkt auf. «Manchmal war ich maßlos wütend. Ich konnte wegen Kleinigkeiten in die Luft gehen. Daß Helga um sich immer so ein Chaos verbreitete, konnte mich fast zur Raserei bringen. Ich empfand das als eine Zumutung. Auch viele andere Verhaltensweisen von ihr konnten mich zur Weißglut bringen. Ich mußte mich beherrschen, daß ich nicht ständig an ihr rumnörgelte.»

Kurz vor der Geburt waren beide, die vorher nie zusammen gewohnt hatten, in eine Wohngemeinschaft mit mehreren Freunden gezogen. Hans wurde jetzt zum erstenmal mit den Alltagsgewohnheiten von Helga konfrontiert, womit er schlecht zurechtkam. Für Helga waren die Alltagsgewohnheiten von Hans allerdings kaum ein Problem.

Das größte Problem, welches für ihn alle anderen Probleme überlagert und verstärkt, ist die Tatsache, daß Helga keinerlei Lust verspürt, mit ihm zu schlafen. Da Helga sich zu ihrer Unlust nicht näher äußert und auch auf Rückfragen von ihm nur sagen kann, daß sie selbst nicht weiß, warum sie keine Lust mehr hat, sieht er wenig Möglichkeiten, die Situation durch Anstrengungen von seiner Seite aus zu verändern. Während er anfangs noch darauf hofft, daß sich das schon wieder von selbst ändern wird, verliert er diese Hoffnung allmählich immer mehr, als sich auch ein Jahr nach der Geburt nichts getan hat.

Helga äußert ihm gegenüber, daß sie auf Sexualität verzichten könne und für sie das alles kein größeres Problem sei. Er leidet unter diesem Verzicht aber sehr und ist oft sehr verzweifelt, was er Helga aber nicht zeigt, sondern mit sich allein ausmacht.

Bei ihm staut sich allmählich ein immer größerer Groll an. «Ich habe das Gefühl, Helga kümmert es gar nicht, wie es mir geht. Sie läßt mich einfach hängen und bemüht sich in keiner Weise um irgendeine Veränderung.» Er zieht sich immer mehr zurück und läßt Helga bei jeder passenden Gelegenheit spüren, daß er auch «nichts mehr von ihr will». Zwischendurch kommt es auch immer wieder zu größeren Wutausbrüchen, bei denen es meist um Kleinigkeiten geht, in denen er aber seinen ganzen angestauten Groll herausläßt und Helga irgendwelche Gemeinheiten an den Kopf wirft, in der bewußten Absicht, sie zu verletzen.

Helga, die ihm gegenüber ein schlechtes Gewissen hat und emotional immer mehr dichtmacht, weiß sich gegen solche Ausfälle nur dadurch zu wehren, daß sie immer sprachloser wird.

Beide können nicht mehr spontan aufeinander zugehen. Jeder liegt in dem großen Bett auf seiner Seite. Ganz selten nehmen sie einander in die Arme und sind zärtlich zueinander. Wenn sie seinen harten Schwanz fühlt, zieht sie sich aber unwillkürlich zurück. Wenn er ihren Rückzug und ihre Steifheit spürt, kommt wieder erneut Wut in ihm hoch. Oft enden solche Situationen dann mit Streit, bei dem er ihr heftige Vorwürfe macht und ihr die Schuld an der Misere gibt.

Je länger der Zustand andauert, um so verfahrener wird die Situation. Die sexuelle Zurückweisung durch Helga wirkt sich bei Hans so aus, daß er auch emotional nicht mehr auf sie zugehen kann. Er hat auch wenig Lust, mit ihr in der freien Zeit etwas zu unternehmen. Da er sich von ihr abgelehnt fühlt und eine große Wut in sich angestaut hat, nutzt er jede Gelegenheit, sie irgendwie zu bestrafen.

Paradoxerweise sind das dann gerade oft diejenigen Situationen, in denen Helga einen Schritt auf ihn zu macht. Da er ihr nur dann seine Verletztheit deutlich demonstrieren kann, wenn er ihr auch mal eine Abfuhr erteilen kann, kann es zu keiner Annäherung mehr kommen. Solange sie distanziert nebeneinander her leben, gibt es ja nur wenig Möglichkeiten, seinen Groll unmißverständlich zu zeigen. Erst wenn sie etwas von ihm möchte, kann er sie wirklich treffen.

Da Helga sich oft von ihm zurückgestoßen fühlt, macht sie natürlich immer seltener den Versuch, auf ihn zuzugehen. Da emotional in·der Beziehung für sie so wenig abläuft, kann sie sich auch noch weniger als vorher vorstellen, mit Hans zu schlafen. Der Rest von Bedürfnis, der manchmal in ihr «aufglimmt», wird durch das Verhalten von Hans im Keim erstickt.

Aus der Sicht von Hans ist das sexuelle Zusammensein mittlerweile zum entscheidenden Punkt geworden, wenn es um eine Wiederannäherung von beiden geht. Ohne daß Helga ihm sexuell «entgegenkommt», kann er nicht mehr auf sie zugehen. Für Helga wiederum ist der Knackpunkt die emotionale Distanz zu Hans. Sie sagt: «Wenn wir uns nicht verstehen, kann ich nicht mit dir schlafen.» Er antwortet: «Wenn du nicht mit mir schläfst, können wir uns nicht verstehen.» Beide sind in einer Patt-Situation gefangen. Das Schlimme ist, daß die Situation der beiden durch die lange Vorgeschichte so verfahren ist, daß keiner mehr den ersten Schritt tun kann, selbst wenn er es möchte. Daß es zur Patt-Situation kam, ist allerdings nicht allein durch das Schema von Reaktion und Gegenreaktion erklärbar. Hier spielt vielmehr ihre gesamte Beziehungssituation herein: ihre Schwierigkeiten, miteinander offen zu reden; ihr Umgang mit Nähe und Distanz; ihre Strategie der Konfliktvermeidung und anderes mehr.

Das Beispiel verdeutlicht, daß Patt-Situationen oft nur überwunden werden können, wenn die Konflikte, die eine Beziehung bestimmen, grundsätzlicher aufgearbeitet werden.

VIII. Möglichkeiten der Bewältigung der Krise

Wie jede Krise birgt auch die Krise nach der Geburt eine Chance zu wirklicher Neuorientierung. In der Krise einer Paarbeziehung ist sowohl das Scheitern als auch das gemeinsame Wachstum, also die Vertiefung und Weiterentwicklung einer Zweierbeziehung, angelegt.

1. Wiederannäherung

In der Krise der Beziehung nach der Geburt entfernen sich viele Paare immer weiter voneinander. Ihre Beziehungen sind je nach Vorgeschichte von Haß, Wut, Zorn, Enttäuschung, Depression, Distanz, Gleichgültigkeit, Überdruß, Hilflosigkeit und ähnlichen Gefühlen bestimmt. Die Frage, ob sie sich noch lieben, können nur wenige mit einem klaren Ja beantworten. Die meisten anderen geben ausweichende Antworten, reagieren mit ausführlichen Erklärungen, antworten mit einem klaren Nein oder geben zu verstehen, daß eine Trennung wegen des Kindes oder aus verschiedenen anderen Gründen nicht in Frage komme.

Je länger diese Situation andauert, um so angespannter und unerträglicher kann sie werden. Dies ist besonders dann der Fall, wenn einer oder auch beide auf schnelle, klare Lösungen drängen oder wenn sich die Konflikte im unbewußten Zusammenspiel immer höher schaukeln und kein Ausweg mehr erkennbar ist. Die Partner verlieren dann das Vertrauen in ihre gemeinsame Entwicklung und haben unter Umständen das Gefühl, daß jeder dem anderen nur noch im Weg steht.

Das Fatale eines solchen Konfliktverlaufs besteht darin, daß die Konflikte innerhalb einer sehr kurzen Zeitspanne richtiggehend «explodieren» können und das in jeder Beziehung vorhandene Selbstheilungspotential nicht mehr zum Tragen kommen kann.

Ein wichtiges Moment des Selbstheilungspotentials in einer Beziehung stellt die Geduld dar. Geduld spielt vor allem in der Zeit nach der Geburt eine große Rolle. Mit dem Älterwerden des Kindes gewinnen die Eltern nämlich ganz automatisch wieder mehr Zeit für sich und ihre Beziehung. Manche Konflikte erledigen sich dann von selbst. Wenn ein Paar die Phase, wo es nur sehr wenig Zeit füreinander hat, übersteht, ergeben sich wieder ganz andere Möglichkeiten der Konfliktbe- und -verarbeitung. Vieles kann dann auch wieder mit mehr innerer Distanz gesehen werden. Weil das Kind den Eltern jetzt mehr Raum läßt, können sie einander unter Umständen auch wieder entspannter begegnen.

Mit anderen Worten: bei der Krise der Paarbeziehung nach der Geburt gibt es auch so etwas wie einen Wettlauf mit der Zeit. Wenn die Konflikte schon zu einem frühen Zeitpunkt, wo der Alltag eines Paares noch in sehr großem Umfang von der Betreuung und Versorgung des Kindes bestimmt ist, «explodieren», sind den Eltern oft die objektiven Möglichkeiten zur Bewältigung ihrer Konflikte genommen. Bevor ein Paar den Zeitpunkt erreicht hat, an dem das Kind ihnen wieder mehr Zeit läßt, ist es bereits so heillos zerstritten, haben sich die Gefühle füreinander so unwiderruflich abgekühlt und sind die erlittenen Verletzungen so tiefgehend, daß auch Hilfe von außen eine solche Beziehung mitunter nicht mehr «retten» kann.

Doch wenn die Eltern diese erste Phase nach der Geburt überstehen, werden die äußeren Bedingungen zur Bewältigung der Beziehungskrise nach und nach wieder günstiger. Was natürlich nicht bedeutet, daß sich die Beziehungssituation von selbst entspannt. Wenn die äußeren Bedingungen sich verändern, schafft dies lediglich die nötigen Voraussetzungen.

Wenn sich die Partner einander wieder annähern, ist dies ein langwieriger und auch störungsanfälliger Prozeß, und er ist mit einiger Mühe und Anstrengung verbunden. Dabei müssen Mann und Frau auch ihre bisherigen Beziehungsvorstellungen hinterfragen. Wenn der Traum von der totalen Liebesbeziehung für sie nach wie vor von zentraler Bedeutung ist, können sie sich auf ihre neue Situation nicht wirklich einlassen. Liebe ist in diesem Traum ein fast ekstatisches Hochgefühl, welches kommt und geht, aber nicht in irgendeiner Form festgehalten werden kann. Der Psychologe Peter Lauster drückt dies folgendermaßen aus:

«Liebe läßt sich nicht festbinden, sie kommt und geht, sie baut sich auf und baut sich ab, sie wird entzündet, und sie erlischt.»[1]

Daraus folgt, daß man sich um Liebe auch nicht bemühen kann, sie ereignet sich, oder sie ereignet sich nicht.

«Wenn ein gesellschaftliches Reglement sagt, daß die Liebe sich an einen Menschen binden soll, daß die ‹wahre Liebe› die einmalige Liebe und endgültige Entscheidung für diese Liebe sei, dann begebe ich mich in Unfreiheit und Enge, dann muß ich die Krise dieser so verstandenen Liebe in großer seelischer Not erleiden.
Wir wollen die Liebe einfangen wie einen Schmetterling im Netz. Sie läßt sich aber nicht einfangen und besitzen, denn sie ist etwas Lebendiges. Nichts Lebendiges läßt sich einfangen, ohne an Lebendigkeit zu verlieren, alles Gefangene stirbt langsam, es verliert an Ursprünglichkeit und Frische, es hat das Mal des Todes auf der Stirn – wie jedes Tier im Zoo, wie jeder Mensch im Gefängnis.»[2]

Ist Bindung also – in welcher Form auch immer – der Tod der Liebe? Lauster will genau dies ausdrücken. Mit solchen Überlegungen steht er im übrigen nicht allein da.[3] In gewisser Weise artikuliert er hier den Zeitgeist.

Die Einseitigkeit einer solchen Sicht der Dinge zeigt sich allerdings schnell, wenn wir uns die Situation in vielen Paarbeziehungen nach der Geburt vergegenwärtigen. Im Sinne von Lauster sind dann nämlich alle Bedingungen erfüllt, um die Liebe absterben zu lassen. Bezeichnenderweise kommt übrigens die Elternbeziehung in seinen Überlegungen nicht vor. Lauster müßte eigentlich für die Trennung von Eltern- und Liebesbeziehung plädieren. Liebe, das Kind der Freiheit, verträgt sich nämlich nicht mit der Verpflichtung und Abhängigkeit, in die Paare miteinander geraten, wenn sie Eltern werden. Führt man die Argumentation von Lauster konsequent zu Ende, ist wirkliche Liebe nur so lange möglich, solange ein Paar sich nicht auf eine irgendwie geartete gemeinsame Zukunft festlegt und kinderlos bleibt.

Für Paare, die sich in der Beziehungskrise nach der Geburt immer weiter voneinander entfernt haben, gäbe es entsprechend der Lausterschen Argumentation nur eine Konsequenz: sich zu trennen und die Liebe mit einem neuen Partner sich wieder erneut «ereignen» zu lassen.

Natürlich ist die Liebe ein Kind der Freiheit. Aber das ist nur die eine Seite. Denn Liebe hat auch etwas mit Auseinandersetzung, mit gemeinsamer Vergangenheit, mit Vertrautheit, mit Verläßlichkeit und Konstanz, mit überstandenen und bewältigten Krisen, kurz, mit längerdauernder Bindung zu tun. Wenn der Partner damit rechnen muß, daß er dann verlassen wird, wenn das totale Liebesgefühl nachläßt und die Auseinandersetzung mit ihm als realem Menschen geführt werden muß, kann er sich nicht wirklich öffnen. Er muß ja von vornherein befürchten, daß er nur so lange geliebt wird, wie er in seinem Gegenüber das Gefühl der totalen Verliebtheit auszulösen in der Lage ist. Wenn die Aufrechterhaltung einer Beziehung Anstrengung erfordert, wenn es darum geht, daß Abstriche an individuellen Bedürfnissen zugunsten der Partnerschaft gemacht werden sollen und wenn vorübergehend das Trennende gegenüber dem Gemeinsamen überwiegt, bietet die Vorstellung von der reinen Liebe keine Orientierung mehr. Sie zeigt sich vielmehr von ihrer destruktiven Seite. Indem sie nahelegt, den Partner gerade in dem Moment zu verlassen, wo er auf die Auseinandersetzung angewiesen ist, um in seiner Entwicklung weiterzukommen.

Ein solches Beziehungskonzept läßt auch keinen Raum für eine gemeinsame Entwicklung. Es kennt im Grunde genommen nur zwei Individuen, die sich für eine vorübergehende Zeit zur Befriedigung ihrer Liebesbedürfnisse begegnen. Jürg Willi gibt zu bedenken:

«Auf der Basis der Bedürfnisbefriedigung kann keine Lebensgemeinschaft und Liebesgemeinschaft geführt werden. Zu mühselig wird das dauernde Abwägen, wer wann wem mehr Bedürfnisbefriedigung gewährt, wer von wem mehr ausgebeutet und unterdrückt wird, wer sich für wen mehr aufgeben und anpassen muß.»[4]

Obwohl gemeinsames Wachstum in einer Paarbeziehung nur dann möglich ist, wenn die individuelle Bedürfnisbefriedigung nicht absolut gesetzt wird, dürfen wir die individuelle Selbstverwirklichung nicht aus den Augen verlieren. So wenig wie es für eine Partnerschaft förderlich sein kann, wenn sich ein Partner für den anderen aufgibt, so wenig kann es für sie auch förderlich sein, wenn die Partner ihre individuelle Entwicklung vernachlässigen. Individuelles und gemeinsames Wachstum bedingen sich vielmehr gegenseitig.

Wenn ein Paar aus der Krise nach der Geburt herausfinden will, müssen beide wieder Zutrauen in ihre gemeinsame Entwicklung haben. Eine Voraussetzung ist dabei, daß beide Partner eine längerfristige Beziehung überhaupt wollen. Beide müssen also eine klare Entscheidung für die Fortsetzung ihrer Beziehung fällen. Erst in der Sicherheit und Klarheit, die eine solche Entscheidung schafft, kann der gemeinsame Prozeß in Gang kommen. Die Energie beider Partner muß auf die gemeinsame Entwicklung konzentriert werden, so daß eine wirkliche Auseinandersetzung über die vorhandenen Probleme stattfinden kann, ohne daß das Damoklesschwert einer möglichen Trennung droht.

«Jedem Menschen steht es heute frei, sich zu entscheiden, ob er eine Liebesbeziehung zu einer Lebensgemeinschaft werden lassen will oder nicht. Eine Lebensgemeinschaft hat aber in jedem Fall ihre systemeigenen Spielregeln und Strukturen. Dieses Faktum wird häufig verleugnet. Die Verschleierung der systemeigenen Gesetzmäßigkeiten einer Lebensgemeinschaft ist eine häufige Ursache destruktiver Entwicklungen von Partnerschaften. Um sich gegen die Verletzungen durch den Partner zu schützen, wie sie bei der Ablehnung verbindlicher Spielregeln unvermeidbar sind, wird die Lebensgemeinschaft dann häufig zu einem Abgrenzungskampf ohne Ende. (...) Viele qualvolle und destruktive Entwicklungen beruhen darauf, daß die Partner sich krampfhaft gegen die Bildung eines gemeinsamen Prozesses wehren müssen, aus Angst, die in heutiger Zeit allgemein zu erwartende Auflösung der Beziehung nicht ertragen zu können.»[5]

Daß sich die Phantasie bei dem Wort Lebensgemeinschaft nicht vorschnell am traditionellen Ehe-Ideal festzumachen braucht, illustriert die folgende Äußerung von Bianka M., Mutter einer zweijährigen Tochter:

«Ich kann mir unheimlich gut vorstellen, mit Michael zusammen alt zu werden, 30 Jahre zusammen zu sein. Ich kann mir aber auch unheimlich gut vorstellen, daß es da Phasen gibt, wo wir vielleicht nicht zusammen leben. Wo jeder seinen eigenen Weg geht und jeder vielleicht woanders lebt und man trotzdem eine Beziehung zueinander hat und irgendwie zusammengehört. Das ist für mich so ein Ideal, daß jeder so die Möglichkeit hat, zu machen, was er will, oder auch seine Interessen durchzusetzen und trotzdem so ein Gefühl da ist, wir gehören irgendwie zusammen. Wir stehen zueinander, und wir unterstützen uns. Aber nicht irgendwie so eine Symbiose, wo man nicht mehr von sich redet oder nur noch von meinem Mann bzw. meiner Frau, wo plötzlich aus zwei Personen eine wird.»

Lebensgemeinschaft wird hier also verstanden als Versuch, Bindung und gemeinsame Entwicklung mit größtmöglicher individueller Freiheit zu vereinbaren.

Die oben geforderte Entscheidung für die Paarbeziehung bedeutet auch für Eltern im Grunde genommen nichts anderes, als die ganze psychische Energie auf die Bewältigung der Krise zu konzentrieren und dem Partner klar und unmißverständlich zu verstehen zu geben, daß eine Trennung nicht in Frage kommt und daß man seine ganze Hoffnung in die gemeinsame Bewältigung der Probleme setzt.

Wenn sich einer oder beide Partner nicht zu einer solchen Entscheidung durchringen können, müssen sie sich zumindest ausgiebig darüber auseinandersetzen, was sie daran hindert, sich in der Weise aufeinander einzulassen.

Bei der Wiederannäherung hilft es, wenn man die Krise der Paarbeziehung als etwas Unvermeidbares begreifen kann. Jede Umstrukturierung und Veränderung geht mit einer Krise einher, weil das Paar sich neu orientieren und für viele neue Fragen und Probleme erst wieder gemeinsame Lösungen finden muß. Daß das Zeit braucht und ohne einen längeren und anstrengenden Prozeß meist nicht abgeht, muß für beide selbstverständlich sein.

Wenn es zu einer Wiederannäherung kommen soll, muß jeder Partner seinen Teil der Verantwortung für die Situation übernehmen. Erst wenn beide bereit sind, auch ihren Anteil an der Eskalation der Konflikte einzuräumen und zu erkennen, daß sie beide Opfer ihrer begrenzten Fähigkeiten und ihrer gegenseitigen Verstrickungen geworden sind, können sie wieder aufeinander zugehen. Beide haben sich ihre Verletzungen im übrigen nicht zugefügt, weil sie bösartig sind, sondern weil sie sich ihrer Ängste, Antriebe, Motive und Schwierigkeiten oft nicht bewußt sind. Nicht die Wahl eines «falschen» Partners ist ihr Hauptproblem, sondern ihre eigenen inneren Widersprüche.

Eine solche psychologisierende Sichtweise darf allerdings nicht über die realen Differenzen und Interessenunterschiede hinwegtäuschen. Nicht alle Konflikte resultieren nämlich aus der unterschiedlichen Persönlichkeitsstruktur der Partner und ihren gegenseitigen Verstrickungen. Mann und Frau haben vielmehr auf Grund ihrer unterschiedlichen gesellschaftlichen Position auch unterschiedliche Interessen und Sichtweisen, die Berücksichtigung finden müssen. Das trifft auch auf die neue Mütterlichkeit und neue Väterlichkeit zu; Mann und Frau können ihre Konflikte nur angemessen bewältigen, wenn sie nicht vorschnell harmonisieren, sondern ihre Unterschiedlichkeit akzeptieren.

Lernprozesse in Paarbeziehungen brauchen oft eine längere Zeit. Dies müssen sich vor allem diejenigen vor Augen führen, die bei Schwierigkeiten in Partnerschaften oft zu schnellem Handeln und zu klaren Entscheidungen für oder gegen eine Beziehung neigen und damit die Chancen verschenken, die in längerdauernden, intensiven Auseinandersetzungen sowohl für ihre individuelle Entwicklung als auch für die Entwicklung einer Paarbeziehung liegen können.

2. Neuorganisation des Alltags

Vielen Paaren fällt es heute schwer, den Alltag in ihre Beziehung zu integrieren. Vor der Geburt eines Kindes lösen nicht wenige Paare das Problem dadurch, daß sie möglichst viel Alltägliches aus ihrer Beziehung ausklammern. Die Traumvorstellung von der reinen Liebe sieht vor, daß das Alltägliche gleichförmig und banal ist und die Tendenz hat, die Intensität der Liebe zu verschleißen. Die Liebe als nicht enden wollende Verliebtheit darf nach dieser Vorstellung nicht in den Alltag eingepaßt werden, wenn sie nicht in Gewöhnung, Routinisierung und spannungsloses Nebeneinanderherleben münden soll. Alltag und reine Liebe scheinen also unvereinbare Gegensätze zu sein.

Paare mit diesen Vorstellungen haben nach der Geburt eines Kindes meist enorme und manchmal kaum überwindbare Schwierigkeiten, mit den eingetretenen Veränderungen klarzukommen. Denn von einem Tag auf den anderen wird die Alltagsbewältigung zu einem zentralen Inhalt der Beziehung. Für das, was die Beziehung solcher Paare vorher bestimmt hat, bleibt nur noch wenig Raum. Sie haben das Gefühl, daß das Gleichmaß des Alltags und die Überlastung durch Alltägliches ihre Liebe zueinander erstickt. Doch auch wenn ein Paar Alltag und Liebe vor der Geburt nicht so ausgeprägt als Gegensatz erlebt hat, ist die Situation keineswegs einfach zu bewältigen. Die Versorgung und Betreuung eines Neugeborenen fordert die Eltern in solchem Umfang, daß für Nicht-Alltägliches zu wenig oder gar kein Raum mehr bleibt, zumindest für die ersten ein bis zwei Jahre im Leben eines Kindes. Danach stellt sich das Problem der Integration des Alltags in ihre Beziehung wieder in neuer Form. Es kommt jetzt darauf an, den jeweils neu gewonnenen Spielraum für Nicht-Alltägliches auch zu nutzen. Viele Paare aber haben sich so in das Gleichmaß ihres Alltags verloren, daß sie das richtiggehend verlernt haben.

Schlimmer noch: Ein Durchbrechen der im Zusammensein erlebten Langeweile ist für sie nicht mehr so richtig vorstellbar. Oft wird dann der Partner zum Alleinschuldigen an der Misere gemacht, ist zu wenig auf- und anregend usw. Der Partner bietet sich auch in der Regel für eine solche Zuschreibung durch reales Verhalten an.

Woher kommt ihr Überdruß aneinander? Wollen sie sich wirklich die Chance zur Veränderung ihrer Situation geben? Warum sperren sie sich gegen das gemeinsame Wachstum in ihrer Beziehung? Wenn beide nicht insgeheim schon eine Entscheidung gegen ihre derzeitige Paarbeziehung getroffen haben, müssen sie sich außerdem die Frage stellen: Was habe ich aus meinem Partner gemacht?

Parallel sollten beide versuchen, wieder mehr gemeinsame Zeit miteinander ohne das Kind zu verbringen, Zeit, die nicht von Routine bestimmt ist, sondern die Alltäglichkeit durchbricht.

Dazu brauchen die Eltern jemanden, der sich in dieser Zeit um das Kind kümmert. Je älter ein Kind ist, um so einfacher wird dies sein. Wenn die Großeltern nicht in der Nähe wohnen oder das Paar nicht in einer Wohngemeinschaft lebt, können sie sich mit einem befreundeten Paar zusammentun und sich in der Kinderbetreuung abwechseln. Oder das Kind hat schon eine(n) Freund(in), bei dem es gern über Nacht bleibt. Für einen Abend zu zweit kann auch ein bezahlter Babysitter engagiert werden. Wenn den Eltern ihre eigene, ungestörte Zeit sehr wichtig ist, werden sie Möglichkeiten finden. Manchmal stellen sich hier allerdings Hindernisse in den Weg, die den Beteiligten selbst nicht bewußt sind: Einer oder beide Partner glauben, daß ihre Abwesenheit dem Kind aus irgendwelchen Gründen nicht zumutbar ist. Das Kind, das die Ambivalenz der Eltern spürt, wird dann oft auch entsprechend reagieren, wenn die Eltern weggehen wollen, so daß diese sich in ihrer Meinung bestätigt fühlen. Ganz deutlich ist dies oft in Beziehungen, wo das Kind als Ersatzpartner fungiert. Gerade in solchen Fällen wird das Kind oft vorgeschoben, wenn es um gemeinsame Unternehmungen der Eltern geht.

Wenn die Eltern wieder mehr gemeinsam unternehmen, wird damit zwar die Alltäglichkeit durchbrochen. Vielen aber wird jetzt erst deutlich, wie fremd sie sich geworden sind:

> «Am Anfang sind wir in eine Kneipe gegangen und wußten nicht, was wir miteinander reden sollten, oder wir sind in eine Disco gegangen und haben uns gegenseitig gehemmt, uns wohl zu fühlen.»

In einer solchen Situation dürfen sich Eltern weder gegenseitig Vorwürfe machen, noch die Situation dadurch zu überspielen versuchen, daß sie sich über ihr Kind unterhalten. Vielmehr sollten sie versuchen, miteinander darüber zu sprechen, warum sie sich so fremd geworden sind und welche Erwartungen sie aneinander haben. Nur wenn sie sich ihre Gefühle eingestehen, können sie auch wieder zu einer über das Kind hinausgehenden Gemeinsamkeit finden. Oftmals müssen die Eltern erst wieder neu kennenlernen, welche Interessen sie noch verbinden und welche Unternehmungen ihnen beiden noch Spaß machen. Dabei können sie oft nicht einfach auf Erfahrungen aus der Zeit vor der Geburt zurückgreifen, weil sie damals ihre Beziehung in einer Weise haben gestalten können, die jetzt nicht mehr möglich ist. So müssen viele Eltern jetzt lernen, der gemeinsamen Alltagsbewältigung positive Seiten abzugewinnen.

Wenn sie den Partner im Alltag in bestimmter Art und Weise

erleben, übertragen sie dieses Bild nur zu leicht auch auf nicht alltägliche Situationen. Durchbrechung von Alltäglichkeit scheint dann mitunter nur noch mit einem anderen als dem eigenen Partner vorstellbar zu sein, was der Beziehung keine Chance läßt.

Um die Alltäglichkeit zu durchbrechen, muß jeder Partner – wenn es irgend geht – auch für sich die Möglichkeit haben, dem üblichen Trott zu entrinnen. Der Anspruch, die ganze Freizeit gemeinsam zu verbringen, kann so belastend sein, daß sich der einzelne einfach abgrenzen muß. Die unabhängig voneinander verbrachte Zeit sollte deshalb nicht als Verlust angesehen werden, sondern als Bereicherung für die gemeinsame Situation:

«Je schmaler bei einem Paar die Basis für Ungewöhnliches, für Überraschungen und für Durchbrechungen vom Alltag ist, desto schneller geschehen Routinisierung und Habitualisierung der Partnerschaft, und damit stellen sich Langeweile, Müdigkeit, Perspektivlosigkeit und Alltagstrott ein.

Verwechseln wir nicht die Phänomene: am Alltag und dessen Routine kommt kein Paar vorbei, und es braucht ebenso viel Realitätsverständnis wie Frustrationstoleranz, um Liebe und Gemeinsamkeit nicht daran scheitern zu lassen. Die entscheidende Frage ist aber, ob die faktische Macht des Alltäglichen einem Paar die Grenzen setzen kann oder ob das Paar die Gewöhnung immer wieder zu durchbrechen vermag. Letzteres gelingt – wie unsere Berichte beweisen –, wenn zwei Menschen zureichend Spielfähigkeit, Phantasie, Humor und die Bereitschaft zur Abwechslung in allen Lebensbereichen eignet. Nur solche Paare können lebendig bleiben, denen es immer wieder gelingt, den Alltag zu entritualisieren.» [1]

Wenn es um die Gestaltung des Alltäglichen geht, muß aber nicht nur über Notwendigkeit gesprochen werden, Nicht-Alltägliches zu erleben, sondern auch über die konkrete Aufteilung von Alltagspflichten. In der konkreten Arbeitsaufteilung liegt heute ja ein zentraler Konfliktstoff in Paarbeziehungen nach der Geburt:

«Nach den ganzen Streitereien haben wir dann irgendwann einmal angefangen, uns sachlich darüber auseinanderzusetzen, was eigentlich schiefgelaufen ist, woran es gelegen hat und was man konkret verändern kann. Und dann haben wir festgestellt, daß es unheimlich wichtig ist, daß wir für Benjamin eine Kindergruppe kriegen und ich allmählich wieder anfangen kann, zu arbeiten. Benjamin war da gerade ein Jahr alt. Und das haben wir dann auch so gemacht. Ich habe die Vormittage für mich gehabt. Wir haben gemerkt, daß wir eine Zeit brauchen, in der wir beide was machen können, ohne daß der andere zu gleicher Zeit auf das Kind aufpassen muß. Für uns war immer die Schwierigkeit, wenn einer was gemacht hat, dann mußte der andere auf das Kind aufpassen. Es gab so das Problem, daß man immer das Gefühl hatte, man muß in der Zeit etwas arbeiten. Man darf sich in der Zeit, wo der andere das Kind hat, nichts gönnen: also nicht ins Café gehen, Freunde treffen oder was ähnliches tun. Und da war es unheimlich wichtig zu sagen, Benjamin ist jetzt jeden Vormittag weg, und wir können jetzt jeder unseren Weg gehen, und wir brauchen niemand zu fragen, ob er sich um Benjamin kümmert, sondern die Zeit ist einfach klar.

Und da fing eigentlich so eine Veränderung an, wo ich gemerkt habe, ich kann so meine eigenen Wege gehen. Ich fühlte mich viel selbständiger und unabhängiger und konnte Peter dadurch auch sehr viel besser in Ruhe lassen. Ich brauchte weniger Druck auf ihn ausüben und nicht mehr dauernd hinterhersein, daß ich etwas bekomme und Ansprüche stelle. Ich konnte viel besser akzeptieren, daß auch er etwas allein machen will, und wenn das auch nur bedeutet, allein in seinem Zimmer zu sein.

Wichtig war auch, daß wir besser gelernt haben, daß nur einer etwas mit Benjamin macht und der andere nicht. Weil wir auch viel Zeit immer so zu dritt verbracht haben und jeder dann genervt war.»

Die hier zitierte Mutter hat allerdings für die beschriebenen Veränderungen halbwegs ideale Bedingungen: da sie freiberuflich tätig ist, kann sie nebenher Aufträge erledigen und ihre Arbeitszeit relativ flexibel gestalten. Ihr Mann ist Student und von daher zeitlich auch nicht so eingeengt.

Andere Paare haben es da oft sehr viel schwerer, ihre Arbeitsverteilung nach ihren Wünschen zu gestalten.

Bei der Auseinandersetzung um die Arbeitsverteilung wird klar, daß eine Rückkehr zur traditionellen Rollenverteilung für die meisten heutigen Paare eine Beziehungssackgasse darstellt. Obwohl eine solche Rückkehr sich oftmals scheinbar als Lösung anbietet, löst sie die vorhandenen Probleme nicht, sondern schafft auf die Dauer nur neue, so z. B. im Hinblick auf die Gleichwertigkeitsbalance der Partner. Auch die Probleme mit Autonomie und Abhängigkeit, für die meisten Paare heute ein zentrales Beziehungsthema, können im Korsett der alten Rollen nicht zufriedenstellend gelöst werden. Die materielle Abhängigkeit der Frau und ihre geringen Chancen zu autonomer Lebensgestaltung sind vielmehr untrennbar mit den alten Rollen verknüpft. Erfahrungsgemäß begrenzt die traditionelle Rollenverteilung zusätzlich die Chancen der Frau, den Mann zu einer angemessenen Beteiligung an Haus- und Kinderarbeit zu gewinnen.

Gleichberechtigte Partnerschaft zeigt sich nicht in verbalen Bekenntnissen, sondern in konkreten Veränderungsschritten. Es ist eine Illusion zu meinen, daß gleichberechtigte Partnerschaft im traditionellen Rollenschema lebbar wäre. Paare sollten deshalb nachdrücklich versuchen, zu einer gleichberechtigten Arbeitsverteilung zu kommen. Wenn nicht beide eine halbe Stelle finden können, dann sollten sie sich um eine reduzierte Arbeitszeit bemühen.

Wenn die Eltern das Kind zu gleichen Teilen betreuen und trotzdem noch genug gemeinsame Zeit miteinander verbringen wollen, werden sie eine zusätzliche Entlastung durch Dritte brauchen. Da Teilzeiteltern aber häufig mit weniger Einkommen auskommen müssen, gibt es für Fremdbetreuung und Haushaltshilfe meist enge finanzielle Grenzen. Da Eltern für ihre Bemühungen um Gleichberechtigung bisher nahezu keine gesellschaftliche Unterstützung erhalten, bleibt ihnen einstweilen aber nichts anderes übrig, als bewußt Prioritäten zu setzen und sich an anderer Stelle einzuschränken.

Entlastung könnte hier freilich auch noch auf andere Weise geschaffen werden: durch das Leben in Wohn- oder Hausgemeinschaften* wird nicht nur die anfallende Haus- und Kinderarbeit auf mehr Erwachsene verteilt, sondern das Leben wird durch ver-

---

* Um eine *Wohngemeinschaft* handelt es sich dann, wenn mehrere Paare oder Alleinstehende zusammen eine Wohnung mieten und die Organisation ihres Alltags gemeinsam regeln (Einkaufen, Kochen usw.).
Bei einer *Hausgemeinschaft* hat jedes Paar bzw. jede Einzelperson eine eigene Wohnung. Zwischen den Mietparteien gibt es aber enge Kontakte. Bestimmte Dinge werden gemeinschaftlich organisiert. Was gemeinschaftlich geregelt wird, ist allerdings in Hausgemeinschaften sehr unterschiedlich: bei den einen ist es nur die gelegentliche gemeinsame Kinderbetreuung, bei anderen wiederum wird sogar gemeinsam eingekauft und gekocht.

ringerte, weil aufgeteilte Lebenshaltungskosten (geteilte Miete, gemeinsame Benutzung von teuren Haushaltsgegenständen, gemeinsame Autobenutzung etc.) insgesamt billiger. Leider neigen viele Paare gerade während der Zeit der Schwangerschaft und in der ersten Zeit nach der Geburt dazu, sich auf ihre Kleinfamiliensituation zurückzuziehen, die sie auf individuelle Lösungen für ihre Probleme festnagelt. Das gilt auch für Paare, die vorher weniger traditionelle Lebensformen praktiziert haben. Gleichberechtigte Partnerschaft aber läßt sich schwerlich in traditionelle Lebensformen pressen, sondern verlangt offensichtlich nach anderen Lebensformen.

3. Sich-Öffnen

Wenn beide Partner es geschafft haben, sich aus ihren bisherigen Positionen in zaghaften und meist auch – zumindest untergründig – angstbesetzten Schritten herauszubewegen, erweitern sich allmählich auch wieder ihre Verhaltens- und Ausdrucksmöglichkeiten. Beide wirken wieder freier, weil sie mehr Distanz zu sich gewinnen und so auch nach und nach die eingespielten Schemata von Reaktion und Gegenreaktion durchbrechen können. Natürlich ist das ein äußerst störungsanfälliger Prozeß, bei dem ständig die Gefahr gegeben ist, wieder in die früheren Verstrickungen zurückzufallen.

Es geht darum, sich nach und nach immer weiter füreinander zu öffnen. Dies kann aber nur gelingen, wenn beide ihren Teil dazu beitragen:

> «Offenheit kann nicht einseitig, sondern immer nur interaktionell gelebt werden. Man kann in einer Beziehung immer nur so offen sein, wie der Partner für einen offen ist. Offenheit ist ein gemeinsamer Prozeß des Sich-füreinander-Öffnens.»[1]

Fällt es einem Partner schwer, sich zu öffnen, muß er versuchen dem anderen deutlich zu machen, was ihn hindert. Da ihm die wirklichen Gründe seiner Verschlossenheit oft selbst nicht bewußt sind, muß er den anderen zumindest damit vertraut machen, was er fühlt, wenn dieser sich auf ihn zubewegt. Dabei darf einer den anderen nicht bedrängen. Denn jeder verschließt sich, wenn er etwas leisten soll, wozu er im Moment aus irgendwelchen Gründen nicht in der Lage ist.

Ein Klima der Offenheit ist auch dann nicht möglich, wenn der eine nicht erkennt, daß der andere sich bemüht. Denn ein solches Bemühen kann nicht endlos aufrechterhalten werden. Beide brauchen, um in ihrem Bemühen fortfahren zu können, das Gefühl, daß ihr Bemühen sie allmählich weiterbringt.

Wichtig ist nicht nur, daß die Partner sich über ihre gegenwärtigen Gefühle und Gedanken und über ihr gemeinsames Erleben austauschen, sondern auch die Vergangenheit nicht ausklammern. Aber gerade diese Versuchung scheint bei vielen Paaren groß zu sein. Da sie jetzt wieder einen neuen Anlauf gemacht haben, um aufeinander zuzugehen, wollen sie das Gegenwärtige nicht dadurch verderben, daß sie die alten Geschichten wieder «aufwärmen». Doch ihre Angst vor den alten Geschichten ist ein Zeichen dafür, daß viele Konflikte untergründig immer noch schwelen. Weil sie nicht aufgearbeitet wurden, können sie auch das Beziehungsgeschehen immer wieder bestimmen.

Manche Paare hoffen, daß sich Offenheit wiederherstellen läßt, wenn sie sich für einige Zeit aus dem Weg gehen. Durch die räumliche Distanz, so erwarten sie, können sie einander anschließend in anderer Weise begegnen und aus ihren festgefahrenen Kommunikationsformen herausfinden. Selten aber hat das Schaffen einer räumlichen Distanz allein diese Wirkung. Wenn die Partner sich das erste Mal danach wiedersehen, ist spontan meist mehr Offenheit da als vorher, die aber dann nicht anhält, wenn sich die Partner nicht wirklich um die Überwindung ihrer Konflikte bemühen.

Ein ganz wichtiger Schritt beim Sich-Öffnen ist es, wieder zu lernen, einander zuzuhören. Manche Paare haben das völlig verlernt. Sie können ihre gegenseitigen Mitteilungen entweder nur noch verzerrt oder überhaupt nicht mehr wahrnehmen. Zuhören ist ein aktiver Prozeß, der von dem Bemühen bestimmt sein muß, den anderen ganz zu verstehen und seine Gefühle und sein Erleben nachzuvollziehen, ohne vorschnell die eigene Sichtweise der Dinge ins Gespräch zu bringen. Eine solche Haltung setzt voraus, daß es noch möglich ist, die eigene Meinung über den anderen noch zu relativieren.

Zuhören ist etwas, was man systematisch üben kann. Und zwar folgendermaßen: beide beginnen ein Gespräch darüber, wie sie sich im Moment in ihrer Beziehung fühlen. Dabei ist zu beachten: Statt gleich darauf zu antworten, muß jeder zuerst das, was der andere gesagt hat, mit eigenen Worten wiederholen. Dadurch versichert er sich, daß er den anderen richtig verstanden hat, und gibt ihm die Möglichkeit, zu ergänzen und richtigzustellen. Erst wenn dies geschehen ist, darf er selbst antworten.

Obgleich ein solches Gespräch auf viele aufgesetzt wirken wird, kann diese Übung, einige Male mindestens zehn Minuten durchgehalten, sehr nützlich sein. Wichtig ist dabei, daß die einzelnen Gesprächsbeiträge nicht zu lang werden, damit der Zuhörende sie gut wiederholen kann. Außerdem wird das Gespräch durch häufigeren Wechsel lebendiger.

Wer den eigenen Gesprächsstil und seine Auswirkungen auf die Kommunikation kennenlernen will, sollte ein Gespräch auf Tonband aufzeichnen. Sinnvollerweise sollte das Gespräch nach 45 Minuten (also einer Kassettenseite) abgebrochen, noch einmal angehört und dann besprochen werden. Wichtig ist, daß das Gesprächsthema wirklich wichtige Konflikte in der Beziehung berührt und sich die Partner von dem Tonband in keiner Weise stören lassen. Zu dem Thema «Wie offen bin ich in unserer Beziehung?» wird wohl jedem etwas einfallen. Das Gespräch kann dann sofort nach der Aufnahme noch einmal abgespielt werden oder erst einige Tage danach. Bei dem Anhören des Gesprächs soll die erneute inhaltliche Diskussion über die angeschnittenen Themen möglichst vermieden werden. Beide sollen vor allem darauf achten, wie oft folgende Verhaltensweisen vorgekommen sind und welche Auswirkungen diese auf den Gesprächsverlauf haben:

o Vorwürfe und Anklagen

o Mißverständnisse

o geringe Bereitschaft, dem anderen Verständnis entgegenzubringen

o alte Fehler des Partners «aufwärmen» und als Kampfmittel verwenden

o Verwendung von «Wir», obwohl es sich nur um die eigene Sichtweise oder das eigene Interesse handelt

o Überreden

o plötzlicher Themenwechsel

o dem anderen die Berechtigung für seine Gefühle absprechen.

Eine weitere Möglichkeit, miteinander über die Veränderungen in
der Paarbeziehung nach der Geburt ins Gespräch zu kommen, bietet diese Übung: Beide notieren auf einem Zettel ihre Antworten
auf die folgenden vier Fragen:

Was habe ich von meinem Partner vor der Geburt bekommen?	Was habe ich von ihm nach der Geburt des Kindes bekommen?	Was ist zu kurz gekommen?	Was würde ich gerne versuchen zu ändern?

Weitere Übungen haben Lutz Schwäbisch und Martin Siems in
ihrem Buch ‹Anleitung zum sozialen Lernen für Paare, Gruppen
und Erzieher› zusammengestellt. Das dritte Kapitel bringt ein Programm zur Verbesserung der Kommunikation in Paarbeziehungen, das ganz brauchbar ist und zu Hause angewandt werden kann.

An solche Kommunikationsübungen sollte man allerdings
nicht zu große Erwartungen haben. Das Sich-Öffnen ist ein ganz-
heitlicher Prozeß, für den die Kommunikationsstile zwar nicht
unwesentlich sind, die *Art und Weise* der Kommunikation aber
oft Ausdruck tieferliegender Probleme der Paarbeziehung ist, die,
solange sie den Betreffenden nicht bewußt sind, zwangsläufig die
alten Auseinandersetzungen immer wieder von neuem provozieren können. Dennoch können Kommunikationsübungen einen
Schritt zu größerer Offenheit darstellen, weil bestimmte einge-
fahrene Verhaltensweisen durchbrochen werden, eine direktere
Form der Auseinandersetzung unter den Partnern möglich wird
und darüber mitunter auch tieferliegende Probleme zugänglich

werden. Kommunikationsübungen können so etwas wie eine Initialzündung für das Sich-Öffnen sein.

Sich-Öffnen darf nicht mit Streben nach Harmonie verwechselt werden. Unstimmigkeiten müssen angesprochen werden. Aggressionen und auch der alte Groll müssen sich Ausdruck verschaffen.

> «Wenn Menschen nicht streiten, leben sie auch nicht in einer intimen Beziehung; ehrliche Intimpartner können ihre feindseligen Gefühle nicht ignorieren, weil solche Gefühle unvermeidlich sind.» [2]

Wie aber kann man einen destruktiven Streitstil ändern, bei dem jeder Streit droht, ins Unkontrollierbare abzugleiten? Die Ehetherapeuten George Bach und Peter Wyden empfehlen in diesen Fällen, beim Streiten bestimmte Regeln zu beachten. Konstruktiv streiten lernen müssen nach ihrer Ansicht allerdings nicht nur die Paare, die häufig Auseinandersetzungen haben, sondern auch diejenigen, bei denen Streit *zu selten* vorkommt. Für den konstruktiven Streit schlagen sie die folgenden Regeln vor:

o Die Auseinandersetzung soll vorher verabredet werden. Es soll damit vermieden werden, daß der Streit einen spontanen Verlauf nimmt. Wenn auf Verabredung hin gestritten wird, ist die Gefahr von unkontrollierbaren Entgleisungen geringer, weil jeder sich auf die Situation einstellen kann und dies einen nicht nur von Gefühlen bestimmten Streitablauf begünstigt.

> «Viel zu viele Aussprachen werden dadurch unnötig verschärft, daß der Beschwerdeführende das Feuer eröffnet, wenn sein Partner in schlechter Verfassung ist, gerade eilig zur Arbeit aufbrechen will oder versucht, sich auf eine lange verschobene mühsame Aufgabe zu konzentrieren, die er endlich in Angriff genommen hat.» [3]

o Vorher wird vereinbart, wie lange gestritten werden soll. Während dieser Zeit soll so intensiv wie möglich gestritten werden. Ist die vereinbarte Zeit vorbei, muß abgebrochen werden.
o Schläge unter die Gürtellinie, Beobachterverhalten, Charakteranalysen oder das Abstempeln des anderen (Spinner, Langweiler und anderes) sind strikt zu vermeiden. Voraussetzung für einen konstruktiven Streit ist der gegenseitige gute Wille, sich als zwei Personen mit unterschiedlichen Sichtweisen zu achten, die beide ihre Berechtigung haben.

- Abwechselnd soll (nach Los) das Thema jeweils von einem Partner bestimmt werden. Dabei sollten Themen gewählt werden, die in der Vergangenheit immer wieder Anlaß zu Streit waren.
- Es kann sinnvoll sein, die Streitszenen auf Tonband aufzunehmen, um nachher noch einmal besprechen zu können, was gut und was schlecht gelaufen ist.

Genauso wie die oben vorgeschlagenen Übungen sind die Möglichkeiten eines solchen Streitprogramms zur Bewältigung von Krisen in einer Paarbeziehung begrenzt. Jürg Willi gibt zu bedenken:

«Wie soll einer klar und deutlich aussprechen, was er fühlt und vom Partner will, wenn das, was er im Grunde fühlt und vom Partner will, ihm selbst nicht bewußt, weil verdrängt ist?»[4]

Trotz solcher Einwände halte ich das beschriebene Streitprogramm für eine Möglichkeit, bei der Aufdeckung und Austragung von Konflikten in einer Paarbeziehung ein kleines Stück weiterzukommen. Gerade im Durchbrechen bisheriger Kommunikationsstile liegt eine Chance, sich selbst der Hintergründe des eigenen Verhaltens bewußter zu werden. Wer seinen Streitstil differenzierter und mit mehr innerer Distanz wahrnehmen kann, wird beispielsweise herausfinden können, warum er auf Banalitäten mit solcher Vehemenz beharrt. Die Konfrontation mit dem eigenen Verhalten legt immer auch die Beschäftigung mit dem eigenen Anteil an der Misere nahe. Wer in sich hineinhört, kann oft auch etwas von seinen eigentlichen Ängsten, den vergangenen Verletzungen und von den untergründigen Ambivalenzen erspüren. Das in allen Paarbeziehungen vorhandene Selbstheilungspotential kann seine Wirkung nur dann entfalten, wenn sich die Partner nicht nur als Opfer ihrer frühkindlichen Entwicklung betrachten – was durchaus eine Form der Abwehr sein kann, sich mit der gegenwärtigen Situation und der realen Person des Partners auseinanderzusetzen –, sondern den konkreten Schwierigkeiten stellen und auf ihre Fähigkeit zum gemeinsamen Wachstum vertrauen.

Ähnliches gilt auch für den Bereich der Sexualität. Das sexuelle Erleben eines Paares ist ja nach der Geburt in besonderer Weise störanfällig. Typisch ist dabei, daß nach einer mehr oder weniger langen Phase der Enthaltsamkeit die Sexualität von beiden quasi wieder neu entdeckt werden muß:

> «In gewisser Weise muß man das überhaupt erst wieder langsam wachsen lassen. So ein Wissen um seinen Körper und wie damit gemeinsam umzugehen ist. Das mußten wir ja auch lernen, als wir uns kennenlernten, und das muß man nach der Geburt offensichtlich wieder neu lernen.»

Wenn es sexuell nicht klappt, bewirkt eine Herangehensweise, die auf «technische» Tips aufbaut, in der überwiegenden Zahl der Fälle keine Veränderung. Am ehesten hat es noch Sinn, darauf zu hoffen, daß sich im Prozeß des Sich-Öffnens allmählich auch wieder die Lust aufeinander einstellt. Sexuelles Erleben ist hochkomplex und reicht, wie wir wissen, in tiefere Schichten unserer Persönlichkeit; die Sexualität ist Ausdruck unserer ganzen Person. In den Störungen manifestiert sich ein bestimmtes Beziehungsarrangement. Sexuelle Probleme, auch wenn sie scheinbar von einem Partner ausgehen, haben immer mit beiden zu tun. Sie sind immer auch Symptom einer Beziehung. Deshalb bringen einfache Rezepte keine Lösung. Auch das Ausleben der Sexualität in anderen Beziehungen bringt nicht weiter, da zum Sich-Öffnen das Erleben gemeinsamer Lust untrennbar dazugehört.

Vielen, denen es gelungen ist, den Prozeß des Sich-Öffnens bis zu einem gewissen Punkt voranzubringen, stellen sich allerdings nicht selten neue Stolpersteine in den Weg. Wenn für sie Liebe nur als totales Einswerden vorstellbar ist, werden sie danach streben, die Andersartigkeit des Partners und das existentielle Getrenntsein von ihm möglichst umfassend aufzuheben. Dieses Bemühen ist bei Frauen oft besonders ausgeprägt und hat seinen Grund in der frühen Mutter-Kind-Beziehung, die beide Geschlechter in unterschiedlicher Weise prägt.

> «Die Mutter erlebt den Sohn als Teil von sich und gleichzeitig als Gegenüber, als etwas Separates. Noch während er gar nicht weiß, daß ihn das schwere Amt der Abgrenzung, der Trennung von der Mutter erwartet, weiß sie es schon und behandelt ihn dementsprechend.
> Die Tochter aber ist für die Mutter etwas anderes. Sie ist ihr Fleisch und Blut, ist in vieler Hinsicht ihre Fortsetzung, eine direkte Verlängerung von ihr. Die Literatur und das Leben sind

voll von Geschichten, aus denen deutlich wird, daß es das weibliche Hauptproblem ist, sich gegenüber anderen abzugrenzen, das Getrenntsein, das Anders-Sein als andere Personen zu begreifen und zu ertragen, ein Programm der Intimität und Verwischung von Grenzen zwischen sich und anderen ist also das Hauptelement, das Mädchen aus ihrer Beziehung mit ihrer Mutter mitbringen.» [5]

Frauen neigen deshalb oft dazu, ihre Erfahrungen des Getrenntseins und die der Verschiedenheit von Mann und Frau als ein Hindernis zu erleben, wenn es darum geht, sich zu öffnen. Doch selbst unter gleichgeschlechtlichen Partnern ist die Fähigkeit, den anderen zu verstehen, begrenzt.

«Die Begegnung zweier Partner bleibt (...) immer begrenzt. Jeder hat Bereiche, die er nicht mit dem Partner teilt, und persönliche Seiten, in denen er von anderen Menschen besser verstanden wird als vom Partner.» [6]

Mann und Frau müssen sich damit abfinden, daß die Sehnsucht, wenigstens von einem Menschen vollkommen verstanden zu werden, auch in einer Paarbeziehung nicht voll erfüllt werden kann. Das andere Geschlecht und die verschiedenen Persönlichkeiten von Mann und Frau können aber auch ungeheuer produktiv für eine Beziehung sein, weil sie ein Spannungsverhältnis schaffen, das eine Herausforderung darstellt und viel an gemeinsamer Entwicklung überhaupt erst möglich macht:

«Völlige Angepaßtheit und völlige Nicht-Angepaßtheit sind für eine Partnerschaft nicht erträglich. Die Partner müssen hinreichend zueinander passen, ohne sich gegenseitig völlig zu entsprechen. Ein gewisses Ausmaß an Fremdheit und Nicht-zueinander-Passen stimuliert die Entwicklung und provoziert ein ständiges Einander-Suchen.

Die Unerfüllbarkeit der oft symbiotischen Sehnsucht kann den Partnern eine unausweichliche Trauerarbeit abfordern. Man kann die Unerfüllbarkeit dieser Sehnsucht jedoch auch positiv deuten: Das Unverstandenbleiben durch den Partner birgt die positive Chance des besseren Selbstverständnisses in sich. Die Unfähigkeit des Partners läßt meine eigenen Fähigkeiten, mich zu spüren und zu verstehen, wachsen. Ich lerne mich am Widerstand und an der Begrenzung des Partners erfahren.» [7]

Die Unmöglichkeit, sich mit dem Partner vollkommen eins zu fühlen, stellt demnach eine doppelte Chance dar: sie ist eine Vorbedingung sowohl für gemeinsames Wachstum in einer Paarbeziehung als auch für die Reifung der individuellen Persönlichkeit der Partner.

Mann und Frau haben unterschiedliche Gründe, sich abzugrenzen. Eine Frau hat primär Angst vor dem Verlust ihrer Autonomie, ein Mann eher Furcht vor dem Verlust der eigenen männlichen Identität, die er erst aus der Abgrenzung gegen die Mutter und damit das Weibliche gewinnen konnte. Außerdem fürchtet der Mann auch als Erwachsener immer noch die Allmacht der Mutter, die er unbewußt auf alle Frauen in seinem Leben überträgt. Je verletzlicher und abhängiger sich Männer erleben, um so mehr fürchten sie sich vor der emotionalen Macht der Frauen und um so rigider müssen sie sich gleichzeitig abgrenzen. Eine Form seiner Abgrenzung ist das Schweigen, wenn es um das Mitteilen von Gefühlen geht, ein passives Abwehrverhalten, durch das der Mann von klein auf gelernt hat, der weiblichen Dominanz im emotionalen Bereich einen wirksamen Riegel vorzuschieben. Männliches Schweigen ist also nicht generell, wie es die beiden Sozialwissenschaftlerinnen Cheryl Benard und Edit Schlaffer in ihrem Buch ‹Viel erlebt und nichts begriffen› unterstellen, ein Ausdruck männlicher Macht.[8] Es kann vielmehr auch defensiven Charakter haben und ein Reflex sein auf die weibliche Tendenz, Männer an dem Schwachpunkt ihrer emotionalen Abhängigkeit von der Frau zu packen.

Auch an diesem Punkt wird wieder einmal offensichtlich, daß Mann und Frau sich nur verändern können, wenn sie sich nicht gegenseitig die Schuld zuweisen, sondern wenn beide sich in ihrer Bezogenheit aufeinander sehen lernen und jeder bereit ist, das eigene Verhalten zu ändern, und nicht nur vom Partner Veränderung fordert.

4. Hilfe von außen

Die hier beschriebenen Schritte zur Bewältigung der Beziehungskrise setzen voraus, daß die Fähigkeit zur Selbsthilfe von den Partnern mobilisiert werden kann. Beide Partner können sich jedoch so in ihre Konflikte verstrickt haben, daß sie nicht mehr ohne Hilfe von außen aus ihrer Verstrickung herausfinden können. Dies kann zum Beispiel der Fall sein bei Patt-Situationen oder bei zwanghaftem Streben nach Autonomie, wo einer oder beide Partner keine wirkliche Nähe zulassen können, ohne sich bedroht zu fühlen, aber auch, wenn die Partner in einen fortgeschrittenen Machtstreit verwickelt sind oder vor lauter gegenseitigen Vorwürfen Zuhören nicht mehr möglich ist und jeder neue Versuch nur immer wieder im alten Auseinandersetzungsschema endet.

Hilfe von außen muß nicht in jedem Falle professionelle Hilfe sein. Auch *Gespräche mit Freunden*(-innen) und Bekannten können hilfreich sein, wenn es darum geht, die eingefahrenen Kommunikationsformen zu überwinden:

> «Vor einiger Zeit war Franz, ein Freund von uns, einen Abend lang bei uns. Da ist es uns seit längerem das erste Mal wieder gelungen, uns miteinander zu unterhalten. Sonst nehmen wir meist schon gar nicht mehr wahr, was der andere sagt. Jeder hat schon so 'ne selektive Wahrnehmung, daß es immer in eine ganz bestimmte Richtung geht. Wir können gar nicht mehr frei davon sein. An dem Abend fand ich gut, daß mal ein anderer zugehört hat und wir vernünftiger miteinander gesprochen haben.»

Damit solche Gespräche mit Freunden und Bekannten etwas zum Aufbrechen der festgefahrenen Situation beitragen können, sollten sie allerdings in Anwesenheit von *beiden* Partnern geführt werden. Wenn nur ein Partner mit einem Freund oder einer Freundin redet, nimmt das leicht den Charakter an, daß man sich gegenseitig «sein Leid klagt» und zu Hause im übrigen alles beim alten bleibt. Häufig führen solche Gespräche auch dazu, daß die Kommunikation unter den Partnern sich noch weiter reduziert, weil der emotionale Druck zur Veränderung der belastenden Situation ein Ventil gefunden hat und der Partner den bequemeren Weg geht, sich anderswo auszusprechen und zu stabilisieren.

Gespräche mit Freunden bergen außerdem die Gefahr, daß distanzlos und unkritisch der eigene Standpunkt bestätigt und bestärkt wird und so die notwendige Auseinandersetzung mit dem eigenen Anteil an der Misere unterbleibt.

Die besten Bedingungen für Gespräche sind dann gegeben, wenn es sich auch bei den Gesprächspartnern um ein Paar handelt. Das befreundete Paar sollte sich um möglichst viel Objektivität bemühen und beide Partner mit dem konfrontieren, was ihnen an ihrem Verhalten und an ihren Äußerungen auffällt.

Bei einem Paar als Gegenüber besteht auch nicht so leicht wie bei einem einzelnen Gesprächspartner die Gefahr, daß einseitig für einen Partner Partei ergriffen wird. Aus der Paarberatung und -therapie * wissen wir, daß Paare in Gesprächen über ihre Beziehung die Tendenz haben, den Berater bzw. Therapeuten zur Parteinahme zu «verführen». Da ein ungeübter Gesprächspartner auf Grund eigener Vorlieben besonders leicht zur Parteinahme neigen wird, können solche Gespräche mitunter auch zum Tribunal werden. Ein Partner und der (die) Freund(-in) gehen dann eine Koalition miteinander ein. Solche Gespräche verschärfen allerdings die Situation zwischen den Partnern zwangsläufig und können meist wenig Positives zur Veränderung der Situation beitragen.

Über ein gelungenes Beispiel eines Gesprächs zwischen zwei Paaren berichtet der folgende Vater:

«Weil es uns beiden sehr schwerfällt, über unsere Schwierigkeiten miteinander zu sprechen, baten wir ein befreundetes Paar, sich einen Abend Zeit für uns zu nehmen. Jeder von uns erzählte dann, wie wir im Moment unsere Situation erleben. Die beiden haben lediglich nachgefragt und herauszufinden versucht, was jeder sich im Moment so denkt und wo er steht. Auch haben sie nachgehakt, welche Vorstellungen jeder von uns hat, wie die Situation zu verändern wäre. Am Ende des Gesprächs war uns beiden klarer, was wir wollten. Wir konnten unsere unterschiedlichen Standpunkte auch besser verstehen und konnten uns gemeinsam auf ganz konkrete Schritte einigen, um aus unserer verfahrenen Situation wieder herauszukommen.

* Therapie ist gegenüber Beratung der weitergehende Begriff. Beratung ist mehr im Sinne einer akuten, professionellen Krisenhilfe zu verstehen, beansprucht aber meist nicht, wie Therapie, Probleme umfassender aufzuarbeiten.

Das Gespräch hat uns beide sehr erleichtert und die Situation zwischen uns wieder etwas entspannt, auch wenn noch nicht klar ist, ob es uns wirklich gelingt, unsere Schwierigkeiten zu überwinden. Mit den beiden haben wir dann am Ende des Abends vereinbart, daß wir uns in einigen Wochen wiedertreffen, um über unsere Erfahrungen in der Zwischenzeit zu sprechen und gemeinsam zu prüfen, ob sich wirklich etwas an unserer Situation geändert hat.»

Sinnvoll könnte es auch sein, eine *Selbsthilfegruppe* zu gründen. Eine Paar-Selbsthilfegruppe, an der mehrere Paare in der gleichen Situation teilnehmen, könnte sehr wesentliche Impulse für die Überwindung der Krise nach der Geburt geben. Um geeignete Paare zu finden, kann man beispielsweise an geeigneten Orten (Cafés, Treffpunkten, Kinderärzte usw.) Zettel aufhängen oder in einschlägigen Publikationen inserieren. In manchen Großstädten gibt es mittlerweile auch Zentren, die Hilfe bei der Gründung von Selbsthilfegruppen leisten, Räume kostenlos zur Verfügung stellen und bewährte Möglichkeiten zur Bekanntmachung des Angebotes besitzen (z. B. in Berlin: SEKIS [Selbsthilfe-, Kontakt- und Informationsstelle] 1000 Berlin 31; Albrecht-Achilles-Straße 65, Tel. 892 66 02).

Möglichkeiten für Gespräche unter Paaren können sich auch ergeben, wenn Eltern gemeinsam mit anderen einen Kinderladen oder eine Eltern-Kind-Tagesstätte «betreiben» und sich hier öfters zu Elternabenden oder bei anderen Gelegenheiten treffen. Anzustreben wäre allerdings auch hier, daß sich *beide* Partner für ein solches Gespräch Zeit nehmen und nicht nur die Frauen sich über ihre Paarprobleme austauschen.

Wenn Eltern ihre Möglichkeiten zu Hilfe und Unterstützung, die in ihrer Umgebung mobilisiert werden können, ausgeschöpft haben und dennoch nicht viel weitergekommen sind, ist es ratsam, *professionelle Hilfe* in Anspruch zu nehmen. Das empfiehlt sich vor allem dann, wenn beide das Gefühl haben, daß ihre Beziehung stagniert, obwohl sie sich bemühen, oder wenn zum Beispiel jeder neue Anlauf zur Veränderung der Situation alles immer noch verfahrener macht. In solchen Fällen ist es meist so, daß Themen und Konflikte vorhanden sind, die dem Paar in ihrer Bedrohlichkeit gar nicht bewußt sind und die das gemeinsame Wachstum und die Weiterentwicklung ihrer Beziehung blockieren.

Sollte jeder für sich allein einen professionellen Helfer aufsuchen, oder sollten beide zusammen als Paar eine Therapie machen? Diese Entscheidung kann dann besonders schwerfallen, wenn ein Partner sich gegen Hilfe von außen sperrt. Oft ist es so, daß ein Partner die Initiative ergreift und der andere sich entschließen muß, ob er mitmachen will.

Im allgemeinen sind Frauen eher dazu bereit, Hilfe von außen in Anspruch zu nehmen. Wenn der Mann nicht mitkommen will, gibt er meist die verschiedensten Gründe an: Er kann beispielsweise der Meinung sein, er sei nicht der Problemverursacher, oder er verspricht sich nichts von professioneller Hilfe. Wenn ein Partner – ob es sich um Mann oder Frau handelt, ist dabei gleichgültig – dem Aufsuchen einer Beratungsstelle oder eines Therapeuten Widerstand entgegensetzt, sollte dies nicht auch eine Einzelberatung oder -therapie blockieren. Denn es ist durchaus möglich, daß sich im Verlauf der Beratung bzw. Therapie der Partner doch noch zu einer Teilnahme entschließt. Da der willige und der unwillige Partner nicht selten eine beiden unbewußte Allianz eingehen, um sich gegen Veränderungen in ihrer Beziehung zu schützen, beide also unbewußt von den *gleichen Ängsten* bestimmt sein können, ist ein späterer Einstieg des unwilligen Partners durchaus realistisch, wenn es in der Beratung gelingt, die festgefahrene Situation wieder in Gang zu bringen.

Eine Paarberatung bzw. -therapie birgt gegenüber Einzelberatung und -therapie den entscheidenden Vorteil, daß die wechselseitige Bedingtheit des Verhaltens und Erlebens beider Partner zum zentralen Thema gemacht wird und nicht nur das Verhalten und Erleben des einzelnen. Auch wenn beide Partner eine Einzel-Psychotherapie machen, kann ihr interaktives Zusammenspiel in ihrer Beziehung davon nahezu unberührt bleiben. Da ein Paar sich nicht nur durch die einfache Summierung zweier Individuen ergibt, sondern zu einer länger dauernden Beziehung auch die Ausbildung eines gemeinsamen Unbewußten gehört, kann ein Partner sein Verhalten nicht unabhängig vom anderen verändern.

Wer allerdings erwartet, nach der Beratung oder der Therapie als rundum glückliches und problemloses Paar leben zu können, wird enttäuscht werden. Veränderung kann genauso Trennung bedeuten wie Weiterentwicklung. Sofern es in der Beratung bzw. Therapie gelingt, in einer Paarbeziehung wieder mehr Raum für gemeinsames Wachstum zu schaffen, entbindet dies ein Paar nicht von dem weiteren intensiven Bemühen um ihre Beziehung. Vielleicht kann das folgende Zitat des Psychoanalytikers Michael Lukas Moeller dies besser verständlich machen:

> «Von selbst gelingt die Liebe in dieser Gesellschaft nicht. Wir müssen uns gute innere und äußere Liebesbedingungen erst schaffen. Dies begründet die ‹Arbeit für die Liebe›. Sie erwächst aus dem Abschied von der kindlichen Erwartung, uns falle das Glück stets zu. (...) Wann werden wir einsehen, daß ‹Liebesarbeit› so notwendig ist wie Trauerarbeit, wie Berufsarbeit?» [1]

Wo kann das Paar nun professionelle Hilfe finden? Zum einen gibt es heute in jeder größeren Stadt *Ehe- und Familienberatungsstellen*, die meist von freien Trägern unterhalten werden und wo Beratung bzw. Therapie kostenlos in Anspruch genommen werden kann. Zum anderen gibt es Therapieangebote von *Paartherapeuten* in freier Praxis, die von Paaren privat bezahlt werden müssen.

Wenn man eine Ehe-, Familien- und Lebensberatungsstelle [2] aufsuchen will, ist es wichtig, sich vorher über die Trägerschaft zu informieren. Die meisten dieser Einrichtungen werden nämlich von konfessionell orientierten Trägern unterhalten. Dies muß nicht in jedem Fall bedeuten, daß ihre Arbeit auch an kirchlichen Zielsetzungen orientiert ist. Vor allem bei den evangelischen Beratungsstellen gibt es selten eine geschlossene Weltanschauung. Neben den kirchlich orientierten Beratungsstellen gibt es aber auch noch eine große Zahl anderer, die weltanschaulich nicht in der Weise festgelegt sind: Pro-Familia, Deutsche Arbeitsgemeinschaft für Jugend- und Eheberatung e. V. (DAJEB), Arbeiterwohlfahrt, Rotes Kreuz und andere kleine freie Träger. Nicht alle Beratungsstellen bezeichnen sich übrigens als Ehe-, Familien- und Lebensberatungsstellen. Manchmal tragen sie auch die Bezeichnung Sozialmedizinischer Dienst. Obwohl die meisten Beratungsstellen von freien Trägern unterhalten werden, gibt es auch noch einige wenige Beratungsstellen in öffentlicher Trägerschaft. Diese kann man genauso wie die Beratungsstellen der freien Träger in den örtlichen Telefonbüchern finden.

Falls jemand die Hilfe eines Paartherapeuten in freier Praxis in Anspruch nehmen möchte, ist es sinnvoll, sich vorher genau über ihn zu informieren, am günstigsten natürlich bei Freunden oder Bekannten, die mit ihm/ihr Erfahrungen haben. In aller Regel sollte der Therapeut eine spezielle Ausbildung in Paartherapie vorweisen können. Die verschiedenen Therapieeinrichtungen und -formen haben meistens jeweils noch mal eigene Ausbildungen für Paartherapeuten entwickelt.

IX. Die andere Konsequenz

Der gemeinsame Prozeß in einer Beziehung kann sich sowohl konstruktiv als auch destruktiv entwickeln. Manchmal kann persönliche Reife durchaus auch in der Entschlossenheit liegen, die nötig ist, eine Paarbeziehung zu beenden, in der die Partner sich gegenseitig nur noch blockieren und wo es außer der Angst, allein zu sein, und dem gemeinsamen Kind nichts Verbindendes mehr gibt.

Trennung muß im übrigen nicht immer ein endgültiger Schritt sein. Gerade bei Paaren mit Kindern ist das Auseinandergehen mitunter zeitlich begrenzt; zu einem späteren Zeitpunkt beginnen dann beide ihre Beziehung auf einer anderen Basis wieder von neuem, obwohl es ihnen mit der Trennung ursprünglich durchaus ernst war. Doch hier wird lediglich der Prozeß der Trennung beschrieben und ausführlich der Frage nachgegangen, wie Eltern nach einer Trennung ihrer gemeinsamen Verantwortung gegenüber dem Kind gerecht werden können.

1. Sich voneinander trennen

Die Schwelle zur Trennung liegt für ein Paar mit Kind zwar erheblich höher als für ein Paar ohne Kind, aber nicht wenige Paare ziehen trotzdem irgendwann während der Krise nach der Geburt auch eine Trennung in Erwägung. Über die Zahl derjenigen, die sich innerhalb der ersten drei Jahre nach der Geburt eines Kindes trennen, ist wenig bekannt. Berichte von Eltern, Beobachtungen in meinem sozialen Umfeld, die Aussagen von Paarberatern und -therapeuten und von Sozialwissenschaftlern bestätigen aber übereinstimmend, daß die Zahl von Trennungen nach der Geburt eines Kindes erschreckend hoch ist und offensichtlich weiter zunimmt.

Wenn es zu einer Trennung kommt, ist dies immer Ausdruck einer längeren Entwicklung in einer Paarbeziehung, die meist auch schon vor der Geburt des Kindes eingesetzt hat. Anlaß kann zwar ein bestimmter Konflikt sein (z. B. Arbeitsaufteilung oder Sexualität), dennoch aber wirken immer verschiedene Ursachen zusammen. Erst die Summierung der Probleme und die Tatsache, daß ein Problem das andere bedingt und ein Paar sich bei dem Versuch, die Konflikte zu bewältigen, immer nur noch weiter in sie verstrickt, führen schließlich zu dem Gefühl, daß die Krise unüberwindbar ist und innerhalb der bestehenden Beziehung keine Chance mehr zu irgendeiner Veränderung besteht.

Wenn einer oder beide Partner unter ihrer Beziehungssituation fast nur noch leiden und das Klima zwischen ihnen vergiftet ist, bedarf es oft nur noch eines einzigen Ereignisses, um die Trennung herbeizuführen. Irgendwann eskaliert z. B. ein Streit derart, daß ein Partner die gemeinsame Wohnung verläßt und beschließt, nicht mehr zurückzukehren. Oder: Nach lange schwelenden Konflikten beginnt einer von beiden eine andere Beziehung:

> «Der eigentliche Anlaß unserer Trennung war, auf der Basis der vorangegangenen Entfremdung zwischen Georg und mir, daß ich Andreas kennenlernte, daß ich mich wieder verliebte und damit aus der Stagnation, der Festgefahrenheit unserer Ehe ausbrach.» [1]

Trennung kann aber auch einen mehr schleichenden Verlauf nehmen. Das ist z. B. dann der Fall, wenn sich ein Partner in der Hoffnung, wieder Bewegung in die Situation zu bringen und vielleicht wieder zueinander finden zu können, entschließt – unter Umständen sogar im Einvernehmen mit dem anderen –, aus der gemeinsamen Wohnung auszuziehen. Statt aber die erhoffte Annäherung zu ermöglichen, entwickelt die neue Situation nicht selten dann eine Eigendynamik:

> «Irgendwann war mir auf Grund der Gespräche in meiner Männergruppe klar geworden, daß ich so nicht mehr weiterleben möchte und mein Bedürfnis, mehr Abstand zu Christiane zu bekommen, nicht mehr länger zurückstellen will. Nach mehreren Anläufen teilte ich das alles auch Christiane mit. Sie war sehr betroffen, setzte mir aber keinen Widerstand entgegen. Nach längerer Suche fand ich dann endlich eine eigene Wohnung. In der Zwischenzeit distanzierte sich Christiane immer mehr von mir. Sie gab mir die Schuld an der Situation. Obwohl wir vorher Anna gemeinsam betreut und vor meinem Auszug vereinbart hatten, daß die Betreuung auch nachher zu gleichen Teilen erfolgen sollte, wollte sie jetzt nicht mehr, daß ich mich daran beteiligte. Sie fand es zu belastend, mich täglich zu sehen, und wollte für den halben Tag eine Kinderfrau suchen.
>
> Ich stimmte dem widerstrebend zu. Im nachhinein habe ich erkannt, daß dies ein entscheidender Schritt war, unsere endgültige Trennung einzuleiten.»

Obwohl Christiane ihre Gefühle nicht offen zeigt, ist in der Schilderung von Herbert unschwer zu erkennen, wie sehr sie sein Auszug verletzte. Aus ihrer Verletztheit und Verbitterung heraus möchte sie Herbert so wenig wie möglich sehen. Gleichzeitig will sie ihn aber auch persönlich treffen und ihm ihre Enttäuschung deutlich demonstrieren. Das Fatale an ihrer Reaktion ist, daß sie das Kind hier als Mittel einsetzt. Indem sie Herbert mit dem Argument, daß es ihr zu nahe geht, wenn sie ihm täglich begegnet, von Anna fernhält, bestraft sie ihn gleichzeitig auch, ohne sich das freilich selbst einzugestehen.

Jede Trennung stellt für den Verlassenen eine ungeheure Kränkung des Selbstwertgefühls dar. Oft verfällt er in Depressionen, Haßgefühle, tiefes gegenseitiges Mißtrauen, Angst vor Einsamkeit, intensive Verlustgefühle; das Bedürfnis nach Rache und die Sehnsucht nach dem früheren Zustand können einander abwechseln oder nebeneinanderher bestehen. Der Scheidungstherapeut Mel Krantzler spricht in diesem Zusammenhang vom Trennungsschock:

«Je länger eine Ehe gedauert hat und je enger sie gewesen war, um so schwerer sind diese Symptome und um so tiefer greifen sie in unser Leben ein. Wenn wir einen großen Teil unserer Zeit und unserer Kräfte in eine Beziehung investiert haben, kann ihr Ende Wellen von Niedergeschlagenheit, Feindseligkeit, Selbstmitleid, Schuld, Reue, Angst und Furcht auslösen, die zu widersprüchlich sind, um begriffen, und zu mächtig, um sofort bekämpft zu werden. Diese Gefühle können alles vergiften: das Essen schmeckt wie Sand; die normale Hausarbeit übersteigt unsere Kräfte; überall tun sich neue Probleme auf; und wir fragen uns, warum wir am Morgen überhaupt aufstehen sollen.»[2]

Anders geht es zunächst meist demjenigen, der die Initiative ergriffen hat. Eine Mutter berichtet:

«Ich habe an der Tatsache, daß ich es war, die wegging, und daß ich es tat, um mit einem anderen Menschen zusammenzuleben, zunächst nicht gelitten. Ich war eigentlich froh, weil ich nicht mehr Objekt war, das zur Einrichtung der Wohnung gehörte wie ein Möbelstück, sondern mich wieder als Person fühlen konnte. Ich fühlte mich nach Jahren der Kälte und der unbegreiflichen Entfremdung wieder froh und lebendig. Ich war wieder glücklich. Das heißt, ich konnte wieder empfinden, was es bedeutet und wie es sich anfühlt, wenn man glücklich ist.»[3]

Solche Gefühle halten aber in der Regel nicht lange an. Konfrontiert mit den Depressionen, der Wut und den Schuldvorwürfen des verlassenen Partners, setzen Zweifel ein, ob der Schritt richtig war. Zudem wird jetzt oftmals erst deutlich, was man verloren hat. Dieselbe Mutter noch einmal:

«Das Vergangene, der Verlust von Sicherheit und Geborgenheit, der Verlust einer lange zurückliegenden, nun sich wieder zeigenden Zuneigung zwischen Georg und mir löste Sehnsucht und Wehmut aus. Immer wieder stellte sich die Frage, ob ich zurückgehen wollte und konnte, ausgelöst auch durch die Erfahrung, daß das mittlerweile zum Alltag gewordene ‹Neue› ebenfalls viele Erwartungen nicht erfüllen konnte und Ansprüche nicht einlöste.»[4]

Auch derjenige, der weggeht, wird früher oder später mit dem konfrontiert, was die Beziehung für ihn bedeutet hat. Was an gegenseitiger Abhängigkeit in einer länger dauernden Beziehung entstanden ist, wird jetzt erst richtig sichtbar. Beide Partner fallen nach der Trennung früher oder später in ein Vakuum und vermissen ihre über lange Zeit gewachsene Gemeinsamkeit. Tieferliegende Lebensängste werden aktiviert. Es wird oft deutlich, daß der Partner einen wichtigen Anteil an der Ausbildung der eigenen Identität hatte. In der Folge fühlen sich beide in ihrer Identität bedroht. Man kann eine längerdauernde Beziehung nicht ungeschehen machen und wieder am Punkt Null anfangen. «Man bleibt, auch wenn man es nicht mehr will, miteinander verhängt.» [5]

Dies erklärt auch, warum selbst Paare, die sich vorher «bis aufs Messer» gestritten haben, oft das Gefühl haben, daß sie etwas verloren haben:

> «Mag es zuletzt nur mehr Haß, böse Anwürfe und Verdächtigungen gegeben haben: auch dies hat dem Leben Sinn und Inhalt verliehen. Alles scheint nun besser als ... nichts.» ... «Sicherlich ist eine Partnertrennung viel schwieriger zu überstehen, wenn Liebe und die Schönheit des gemeinsamen Alltags und zärtliche Verbundenheit miteinander einstmals sehr groß gewesen sind. Was aber immer wieder erstaunt, ist die Tatsache, wie schwer doch auch dann die Trennung fällt, wenn vieles davon gefehlt hat.» [6]

Daß Paare nach vollzogener Trennung weiter miteinander «verhängt» sind, äußert sich auch darin, daß die alten Konflikte bei jeder Begegnung noch lange Zeit nach dem Auseinandergehen ständig immer wieder neu aufflackern können. Wenn die Eltern z. B. vor dem Abbruch ihrer Beziehung in Machtkämpfe miteinander verwickelt waren, können ihre Machtkämpfe, wenn sie nach der Trennung aus irgendeinem Grund miteinander zu tun haben, immer wieder aufbrechen.

Das Aufflackern alter Streitigkeiten ist vor allem dann ein Problem, wenn ein Paar durch die gemeinsame Betreuung des Kindes ständig miteinander Umgang hat. Im Prozeß der Trennung kommt es deshalb darauf an, nach und nach immer mehr Abstand zu der alten Beziehung zu bekommen. Die Auflösung der Beziehung muß mit der Zeit als etwas Unabänderliches akzeptiert werden. Schuldvorwürfe an den Partner helfen nicht weiter.

Ein wichtiger Schritt, um sich aus dem «Verhängtsein» in die alte Beziehung zu lösen, ist das Trauern. Viele Menschen gestehen sich heute aber eine Phase des Trauerns nach einer Trennung nicht mehr zu. Sie meinen, daß man seine Gefühle beherrschen muß und haben Angst, sich diesen Gefühlen zu überlassen. Wenn jemand nach dem Verlust seines Partners das Trauern vermeidet und seine Gefühle verdrängt, neigt er in der Folge nicht selten auch dazu, den verlorenen Partner zu entwerten. Da der andere sowieso so wenig wert ist, braucht man seinen Verlust nicht zu bedauern. Wolfgang Schmidbauer sagt dazu:

> «Allerdings hilft diese Entlastung nur für kurze Zeit. Sie setzt voraus, daß die Abwehr mit voller Kraft arbeitet. Daher ist auch der Schlaf gestört. Er wird durch Angstanfälle unterbrochen. Der Wechsel von Überschwang (‹Sie ist es nicht wert, was brauch ich sie!›) und Depression läßt sich deutlich beobachten.» [7]

Andere versuchen die Trauerarbeit dadurch zu vermeiden, daß sie sich in vielfältige Aktivitäten stürzen. Selten aber bringt das wirklich weiter. Das wird am deutlichsten in der Sexualität. Wenn nach der Trennung ständig wechselnde Beziehungen eingegangen werden, die möglichst unverbindlich bleiben sollen, wird Sexualität dazu benutzt, nicht zur Besinnung zu kommen.

Wolfgang Schmidbauer vergleicht das Trauern mit dem Vernarbungs- und Heilungsprozeß einer offenen Wunde. Trauer «sorgt dafür, daß der Betroffene ruhiggestellt ist, von seiner Umwelt geschont und bestätigt wird. Dadurch kann sich die seelische Wunde schließen und allmählich heilen.» [8]

Trauern heißt, sich in seine widersprüchlichen Gefühle hineinzubegeben. Erst wenn man durch alle sich auftuenden Tiefen hindurchgegangen ist, werden neue Einsichten und eine konstruktive Bewältigung möglich:

> «Der Prozeß des Trauerns eröffnet uns einen Weg, alle diese widersprüchlichen Gefühle zu erwägen, sie zu äußern, um zu einer unabhängigen Persönlichkeit zu wachsen. Seine Wirkung ist es, unsere seelischen Wunden zu heilen, so daß wir uns aus der Gefangenschaft befreien und beginnen können, konstruktiv in der Gegenwart zu leben.» [9]

Wem das nicht gelingt, der bleibt in seiner alten Beziehung verfangen. Jede neue Beziehung muß dann zwangsläufig zur Wiederholung der alten werden. Wer sich innerlich von seinem alten Partner nicht wirklich gelöst hat, kann sich möglicherweise auf eine neue Beziehung über sehr lange Zeit nicht mehr wirklich einlassen. Da die Wunde nicht heilen konnte, ist sie entweder grob vernarbt, oder sie bricht immer wieder von neuem auf.

Wem die Loslösung vom Partner nicht gelingt, mag auch krampfhaft an der Hoffnung festhalten, der andere werde irgendwann wieder zurückkommen. Wenn eine solche Hoffnung vorhanden ist, findet sie paradoxerweise auch immer wieder Nahrung in Gesten, Andeutungen oder bestimmten Interpretationen des Verhaltens eines Ex-Partners. Hinzu kommt, daß dieser nicht selten auch idealisiert wird. Man sieht ihn dann so, wie man ihn sehen möchte und nicht so, wie er tatsächlich ist.

Hinter der Idealisierung stecken die eigenen destruktiven Gefühle, die verdrängt wurden. Wer sich den eigenen Haß und die eigene Wut nicht eingestehen kann und als zu bedrohlich erlebt, muß sich schützen, indem er den anderen überhöht. Gleichzeitig wird er damit aber automatisch zum Versager, zu demjenigen, der die Liebe eines solchen idealen Partners eigentlich nicht verdient hat.

Wie ich oben schon erwähnt habe, ist das Trauern für Eltern nicht nur deswegen wichtig, weil es die innere Loslösung vom bisherigen Partner ermöglicht, sondern auch, weil die Eltern durch das Kind weiterhin miteinander zu tun haben werden und die Trauervermeidung dazu führt, daß Eltern ihre Probleme über das Kind austragen. Erst wenn sie einander wieder als unabhängige Persönlichkeiten begegnen, wenn jeder wirklich innerlich vom anderen Abstand genommen und sein Leben neu organisiert hat, haben Eltern genug Distanz, um mit einer gewissen Gelassenheit die gemeinsame Betreuung des Kindes organisieren zu können. Das bedeutet nicht, daß sie gegen Rückfälle in alte Auseinandersetzungen völlig gefeit sind. Aber sie haben genug Distanz und eine größere innere Reife erworben, den anstehenden Problemen besser ins Auge sehen zu können und ihre Konflikte überwiegend konstruktiv auszutragen.

2. Gemeinsame Elternschaft trotz Trennung

Bei einer Trennung müssen Eltern nicht nur ihre Beziehung zueinander klären, sondern auch die Betreuung des Kindes nach ihrem Auseinandergehen regeln. Die Schwierigkeit ist, daß eine Vereinbarung darüber, wie es mit dem Kind weitergehen soll, gerade in dem Moment getroffen werden muß, wo beide Partner hauptsächlich mit sich selbst beschäftigt sind und sich mitten in einer Phase intensiver Gefühlsausbrüche befinden.

In dieser Zeit fällt es den Eltern meist sehr schwer, ruhig miteinander zu sprechen. Jedes Aufeinandertreffen birgt die Gefahr, daß es im Chaos und in gegenseitigen Vorwürfen endet. Wut, Haß- und Rachegefühle bestimmen ihr Handeln oft weitgehender, als sie sich selbst eingestehen können. Überdies sind die vielen intensiven Gefühle, die sie jetzt überfluten, äußerst widersprüchlich.

Von daher wird auch verständlich, warum das Kind so oft in die Auseinandersetzungen der Eltern hineingezogen wird. Jeder versucht, das Kind auf seine Seite zu ziehen. Schlimmer noch: beide fangen an, ihre Konflikte über das Kind auszutragen. Dies geschieht in den seltensten Fällen offen und ist häufig den Eltern selbst gar nicht bewußt.

Rationalisierungen spielen dabei eine große Rolle. Von Rationalisierung sprechen Psychoanalytiker dann, wenn an Stelle der wirklichen Antriebe und Motive rational akzeptable Gründe für das eigene Verhalten angegeben werden, von denen der Betreffende dann auch selbst subjektiv überzeugt ist. Eine besonders häufige Rationalisierung bei Eltern, die auseinandergehen, ist die folgende: Das eigene Verhalten wird bevorzugt mit den Interessen *des Kindes* begründet, obwohl hinter dem Verhalten in Wirklichkeit die *eigenen* Interessen, Bedürfnisse und Gefühle stehen. So wird argumentiert, daß es dem Kind nicht zumutbar sei, zwischen Mutter und Vater hin- und herzupendeln. In Wirklichkeit wird dabei aber das Bedürfnis des Kindes nur vorgeschoben. Hinter diesem von Müttern besonders häufig vorgebrachten Argument steht nicht selten, daß die Mutter aus verschiedenen Gründen nicht möchte, daß das Kind so häufig beim Vater ist. Hier können nicht nur eigene Interessen und Vorstellungen (z. B. Kind als Besitz der Mutter), sondern auch Rachegefühle, Bestrafungswünsche, die eigene Angst vor dem Alleinsein, Schuldgefühle (Rabenmutter-

Selbstbild) und anderes mehr eine große Rolle spielen.* Mit einer solchen Argumentation kann die Mutter außerdem Motive vorschieben, die mit ihrem eigenen Mutter-Selbstbild übereinstimmen und die von der Umgebung positiv bewertet werden.

Nach einer Trennung bleiben Kinder auch heute noch in der überwiegenden Zahl der Fälle bei der Mutter, selbst wenn Mutter und Vater vorher an der Betreuung des Kindes gleichberechtigt beteiligt waren.

Auf der Basis der Tatsache, daß das Kind zum Vater nur auf Besuch kommt, entwickelt sich dann häufig ein unbewußtes Zusammenspiel beider Elternteile. Die Tatsache, daß die Mutter in diesem Fall die Hauptverantwortung hat, paßt durchaus zu den traditionellen Rollendefinitionen und setzt genau an der im Zusammenhang mit den neuen Vater- und Mutterrollen beschriebenen Widersprüchlichkeit an. Die Mutter ist für das Kind zuständig, und der Vater konzentriert sich auf den Beruf und auf Tätigkeiten außerhalb der Familie. Ohne daß dem Vater dies so klar bewußt ist, beginnt er den neu entstandenen Freiraum für seine männlichen Interessen zu nutzen. Dies ist besonders auffällig bei Vätern, die sich vor der Trennung die Kinderarbeit mit der Mutter geteilt haben. Auch sie neigen dazu, sich verstärkt ihren männlichen Interessen zuzuwenden. Besonders für diejenigen Väter, die ihre Vaterrolle vor allem auf den Druck der Frau hin in gleichberechtigter Form gestaltet haben und denen die neue Vaterrolle kein stabiles und eigenständiges Selbstbewußtsein verschaffen konnte, ist die Versuchung jetzt groß, auf das (indirekte) Angebot der Frau einzusteigen.

Je mehr nun die Mutter, getrieben von ihrem traditionellen Mutter-Selbstbild oder von ihren eigenen Ängsten, der Vater könnte ihr das Kind wegnehmen, selbst auf klare Verantwortlichkeiten drängt, um so mehr bestärkt sie indirekt den Vater in seiner Tendenz zur Flucht in die Arbeit.

Je mehr sich der Vater jedoch aus der Betreuung des Kindes zurückzieht und je weniger er auf Grund seiner Lebensumstände

* Daß Frauen als Mütter in Trennungssituationen in ganz anderer Weise als Männer reagieren, kann nur vor dem Hintergrund der Erziehung zur alten Mutterrolle richtig verstanden werden. Vielen Frauen ist es nach einer Trennung sehr wichtig, klare Machtverhältnisse in bezug auf das Kind herzustellen. Wenn dagegen der Vater um das Kind kämpft, ist er oft mehr der Reagierende.

seine männliche Prioritätensetzung hinterfragt, um so mehr Verantwortung und konkrete Betreuungsarbeit muß die Mutter leisten. Beide drängen sich also unbewußt in die alten Vater- und Mutterrollen hinein.

Wenn der Vater nach einiger Zeit, weil ihm das Kind fehlt, von sich aus auch wieder konkrete Schritte unternimmt, sich mehr an der Betreuungsarbeit zu beteiligen, ist es nicht selten die Mutter, die abblockt.

Die oben als Rationalisierung beschriebene Argumentation wird dann in der einen oder anderen Form besonders häufig benutzt. Oft mit dem Zusatz, daß das Kind gerade jetzt klare Verhältnisse brauche, um sich wieder stabilisieren zu können. Diese Argumentation wird besonders dann vorgebracht, wenn der Vater Ansprüche geltend macht und das Kind in größerem Umfang in sein Leben einbeziehen möchte (Urlaub, gemeinsame Unternehmungen usw.). Paradoxerweise gilt sie aber oft gerade dann nicht, wenn die Mutter niemand anders zur Betreuung hat oder gerade selbst unter Druck steht. Dann fordern viele Mütter nämlich genauso vehement das Gegenteil, nämlich daß der Vater sich mehr Zeit für sein Kind nehmen sollte.

Für den Vater aber ist die Versuchung groß, gerade in solchen Situationen nein zu sagen. Zum einen fühlt er sich von der Mutter funktionalisiert und bevormundet, zum anderen hat sich bei ihm Groll über das Verhalten der Mutter angestaut. Jetzt scheint ihm der richtige Moment, um seiner Ex-Frau zu demonstrieren, daß er mit sich nicht alles machen läßt. Beide beginnen also miteinander einen Machtkampf.

So wird der Graben vertieft, und beide treiben sich gegenseitig immer weiter in die gleiche Richtung. Zumal die Frau zu Recht über das Verhalten des Mannes enttäuscht sein wird und dessen mangelnde Bereitschaft zur konkreten Beteiligung an der Kinderarbeit wieder einmal demonstriert bekam.

Beide durchschauen ihr unbewußtes Zusammenspiel meist nicht, weil jeder dem anderen die Schuld gibt und nicht sieht, daß beide in Wirklichkeit den gleichen Anteil an der Misere haben.

Ich bin ein vehementer Verfechter der gemeinsamen Sorge für das Kind nach einer Trennung. Nach allem, was man darüber weiß[1], scheint die gemeinsame Sorge für das Kind die beste Lösung zu sein. Gemeinsame Sorge* bedeutet, daß das Kind sowohl zur Mutter als auch zum Vater einen engen Kontakt hält, obwohl die Paarbeziehung der Eltern nicht mehr existiert. Auch nach der Trennung soll das Kind Mutter und Vater behalten. Soll eine solche Regelung praktizierbar sein, müssen die Eltern die *Beziehung zum Kind* in den Vordergrund stellen.

«Dabei wird den Erwachsenen einiges abverlangt. Zum Beispiel die Einsicht darüber, daß das Kind ein Recht darauf hat, einen Erwachsenen zu lieben, den man selbst vielleicht nicht mehr leiden kann. Oder der Verzicht auf die Vermischung der Gefühle: du bist so unfähig, weil du mir das und das angetan hast, deshalb kann ich dir mein Kind nicht anvertrauen. Voraussetzung ist, daß sie beide die Achtung voreinander bewahrt haben, daß sie ständig die Gefahr sehen, daß das Kind zum Zankapfel werden kann, wenn alte Trennungsprobleme auftauchen.»[2]

Viele meinen dagegen, daß das Kind dadurch zerrissen sei und gerade in der Trennungssituation Stabilität und Kontinuität brauche. Doch da ein alleinerziehender Elternteil bei der Betreuung des Kindes sowieso in besonderer Weise auf Dritte (Tagesmütter, Freunde[-innen], Großeltern) angewiesen ist, bleiben dem Kind Orientierungsschwierigkeiten meist sowieso nicht erspart. Unter Umständen muß sich das Kind jetzt sogar an wechselnde Bezugspersonen immer wieder neu gewöhnen. Nach einer Trennung muß das Leben völlig neu organisiert werden. Dies macht der Alleinerziehende unter erschwerten Bedingungen, denn er muß sowohl seinen Lebensunterhalt verdienen als auch das Kind betreuen. Vieles, was die Eltern vorher gemeinsam organisiert haben, muß jetzt allein bewältigt werden.

Eine Mutter berichtet von ihren Problemen:

«Sofort nach der Trennung hatte ich den Eindruck, daß mein neues Leben auch für Steffi eine Bereicherung sein würde. Aber ich mußte mir bald eingestehen, daß sie, obwohl sie neue Freunde gewann, obwohl sie lernte, sich in einer neuen Umgebung zu-

---

* Der Begriff «gemeinsame Sorge» wird hier an Stelle des Begriffs Sorgerecht gebraucht. Sorgerecht meint das juristische Verhältnis jedes Elternteils zum Kind. Hier geht es aber nicht um das juristische Verhältnis, sondern um das tatsächliche Verhältnis der Eltern zum Kind. So kann z. B. ein Vater gemeinsam mit der Mutter für das Kind sorgen, ohne daß er im juristischen Sinne der Sorgeberechtigte ist. Dies ist z. B. bei nichtehelichen Vätern der Fall.

rechtzufinden, obwohl sie von Freunden und Verwandten viel Liebe erfuhr, doch in gewisser Weise auch ärmer geworden war. Ich hatte ihr durch meine Entscheidung den Vater weggenommen und einen Vaterersatz angeboten (Anm. H.B.: den neuen Freund), der sie bedrohte, weil er nicht sie, sondern ihre Mutter für sich haben wollte. Ich hatte ihr aber auch ein Stück weit die Mutter weggenommen, sowohl was meine Zeit betraf, als auch meine Möglichkeiten, mit ihr zu spielen, auf sie einzugehen. Ich arbeitete mehr als zuvor, ich hatte weniger freie Zeit. Das bißchen, das blieb, wurde zwischen Andreas und Steffi aufgeteilt, für mich selbst gab es keine Zeit mehr.»[3]

Hinter die scheinbar größere Stabilität und Kontinuität, die in der Beschränkung auf *eine* Hauptbezugsperson liegt, ist also ein großes Fragezeichen zu setzen. Ein anderes Argument gegen geteilte Elternschaft ist die These, daß ein enger Kontakt zu beiden Elternteilen das Kind in Loyalitätskonflikte stürzen würde. Wenn das Kind aber nur hin und wieder besuchsweise zum anderen Elternteil kommt, kann es sehr viel leichter zu Loyalitätskonflikten kommen. Außerdem hängen die meisten Loyalitätskonflikte unmittelbar damit zusammen, daß jeder Elternteil das Kind auf seine Seite ziehen will. Erst dadurch, daß es das Kind jedem recht machen soll, entsteht seine innere Zerrissenheit und seine Angst, entweder den Vater oder die Mutter zu verlieren. Wenn es nur nach dem Kind ginge, wünscht sich dies in den meisten Fällen sowieso nichts sehnlicher, als Mutter und Vater auch nach der Trennung zu behalten und nicht einen von beiden entbehren zu müssen. Dies gilt um so mehr, je umfassender der Vater sich vorher an der Betreuung des Kindes beteiligt hat. Zu einer Belastung wird das Hin- und Herpendeln des Kindes zwischen Mutter und Vater für das Kind nur dann, wenn die Liebe zum einen Elternteil zugleich zum Verrat an der Liebe zum anderen hochstilisiert wird.

Heute gibt es eine steigende Zahl von Eltern, die geteilte Elternschaft praktizieren und damit sehr gut, wenn auch nicht ohne Anstrengung und Konflikte, zurechtkommen:

«Bei den Zufriedenen (Anm. H.B.: gemeint sind zufriedene Eltern) pendeln die Kinder Woche um Woche oder vier und drei Tage, oder in zwei-, dreiwöchigem Turnus von Wohnung zu Wohnung, verbringen fast immer fünfzig Prozent der Zeit bei dem einen oder anderen. Neben genauen Abmachungen über die

Länge des Zeitraums, den das Kind bei dem einen oder anderen verbringt, sind die Grenzen fließend. Je nach Bedürfnis des Kindes oder denen der Erwachsenen hält sich das Kind bei dem einen oder anderen mal länger oder kürzer auf. Darüber gibt es keinen Streit. Wenn die Wohnverhältnisse des einen und des anderen stabil sind, ist die Entwicklung der Kinder im allgemeinen zufriedenstellend. Keine besonderen Auffälligkeiten.

Oder das Kind lebt bei der Mutter, der Vater kommt es am Nachmittag oder Abend besuchen, bringt es ins Bett und nimmt es am Wochenende. Oder, wenn das Kind noch sehr klein ist und die Mutter ist ausgezogen, umgekehrt. Die Angst, der eine Elternteil könnte das Kind für sich ‹beanspruchen›, ist auf ein Minimum reduziert.» [4]

Wichtig ist, daß das Kind auch Vorlieben für einen Partner äußern darf, ohne den Verlust der Liebe des anderen befürchten zu müssen. Das bedeutet, daß die Eltern, wenn das Kind einmal nicht das gleiche will, wie ihre Abmachungen vorsehen, soweit möglich auch flexibel auf die Wünsche des Kindes reagieren sollten, ohne sich vom Kind gegeneinander ausspielen zu lassen.

Über die Eltern, die mit geteilter Elternschaft Schwierigkeiten haben, berichtet die Journalistin Maria Neef-Uthoff folgendes:

«Die Gruppe der unzufriedenen getrennten Elternpaare ist wesentlich kleiner. Es sind die, die mit keiner Vereinbarung richtig einverstanden sind. Die, die meinen, das Kind würde nicht gut genug behandelt beim anderen. Die Mißtrauischen. Gott sei Dank sind das wenige. Sie leben unter ähnlichen Bedingungen wie die der ersten Gruppe, leiden aber ständig darunter, z. B. ihre eigenen Bedürfnisse des Kindes wegen zurückstellen zu müssen. Sie leiden unter der größeren organisatorischen Mühe und sind schnell bereit, mit dem Wohl des Kindes zu argumentieren, wenn sie eigentlich sich selbst meinen. Und selbst die Gruppe kann über lange Zeiträume ihre Konflikte klein halten.» [5]

Es wird deutlich, daß es keine grundsätzlichen Schwierigkeiten sind, wenn sich Eltern mit der gemeinsamen Sorge schwertun, sondern sich hier offensichtlich sowohl ihre Schwierigkeiten mit ihren Ex-Partnern als auch mit der Organisation ihres veränderten Alltags einen indirekten Ausdruck verschaffen.

Neuorientierung – ein Nachwort

In diesem Buch ist an vielen Stellen immer wieder die Fragwürdigkeit der gängigen Beziehungsleitbilder deutlich geworden. Aber aus der Einsicht in diese Fragwürdigkeit ergibt sich nicht automatisch eine neue Orientierung. Ohne daß ein neuer Weg sichtbar wird, kann das Paar in schwierigem Gelände die ausgetretenen Pfade schwerlich verlassen. Notwendig ist deshalb vor allen Dingen ein neues Verständnis von Autonomie und Abhängigkeit. Gerade im Zusammenhang mit dem Kinderwunsch zeigt sich, in welche Sackgassen Scheinautonomie führen kann. Mann und Frau müssen ein anderes Verhältnis zu ihren Abhängigkeitswünschen entwickeln, wenn diese nicht immer wieder in traditionelle Bahnen führen sollen. Ich möchte die These wagen, daß gerade heute der Kinderwunsch viel mit verdrängten Abhängigkeitswünschen zu tun hat. Das Kind kann zum Vehikel unausgelebter Abhängigkeitsbedürfnisse werden.

Dies vollzieht sich bei Mann und Frau in unterschiedlichen Bahnen, die durch die geschlechtsspezifische Erziehung vorgezeichnet sind. Für den Mann schafft ein Kind in erster Linie mehr Sicherheit in der Beziehung. Indem er die Frau über das Kind von sich abhängig macht, kann er seine Scheinautonomie weiter aufrechterhalten. Von der neuen Abhängigkeit der Frau verspricht er sich, daß sie kontinuierlich für seine emotionale Versorgung zur Verfügung steht. Dabei geht es, um Mißverständnisse zu vermeiden, nicht um die nach der Geburt erlebte Beziehungsrealität, sondern um seine unbewußten Erwartungen. Scheinautonom ist der Mann dann, wenn er uneingestandenermaßen von der emotionalen Zuwendung der Frau in hohem Maße abhängig ist, diese Abhängigkeit aber hinter seinem männlichen Freiheitsstreben und Selbstbewußtsein versteckt. Solange die Frau die emotionalen Bedürfnisse des Mannes mit Selbstverständlichkeit erfüllt, kann er sich hinter seiner zur Schau gestellten Autonomie verstecken, ohne daß dies auffällt. Für scheinautonome Männer ist die materielle Unabhängigkeit und das Autonomiestreben von Frauen deshalb eine reale Bedrohung, weil sie Angst haben müssen, daß die

Frau sich eines Tages wirklich weigert, ihre für den Mann zentrale emotionale Funktion weiter wahrzunehmen. Hier verspricht ein gemeinsames Kind Abhilfe, weil es die Autonomie der Frau begrenzt und berechenbar macht.

Auch die Frau hat an das Leben mit Kindern die mehr oder weniger ausgeprägte Erwartung, daß ihre geheime Sehnsucht nach Abhängigkeit, nach einem Mann, der Verantwortung für ihr Leben zumindest mit übernimmt und ihre insgeheime Angst vor Selbständigkeit und Emanzipation mildert, erfüllt wird.

Der Wunsch nach einem Kind kann also sowohl beim Mann als auch bei der Frau den Versuch darstellen, dem heute bestehenden Zwang zur Autonomie zu entrinnen. Dies gilt natürlich in noch viel größerem Umfang für das zweite und alle dann noch folgenden Kinder.

Dadurch, daß das Mutterwerden in feministischen Kreisen zusätzlich noch mit den höheren Weihen wirklicher Emanzipation versehen wird, kann gleichzeitig auch das Selbstbild, eine emanzipierte Frau zu sein, aufrechterhalten werden. Freilich nicht, wie wir gesehen haben, ohne in der Paarbeziehung zusätzliche Konflikte, Projektionen und schwer auflösbare Widersprüche zu produzieren. Auch hier handelt es sich um ein unbewußtes Zusammenspiel, welches Mann und Frau miteinander treiben. Jeder hilft dabei dem anderen, sein Ziel zu erreichen.

Wenn wir die hier entwickelte «Deutungsfolie» auf die in diesem Buch dargestellte Realität in Paarbeziehungen nach der Geburt des ersten Kindes «legen», wird zwar einerseits deutlich, daß sie ein grobes Raster darstellt, welches viele individuelle Ausprägungen von Beziehungskonflikten nur unbefriedigend und sicherlich auch einseitig nachzeichnet, andererseits enthüllt sich aber gleichzeitig sehr drastisch, welcher zentrale Stellenwert den beschränkten Fähigkeiten zu wirklicher Autonomie in Paarbeziehungen heute zukommt. Die unterschiedlichen, aber sich ergänzenden Abhängigkeitsbedürfnisse von Mann und Frau können nicht nur die überfällige Veränderung von Mann-/Frau- und Vater-/Mutter-Rollen, sondern auch die Entwicklung zu gleichberechtigter Partnerschaft, ja sogar gemeinsames Wachstum überhaupt blockieren.

Was ist zu tun? Mann und Frau müssen lernen, sich dem anderen in ihrer Abhängigkeit zu zeigen, ohne daß der eine aus der Abhängigkeit des anderen «Kapital» zu schlagen versucht. Die

Stärke des einen darf nicht länger die Schwäche des anderen provozieren. Autonomie bedeutet im übrigen nicht, daß man nicht mehr verletzbar ist. Autonomie heißt auch nicht, in völliger Unabhängigkeit vom anderen leben zu können. Wohl aber bedeutet Autonomie die Überwindung der Zwanghaftigkeit in den Beziehungen der Geschlechter.

Beide müssen sich in ihrer Eigenart selbst gefunden haben, um sich nicht immer wieder in Klebebeziehungen zu verlieren. Für den Mann heißt dies, daß er sich selbst besser kennenlernen muß. Dies kann er am besten im Gespräch und in der Auseinandersetzung mit anderen Männern. Ermutigende Anfänge sind hier schon in Männergruppen gemacht worden. Denn der Mann muß endlich anfangen, ein neues Verhältnis zu seinesgleichen aufzubauen, wenn er nicht in der alten Weise von Frauen abhängig sein will. Indem der Mann gegenüber sich selbst und gegenüber seiner Umgebung offener wird, wird die emotionale Fixierung auf Frauen geringer. Männer lernen, sich gegenseitig zuzuhören, ihre Gefühle ernst zu nehmen und einander emotional zu unterstützen.

Bei Frauen muß die Entwicklung gleichzeitig in einer anderen Richtung weitergehen. Sie müssen lernen, auf ihre eigenen Fähigkeiten zu vertrauen und sich in Beziehungen mit Männern als eigenständige Person zu behaupten. Das Zulassen von Distanz in einer Beziehung muß möglich werden, ohne sich gleich verlassen zu fühlen.

Beide Geschlechter können auch viel voneinander lernen. Frauen von der Art und Weise, wie Männer Distanz herstellen, ohne freilich die starren männlichen Verhaltensweisen zu übernehmen. Männer können von Frauen lernen, sich zu entgrenzen, ohne die männliche Fähigkeit zur Grenzziehung gänzlich zu verlieren.

Vielleicht können sich dann eines Tages beide in ihrer Verschiedenheit begegnen und füreinander wirklich öffnen. Erst dann ist der Boden bereitet, auf dem sich echte Liebe zwischen Mann und Frau ereignen kann.

Anmerkungen

I. Kapitel

1 Blättner, Dave: Man(n) kommt ins Rollen. Ein Hausmann flippt aus. Reinbek bei Hamburg 1985, S. 44.

2 Beispielsweise: Reim, Doris (Hg.): Frauen berichten vom Kinderkriegen. München 1984; Braun, Daniela, Wohlfart, Claus: Ich und du und unser Kind. Tagebücher aus dem Leben zu dritt. Reinbek bei Hamburg 1984; Moeller, Michael Lukas: Die Liebe ist das Kind der Freiheit. Reinbek bei Hamburg 1986, S. 187 ff.

3 z. B. Buddeberg, C.: Schwangerschaft: Reifungskrise für Mann und Frau. In: Schweizerische Rundschau für Medizin 67/1978, S. 5 ff.; Steffen, Hartmut, Wenn Paare Eltern werden ... In: Psychologie heute 5/1983, S. 65–71.

II. Kapitel

1. Der Traum von der totalen Liebesbeziehung

1 Schmidbauer, Wolfgang: Die Angst vor Nähe. Reinbek bei Hamburg 1985.

2. Autonomie und Abhängigkeit

1 Beck-Gernsheim, Elisabeth: Vom «Dasein für andere» zum Anspruch auf ein Stück «eigenes Leben»: Individualisierungsprozesse im weiblichen Lebenszusammenhang. In: Soziale Welt 3/1983.

2 Dowling, Colette: Der Cinderella-Komplex. Die heimliche Angst der Frauen vor Unabhängigkeit. Frankfurt am Main 1984, S. 28.

3 Dowling, Colette: a. a. O., S. 205.

4 Franck, Barbara: Der Ungeliebte: Gespräche mit frustrierten Männern, Hamburg 1985, S. 13.

5 Willi, Jürg: Koevolution. Die Kunst gemeinsamen Wachsens. Reinbek bei Hamburg 1985, S. 22.

6 Ebenda, S. 22.

III. Kapitel

1. Eltern-Sein heute

1 Beck-Gernsheim, Elisabeth: Vom Geburtenrückgang zur neuen Mütterlichkeit? Über private und politische Interessen am Kind. Frankfurt am Main 1984, S. 21/22.

2 Drescher, Anne/Fach, Wolfgang: Lieben für den Staat? Über das Dilemma konservativer Familienpolitik. In: Zeitschrift für Soziologie 1/1985, S. 5.

3 Beispiele: Gambaroff, Marina: Utopie der Treue. Reinbek bei Hamburg 1984.

– Weibliche Fruchtbarkeit (Schwerpunktthema). In: Psychosozial 21/1984.

– Reim, Doris (Hg.): Frauen berichten vom Kinderkriegen. München 1984.

4 Chesler, Phyllis: Mutter werden. Die Geschichte einer Verwandlung. Reinbek bei Hamburg 1980, S. 145.

5 Bullinger, Hermann: Wenn Männer Väter werden. Reinbek bei Hamburg 1983, S. 23, 24.

2. Vom Wandel der Erziehungsvorstellungen

1 Schoenebeck, Hubertus von: Unterstützen statt erziehen. Die neue Eltern-Kind-Beziehung. München 1982, S. 9.

2 Rerrich, Maria S.: Veränderte Elternschaft. Entwicklungen in der familialen Arbeit mit Kindern seit 1950. In: Soziale Welt 4/1983, S. 433.

3 Merten, Wolfgang: Die Flucht vor der Erziehung. Oder wie Alice Miller und Erich Fromm sich in der Kinderstube breit machen. In: Kursbuch 72/1983, S. 71.

4 Sichtermann, Barbara: Leben mit einem Neugeborenen. Frankfurt am Main 1981.

– Liedloff, Jean: Auf der Suche nach dem verlorenen Glück. München 1980.

– Miller, Alice: Am Anfang war Erziehung. Frankfurt am Main 1980.

5 Rerrich, Maria S.: a.a.O., S. 435.

6 Miller, Alice: a.a.O., S. 119.

7 Miller, Alice: a.a.O., S. 122.

8 Dieselbe, a.a.O., S. 133.

9 Merten, Wolfgang: a.a.O., S. 69.

10 Bopp, Jörg: Die Mamis und die Pappis. Zur Abschaffung der Vaterrolle. In: Kursbuch 76/1984, S. 66.

11 Willi, Jürg: Koevolution. Die Kunst gemeinsamen Wachsens. Reinbek bei Hamburg 1985, S. 21.

3. Umgang mit Kindern = Arbeit?

1 Rerrich, Maria S., Urdze, Andrejs: Frauenalltag und Kinderwunsch. Frankfurt am Main 1981, S. 95.

2 Sichtemann, Barbara: Vorsicht Kind. Berlin 1982, S. 94 ff.

4. Eltern-Sein und Paarbeziehung

1 Stephan, Cora: Ganz entspannt im Supermarkt. Liebe und Leben im ausgehenden 20. Jahrhundert. Berlin 1985, S. 43.

2 Dowrick, Stefanie, Grundberg, Sibyl (Hg.): Will ich wirklich ein Kind. Reinbek bei Hamburg 1982, S. 74.

3 Siebenschön, Leona: Im Kreidekreis. Konflikt der Partner – Problem der Familie – Leiden der Kinder. Frankfurt am Main 1979, S. 219.

IV. Kapitel

1. Unerwartete Veränderungen

1 Reim, Doris (Hg.): Frauen berichten vom Kinderkriegen. München 1984, S. 19.

2 Reim, Doris (Hg.): a.a.O., S. 73.

3 Barber, Virginia / Skaggs, Maguire: Die Mutter. Erfahrungen und Vorschläge für ein besseres Selbstverständnis. Reinbek bei Hamburg 1980, S. 31.

4 Blättner, Dave: Man(n) kommt ins Rollen. Ein Hausmann flippt aus. Reinbek bei Hamburg 1985, S. 42.

5 Braun, Daniela / Wohlfart, Klaus: Ich und du und unser Kind. Tagebücher aus dem Leben zu dritt. Reinbek bei Hamburg 1984, S. 84.

6 Ebenda S. 90 / 91.

7 Blättner, Dave: a.a.O., S. 70.

8 Reim, Doris (Hg.): a.a.O., S. 101.

9 Braun, Daniela / Wohlfart, Klaus.: a.a.O., S. 117.

10 Blättner, Dave: a.a.O., S. 77.

11 Braun, Daniela / Wohlfart, Klaus: a.a.O., S. 109.

12 Dowrick, Stefanie / Grundberg, Sibyl (Hg.): Will ich wirklich ein Kind? Reinbek bei Hamburg 1982, S. 37.

13 Reim, Doris (Hg.): a.a.O., S. 19.

14 Ebenda S. 19.

15 Meyner-Ohlenschlager, Brigitte: Wenn Paare Eltern werden – Wie verarbeiten sie ihre neue Situation? Eine klinisch-psychologische Erkundungsstudie mit zwei Gruppen. Unveröffentlichte Diplomarbeit München 1985, S. 23 bis 24.

2. Das Stillen

1 Engel, Klaus: Zur Krisenerfahrung männlicher Identität beim Vaterwerden. Unveröffentlichte Diplomarbeit Berlin 1982, S. 44.

2 Bullinger, Hermann: Wenn Männer Väter werden. Schwangerschaft, Geburt und die Zeit danach im Erleben von Männern. Reinbek bei Hamburg 1983, S. 175.
Ebenda.

3. Sexualität

1 Seck-Agthe, Monika/Maiwurm, Bärbel: Neun Monate. München 1981, S. 277.

2 Reim, Doris (Hg.): a.a.O., S. 128.

3 Braun, Daniela/Wohlfart, Klaus: a.a.O., S. 104.

4 Ebenda S. 98.

5 Seck-Agthe, Monika/Maiwurm, Bärbel: a.a.O., S. 279.

6 Engel, Klaus: a.a.O., S. 48–49.

7 Bullinger, Hermann: a.a.O., S. 189.

8 Seck-Agthe, Monika/Maiwurm, Bärbel: a.a.O., S. 278.

9 Bullinger, Hermann: a.a.O., S. 192.

10 Schön, Bernhard: 36 J., verh., teilzeitbeschäftigt, Vater eines Sohnes. Kinder verändern den Alltag des Mannes. Reinbek bei Hamburg 1983, S. 45.

4. Die Organisation des Alltags

1 Reim, Doris (Hg.): a.a.O., S. 31 u. 33.

2 Fritsch, Ina: Eltern trennen sich. Kinder und Erwachsene meistern gemeinsam die Krise. Reinbek bei Hamburg 1980, S. 54.

3 Ebenda, S. 132.

4 Schön, Bernhard: a.a.O., S. 100.

5 Konjetzky, Klaus: Laura, bitte hilf Anna oder: Tractatus historico politicus. In: Konjetzky, Klaus/Westphalen, Joseph von: Die stillenden Väter. München 1983, S. 120.

6 Schön, Bernhard: a.a.O., S. 107.

7 Ebenda S. 112.

8 Braun, Daniela/Wohlfart, Klaus: a.a.O., S. 99.

9 Ebenda S. 105–106.

5. Autonomie und Abhängigkeit

1 Braun, Daniela/Wohlfart, Klaus: a.a.O., S. 100.

2 Ebenda S. 101.

3 Ebenda S. 101–102.

4 Reim, Doris (Hg.): a.a.O., S. 102.

5 Dowrick, Stephanie/Grundberg, Sybil (Hg.): a.a.O., S. 32.

6. Von der Euphorie zum Leiden an der Realität

1 Reim, Doris (Hg.): a.a.O., S. 102.

V. Kapitel

1. Die mütterlichen Väter

1 Ehrenreich, Barbara: Die Herzen der Männer. Auf der Suche nach einer neuen Rolle. Reinbek bei Hamburg 1984, S. 199.

2 Moeller, Michael Lukas: Männermatriarchat. In: Franck, Barbara: Mütter und Söhne. Gesprächsprotokoll mit Männern. Hamburg 1981, S. 213.
3 Derselbe, a. a. O., S. 225.

2. Die neuen Mütter im Zwiespalt

1 Schwarzer, Alice: Der «kleine Unterschied» und seine großen Folgen. Frankfurt 1977, S. 220.
2 Sichtermann, Barbara: Ein Stück neuer Weltlichkeit: der Kinderwunsch. In: Freibeuter 5 / 1980, S. 42.
3 Beck-Gernsheim, Elisabeth: a. a. O., S. 106.
4 Decter, Midge: Wer profitiert von der Befreiung der Frauen? In: Der Monat neue Folge 294. Liebe, Sexualität und soziale Mythen. Weinheim 1985, S. 22.
5 Wysocki, Gisela: Die Fröste der Freiheit. Aufbruchphantasien. Frankfurt 1980.
6 Erler, Gisela Anna: Frauenzimmer. Für eine Politik des Unterschieds. Berlin 1985, S. 71–72.
7 Beck-Gernsheim, Elisabeth: a. a. O., S. 24.
8 Dowrick, Stefanie / Grundberg, Sibyl (Hg.): a. a. O., S. 243.

3. Die «neuen» Rollen und die Partnerschaft

1 Schön, Bernhard: a. a. O., S. 50.
2 Bopp, Jörg: Die Mamis und die Mappis. Zur Abschaffung der Vaterrolle. In: Kursbuch 76 / 1984, S. 60–61.
3 Müller-Kaldenberg, Rieke: Mütter mit Beruf. Die Doppelrolle meistern – gegen Vorurteile und Selbstzweifel. Reinbek bei Hamburg 1981, S. 78.
4 Bundeszentrale für gesundheitliche Aufklärung (Hg.): Neue Ansätze pädagogischer Arbeit mit werdenden und jungen Eltern in Gruppen. Berlin 1981, S. 188–189.
5 Schön, Bernhard: a. a. O., S. 49.
6 Bopp, Jörg: a. a. O., S. 65.

VI. Kapitel

1 Buddeberg, C.: Die Schwangerschaft: Reifungskrise für Mann und Frau. In: Schweizerische Rundschau für Medizin 67 / 1968, S. 6.

1. Funktionsprinzipien von Paarbeziehungen und die Konflikte nach der Geburt

1 Willi, Jürg: Die Zweierbeziehung. Spannungsursachen – Störungsmuster – Klärungsprozesse – Lösungsmodelle. Analyse des unbewußten Zusammenspiels in Partnerwahl und Paarkonflikt: Das Kollusions-Konzept. Reinbek bei Hamburg 1983, S. 15.
2 Ebenda, S. 15.

3 Ebenda, S. 15.

4 Buddeberg, C.: a. a. O., S. 6.

5 Dazu beispielsweise Reim, Doris (Hg.): a. a. O.; Schön, Bernhard: a. a. O.; Hilsberg, Regina: Körpergefühl. Die Wurzeln der Kommunikation zwischen Eltern und Kind. Reinbek bei Hamburg 1985; Blättner, Dave: a. a. O.; Gerspach, Manfred / Hafeneger, Benno: a. a. O.

6 Der Begriff stammt von Tine Thevenin. Aus: Thevenin, Tine: Das Familienbett. Geborgenheit statt Isolation. Frankfurt am Main 1984. In ähnlicher Weise: Hilsberg, Regina: a. a. O.

7 Thevenin, Tine: a. a. O., S. 159.

8 Willi, Jürg: Die Zweierbeziehung, a. a. O., S. 287.

9 Ebenda, S. 287.

10 Ebenda, S. 21.

11 Willi, Jürg: Die Zweierbeziehung, a. a. O., S. 24.

12 Willi, Jürg: Koevolution, a. a. O., S. 146.

VII. Kapitel

2. Der Kampf um die Macht

1 Albath, Hartmut, Eikmann, Jörg: Laß dich nicht unterkriegen. Macht und Ohnmacht in der Familie. Reinbek bei Hamburg 1984, S. 55.

2 Simon, Fritz B.: Macht und Ohnmacht in Beziehungen. Wer entscheidet, wer entscheidet? In: Psychologie heute 4 / 1984, S. 33.

VIII. Kapitel

1. Wiederannäherung

1 Lauster, Peter: Die Liebe. Psychologie eines Phänomens. Reinbek bei Hamburg 1982, S. 145.

2 Ebenda, S. 143.

3 Siehe etwa Bhagwan: Beziehungsdrama oder Liebesabenteuer. Meinhard 1983 oder auch Brogger, Suzanne: … sondern erlöse uns von der Liebe. Reinbek bei Hamburg 1981.

4 Willi, Jürg: Koevolution, a. a. O., S. 49.

5 Willi, Jürg: Koevolution, a. a. O., S. 130.

2. Neuorganisation des Alltags

1 Jaeggi, Eva, Hollstein, Walter: a. a. O., S. 309.

3. Sich-Öffnen

1 Willi, Jürg: Koevolution, a. a. O., S. 140.
2 Bach, George, Wyden, Peter: a. a. O., S. 12.
3 Ebenda, S. 50.
4 Willi, Jürg: Die Zweierbeziehung, a. a. O., S. 175.
5 Erler, Gisela Anna: a. a. O., S. 66.
6 Willi, Jürg: Koevolution, a. a. O., S. 141.
7 Willi, Jürg: a. a. O., S. 132.
8 Benard, Cheryl / Schlaffer, Edit: a. a. O., S. 83 ff.

4. Hilfe von außen

1 Moeller, Michael Lukas: Die Liebe ist das Kind der Freiheit. Reinbek bei Hamburg 1986, S. 10.
2 Bei den folgenden Ausführungen stütze ich mich auf: Inantsy-Pap, Elémer v.: Beratungskonzepte und Beratungsrichtlinien der fünf Beratungsverbände in der Bundesrepublik Deutschland. In: Kunze, Burkhard (Hg.): Beratung in der sozialen Arbeit. Kassel 1985, S. 281–290.

IX. Kapitel

1. Sich von einander trennen

1 Fritsch, Ina: Eltern trennen sich. Kinder und Erwachsene meistern gemeinsam die Krise. Reinbek bei Hamburg 1980, S. 62.
2 Krantzler, Mel: Kreative Scheidung. Wege aus dem Scheidungsschock. Reinbek bei Hamburg 1984, S. 52.
3 Fritsch, Ina: a. a. O., S. 62.
4 Ebenda, S. 63.
5 Redaktion Psychologie heute: Gespräch mit Jürg Willi. In: Psychologie heute 8 / 1985, S. 58.
6 Jaeggi, Eva, Hollstein, Walter: a. a. O., S. 240.
7 Schmidbauer, Wolfgang: a. a. O., S. 115.
8 Ebenda, S. 112.
9 Krantzler, Mel: a. a. O., S. 54.

2. Gemeinsame Elternschaft trotz Trennung

1 Siehe hierzu zusammenfassend: Fthenakis, Wassilios E. / Kunze, Rainer / Niesel, Renate: Nach der Scheidung: die gemeinsame Sorge der Eltern. In: Psychologie heute 10 / 1982, S. 54–60.
2 Neef-Uthoff, Maria: Denn sie waren zu verschieden. Erfahrungen mit dem Zweifamilien-Konzept. In: Die Tageszeitung vom 15. 11. 84, S. 10.
3 Fritsch, Ina: a. a. O., S. 65.
4 Neef-Uthoff, Maria: a. a. O., S. 10.
5 Ebenda, S. 10.

rororo sachbuch